AF657709

कल्पना करें, विश्वास करें और हासिल करें!

यह विली जॉली की सफलता की तकनीक का सारांश है। हर दिन दुनिया भर में लाखों लोग उनके वन मिनट रेडियो शो "द मैग्निफ़िसेन्ट मोटिवेशनल मिनट" से प्रेरणा पाते हैं। और अब उनकी कहानियों, कविताओं, चुटीले प्रसंगों, गीतों तथा प्रेरणादायी संदेशों से भी हर व्यक्ति प्रेरणा ले सकता है, चाहे वह कहीं भी हो। इनसे न सिर्फ़ आप अपने जीवन में अधिक सफलता हासिल कर पायेंगे, बल्कि आप दूसरों की ज़्यादा मदद भी कर सकेंगे। इस पुस्तक के विचारों से आप अपने सपनों के हिसाब से जी सकेंगे। यह सीखें कि कैसे :

- हर मिनट की शक्ति का दोहन करें!
- उन सपनों को दुबारा खोजें, जो आपके भीतर दफ़न हैं!
- "सपनों के हत्यारों" से दूर रहें!
- अपने जीवन को नियंत्रित करें और अपने भविष्य को आकार दें!
- बाधाओं को पार करें और परिस्थितियों से ऊपर उठें!
- अपने सपनों को सच करें!
- जीवन को पूरी तरह जियें और हर मिनट का आनंद लें!

एक मिनट में इंस्टैंट कॉफ़ी, फ़ास्ट फ़ूड, क्विक कैश और फ़ोन लोन्स के बाद अब "वन मिनट मोटिवेशन" प्रस्तुत करते हुए हमें ख़ुशी हो रही है। व्यस्त लोगों के पास समय कम होता है या बिलकुल भी नहीं होता। इसलिये ज़िंदगी बदलने का समय यही है। याद रखें, आपके पास कितना समय है, यह उतना महत्वपूर्ण नहीं है, जितना यह कि आप उस समय का क्या करते हैं! आपकी ज़िंदगी सिर्फ़ एक मिनट में बदल सकती है! इसे अभी बदल दें!

आपकी ज़िंदगी सिर्फ़ एक मिनट में बदल सकती है!

विली जॉली

अनुवाद : सुधीर दीक्षित, रजनी दीक्षित

MANJUL

मंजुल पब्लिशिंग हाउस

MANJUL

मंजुल पब्लिशिंग हाउस

कॉरपोरेट एवं संपादकीय कार्यालय

• द्वितीय तल, उषा प्रीत कॉम्प्लेक्स, 42 मालवीय नगर, भोपाल-462003

विक्रय एवं विपणन कार्यालय

• सी-16, सेक्टर 3, नोएडा, उत्तर प्रदेश - 201301, इंडिया

वेबसाइट : www.manjulindia.com

वितरण केन्द्र

अहमदाबाद, बेंगलुरू, कोच्चि, कोलकाता, चेन्नई,
हैदराबाद, मुम्बई, नई दिल्ली, पुणे

विली जॉली द्वारा लिखित मूल अंग्रेजी पुस्तक
इट ओनली टेक्स् अ मिनट टु चेंज यॉर लाइफ़ का हिन्दी अनुवाद

कॉपीराइट © 1997, विली जॉली

यह हिन्दी संस्करण 2004 में पहली बार प्रकाशित
13वीं आवृत्ति 2026

ISBN 978-81-86775-95-0

हिन्दी अनुवाद : डॉ. सुधीर दीक्षित, रजनी दीक्षित

मुद्रण व जिल्दसाज़ी : रेप्रो इंडिया लिमिटेड

सर्वाधिकार सुरक्षित। यह पुस्तक इस शर्त पर विक्रय की जा रही है कि प्रकाशक की लिखित पूर्वानुमति के बिना इसे या इसके किसी भी हिस्से को न तो पुनः प्रकाशित किया जा सकता है और न ही किसी भी अन्य तरीक़े से, किसी भी रूप में इसका व्यावसायिक उपयोग किया जा सकता है। यदि कोई व्यक्ति ऐसा करता है तो उसके विरुद्ध कानूनी कार्रवाई की जाएगी।

समर्पण

यह पुस्तक मेरी पत्नी डी को समर्पित है, जो न सिर्फ़ मेरी अर्धांगिनी है, बल्कि मेरी सबसे अच्छी मित्र भी है और सबसे बड़ी बात मेरी साम्राज्ञी भी है, जिसके प्रेम, सहारे तथा मेहनत की वजह से यह पुस्तक हक़ीक़त बन सकी।

मेरे बच्चों विलियम और ला टोया को उनके प्रेम तथा प्रोत्साहन के लिये।

मेरी माँ कैथरीन बी. जॉली को, उनके अनंत प्रेम, सतत प्रोत्साहन और मुझमें विश्वास रखने के लिये।

डेविड मेटकाफ़ को, इस पुस्तक को शुरू करने में उनके सहयोग के लिये।

रोंडा डेविस स्मिथ और डार्लीन ब्रायन्ट को, पाठकों के रूप में उनकी मदद तथा उत्कृष्टता के उच्च स्तर के लिये।

अंतिम रूप से, यह पुस्तक मेरी सास लिली मे टेलर की याद को समर्पित है, जिनकी मृत्यु इसे लिखने के दौरान हुई, परंतु जो अंत तक मुझे प्रेम, प्रोत्साहन और प्रेरणा देती रहीं तथा आज भी दे रही हैं। मैं हमेशा आपसे प्रेम करता हूँ!

• विली जॉली

विषय-सूची

प्राक्कथन, लेस ब्राउन द्वारा.....9

आमुख, डब्ल्यू मिशेल द्वारा.....11

प्रस्तावना.....13

द मैग्निफ़िसेन्ट मिनट.....17

1. आपकी ज़िंदगी सिर्फ़ एक मिनट में बदल सकती है!.....25
2. अविश्वसनीय काम करने के लिये असंभव काम करने का सपना देखना होगा!.....33
3. लक्ष्य : वह सपना जिसकी समय-सीमा हो!.....77
4. जैसा इंसान सोचता है!.....87
5. नज़रिया ही सब कुछ है!.....117
6. हाथ-पैर चलाते रहें - हार न मानें!.....137
7. इसका प्रेम से क्या लेना-देना है?...सब कुछ!.....149
8. सौभाग्यशाली विश्वास!.....167
9. आसमान ही सीमा है!.....189
10. बेहद लंबी सड़क पर छोटे क़दम.....207

प्राक्कथन

लेस ब्राउन द्वारा

विली जॉली से मेरी पहली मुलाकात वॉशिंगटन, डी. सी. स्थित हॉवर्ड युनिवर्सिटी के एक कार्यक्रम में हुई। अपने भाषण के अंत में मैं हमेशा की तरह श्रोताओं के सवालों के जवाब दे रहा था। तभी एक युवक माइक्रोफ़ोन के पास आया और उसने मुझसे कुछ कहा। उसी पल मैं समझ गया कि विली जॉली में कुछ ख़ास बात थी, इसलिये मैंने उससे कहा कि वह कार्यक्रम के बाद मेरा इंतज़ार करे, ताकि हम इत्मीनान से चर्चा कर सकें। उसने वादा किया कि वह मेरा इंतज़ार करेगा।

बहरहाल, उस शाम मैं कुछ ज़्यादा ही व्यस्त रहा। बहुत से श्रोताओं ने मुझे घेर लिया, जो या तो मुझसे बात करना चाहते थे या फिर मेरा ऑटोग्राफ लेना चाहते थे। इस व्यस्तता के चलते विली से मिलने का विचार मेरे दिमाग़ से पूरी तरह निकल गया। अपने होटल पहुँचते ही मैं यह देखकर हैरान और साथ ही खुश भी हुआ कि विली लॉबी में बैठकर मेरा इंतज़ार कर रहा था, एक पुस्तक पढ़ रहा था तथा उसके चेहरे पर उसकी चिर-परिचित स्थायी मुस्कराहट थी। उसके साथ मैंने कुछ मिनट तक ही चर्चा की, परंतु उतने में ही मैं समझ गया कि यह युवक महान बनने की राह पर आगे बढ़ रहा है।

उस दिन के बाद मैंने विली जॉली को विकसित होते, महानता की ओर बढ़ते, महान सपना देखते और उस सपने का पीछा करते देखा है। मैंने उसे स्थानीय वक्ता से सबसे लोकप्रिय राष्ट्रीय वक्ताओं में से एक बनते देखा है। जब विली ने मुझे बताया कि वह यह पुस्तक लिख रहा है, तो मैं रोमांचित हो गया। मैं जानता था कि विली अपना हर काम पूरे जोश से करता है, चाहे वह भाषण देना हो, गाना हो, रेडियो शो की प्रस्तुति हो या सिर्फ़ हाथ मिलाना हो। इस

पुस्तक में आप विली जॉली को उनके सर्वश्रेष्ठ रूप में पायेंगे।

आपकी ज़िंदगी सिर्फ़ एक मिनट में बदल सकती है! उसी तरह लिखी गई है, जिस तरह विली अपना जीवन जीते हैं - उत्साह, रोमांच और ऊर्जा से। यह पुस्तक प्रेरणादायी और रोचक विचारों तथा क़िस्से-कहानियों से भरी हुई है। यह उस व्यक्ति के लिये विशेष लाभकारी है, जो आगे बढ़ रहा है और जीवन से अधिकतम लाभ हासिल करना चाहता है। यह पुस्तक पढ़ें। फिर इसे दुबारा पढ़ें। विली ने अपने प्रसंगों और उदाहरणों में जो प्रेम तथा भावनात्मक जुड़ाव *भरा* है, उसका अनुभव करें। इसमें दी गई कहानियों पर चिंतन करें और सफलता के सूत्र सीखें। लक्ष्य निर्धारित करने की तकनीकों को सीखें, उन पर अमल करें और फिर उन्हें अपने जीवन में चमत्कार करने की अनुमति दें। महान सपना देखें, महान विचार सोचें और संपूर्णता के साथ जीवन जीने का जोखिम लें।

अपने सपने के अनुरूप अपना जीवन बनायें। क्योंकि विली जॉली की तरह ही आप भी महानता की ओर आगे बढ़ सकते हैं। *आपकी ज़िंदगी सिर्फ़ एक मिनट में बदल सकती है! ....यात्रा का आनंद लें!*

❁ ❁ ❁

आमुख

डब्ल्यू. मिशेल द्वारा

सकारात्मक चिंतन की शक्ति का विचार अब नया नहीं है। प्रेरणा की अवधारणा का अस्तित्व भी काफ़ी समय से है। परंतु विली जॉली ने इन दोनों विचारों को एक बिलकुल नये अंदाज़ में जोड़ा है। उन्होंने इन शक्तिशाली प्रेरणादायी संदेशों में अपनी ऊर्जा और उत्साह भर दिया है। बरसों तक विली रेडियो के अपने श्रोताओं को हर दिन एक बेहतरीन सौग़ात देते रहे हैं और उन्होंने लोगों को भावनात्मक प्रेरणा देने का काम बख़ूबी किया है। उनके रेडियो कार्यक्रम *"मैग्निफिसेन्ट मोटिवेशनल मिनट्स"* ने उनके श्रोताओं को प्रोत्साहित और प्रेरित किया है कि वे अपने सपनों का पीछा करें तथा अपने जीवन को नियंत्रित करें।

सार्वजनिक संभाषण के तेज़ रफ़्तार तथा तूफ़ानी क्षेत्र में काम करने वाले हम जैसे लोग वर्षों से अपने श्रोताओं को प्रेरित करने के लिये मिनट मोटिवेटर्स का प्रयोग संसाधन के रूप में करते आ रहे हैं। हवाई यात्राओं और भाषणों के बीच हमें जो थोड़ा सा समय मिलता है, उसमें हमने विली जॉली के संदेशों से बहुत सी जानकारी, प्रेरणा तथा सांत्वना प्राप्त की है।

चूँकि विली कई वर्षों से हर दिन रेडियो पर बोल रहे हैं, इसलिये उनके श्रोता उनसे लगातार आग्रह कर रहे थे कि वे अपने संदेशों को पुस्तक के रूप में प्रकाशित करवायें। यह पुस्तक एक तरह से विली के मोटिवेशनल मिनट्स का संग्रह है। साथ ही यह उनके व्यक्तिगत विचारों और कुछ सशक्त प्रसंगों का संग्रह भी है। यह पुस्तक विली ने अपने श्रोताओं के आग्रहों के जवाब में लिखी है। चाहे आप इसे एक बार में एक-एक मिनट करके पढ़ें या एक बैठक में ही पूरी पढ़ जायें... आप हर पन्ना पढ़ने के बाद खुद को अधिक प्रेरित, अधिक

संकल्पवान और अधिक चिंतनशील पायेंगे। अगर आपके पास सिर्फ़ एक ही मिनट है, तो कौन जाने, उसी एक मिनट में आप अपनी ज़िंदगी बदल लें। किसी भी काम में सबसे महत्वपूर्ण चीज़ होती है उस काम को शुरू करना। प्राचीन चीनी कहावत है कि सबसे लंबी यात्रा हमेशा एक क़दम से शुरू होती है। इस पुस्तक का पहला पन्ना पढ़ने के बाद आप दूसरे पन्ने पर पहुँचेंगे। पहले पन्ने को पढ़ने से यानी पहला क़दम उठाने से आपकी यात्रा शुरू हो जाती है और इस पुस्तक के सिर्फ़ कुछ पन्ने पढ़ने के बाद आप दौड़ रहे होंगे तथा तेज़ी से अपनी यात्रा कर रहे होंगे... अपने सपनों तक पहुँचने की यात्रा। इसे शुरू कर दें! अभी! यही समय है!

❋ ❋ ❋

प्रस्तावना

हम सबने यह पुरानी कहावत सुनी है, "महान चीज़ें पल भर में हो सकती हैं।" परंतु मैंने इन शब्दों की शक्ति को सही मायने में कुछ साल पहले सीखा, जब मैं गायक और जैज़ परफ़ॉर्मर के रूप में अपनी आजीविका कमा रहा था। जब मैं ग्रेजुएट स्कूल में था, तो अपने जीवनयापन के लिये गायन कार्यक्रमों में पूरे देश में जाया करता था। मैं शनिवार एवं रविवार की छुट्टियों में गाता था और सप्ताह में पाँच दिन स्कूल जाता था। महान जैज़ गायिका जीन कार्न के साथ बैकग्राउंड गायक के रूप में गाना मेरे सर्वश्रेष्ठ अनुभवों में से एक था। पहली बार उनके साथ गाते समय मैंने यह अनुभव किया कि वे न सिर्फ़ एक महान गायिका थीं, बल्कि पृष्ठभूमि में रहने वाले नये गायकों को मंच पर आने का मौक़ा देने को लेकर भी वे बहुत निःस्वार्थ थीं। कार्यक्रम के दौरान वे हमेशा बैंड के सदस्यों और गायकों को परिचय देती थीं तथा उन्हें जनता के सामने अपनी प्रतिभा दिखाने का मौक़ा देती थीं। जीन हमेशा संगीतकारों को सोलो यानी एकल कार्यक्रम प्रस्तुत करने का अवसर देती थीं, ताकि उनकी प्रतिभा सबके सामने आ जाये। समस्या यह थी कि बैंड में इतने ज़्यादा संगीतकार थे कि उन्हें अपनी एकल प्रस्तुति के लिये बहुत कम समय मिल पाता था। उनसे कहा जाता था कि वे अपने कार्यक्रम को आठ ताल (eight measures) में ख़त्म कर दें।

आश्चर्यजनक बात यह थी कि वे ऐसा नहीं कर पाते थे। वे अपनी एकल प्रस्तुति को आठ ताल तक सीमित नहीं रख पाते थे। वे इस बात की कल्पना ही नहीं कर सकते थे कि इतने कम समय में बेहतरीन प्रदर्शन किया जा सकता है। उनमें से अधिकांश आठ ताल की सीमा तक पहुँचते-पहुँचते सिर्फ़ आलाप ले रहे होते थे या वार्म अप कर रहे होते थे। और कई तो इतना ज़्यादा समय लेते थे कि बैंडलीडर को मजबूरन उन्हें बीच में ही रोकना पड़ता था, जिससे वे थोड़े लज्जित हो जाते थे। मैं युवा था और लज्जित नहीं होना चाहता था! मैंने अन्य लोगों का

अध्ययन किया तथा यह ठान लिया कि मैं आठ ताल में एक रोचक और रोमांचक प्रस्तुति तैयार करूँगा। मैंने अनुमान लगाया कि मुझे इस प्रस्तुति को छोटा और मधुर बनाना होगा, ताकि मैं कम से कम समय में अधिक से अधिक परिणाम हासिल कर सकूँ। इसलिये मेरी बारी आने पर मैं संगीत की ऐसी एकल प्रस्तुति पेश करता था, जिसमें प्रारंभ, मध्य और अंत होता था। इसमें श्रोताओं को भी दोहराने के लिये आमंत्रित किया जाता था, फिर मैं फुर्ती से रैप तथा राइम गाता था और फिर भव्य अंत के साथ अपनी प्रस्तुति ख़त्म करता था। और यह सब आठ ताल की सीमा में ही होता था। मेरी प्रस्तुति बहुत लोकप्रिय होने लगी और मैं तत्काल कार्यक्रम का आकर्षण बन गया। इस अनुभव से मैंने ये महत्वपूर्ण सबक़ सीखा कि लोगों पर सकारात्मक प्रभाव डालने और उन तक अपनी बात पहुँचाने में ज़्यादा समय नहीं लगता! यह महत्वपूर्ण नहीं है कि आपके पास कितना समय है; महत्वपूर्ण तो यह है कि आप उस समय का क्या करते हैं, जो आपको दिया गया है।

इस अनुभव ने मुझे सिखाया कि मुझे सीमित समय में अपना सर्वश्रेष्ठ प्रदर्शन करना होगा। इसने मुझे संक्षिप्तता का महत्व और शक्ति सिखाई। इसने सिखाया कि बेहतरीन प्रदर्शन संक्षिप्त और सघन हो सकते हैं। दरअसल दुनिया के सबसे बेहतरीन भाषणों में से एक सबसे संक्षिप्त था। यह भाषण अब्राहम लिंकन ने गेटिसबर्ग युद्धभूमि में दिया था और इसे गेटिसबर्ग भाषण के नाम से जाना जाता है। यह पाँच मिनट से भी कम समय का छोटा सा भाषण था, परंतु इसे दुनिया के महानतम भाषणों में से एक माना जाता है। दरअसल गेटिसबर्ग कार्यक्रम के मुख्य वक्ता एडवर्ड एवरेट ने कहा था कि काश वे दो घंटों में उतने प्रभावी तथा सफल हो पाते, जितने लिंकन पाँच मिनट में हुए थे।

अपनी बात कहने में, संदेश पहुँचाने में या दरअसल ज़िंदगी बदलने में बहुत ज़्यादा समय नहीं लगता - इसमें सिर्फ़ एक मिनट लगता है! जीवन के प्रगतिपथ पर यात्रा करते समय मुझे यह सबक़ हमेशा याद रहा। बाद में मैंने जिंगल्स गाये और विज्ञापनों के लिये भी गाने लगा। मेरे पास अपनी बात कहने और सामान बेचने के लिये सिर्फ़ साठ सेकंड होते थे। एक बार फिर मैंने उसी अवधारणा का प्रयोग किया और कम समय में अपना संदेश पहुँचाना सीख लिया। जल्दी से अपनी बात कह देने की क्षमता ने जिंगल गायक के रूप में मुझे बहुत सफल बना दिया।

जब मैंने सार्वजनिक संभाषण शुरू किया, तब भी मैं इस अवधारणा को कभी नहीं भूला। मैंने ऐसे कार्यक्रम बनाने का फ़ैसला किया, जो कम समय में जनता को पसंद आयें। मैंने ऐसे कार्यक्रमों की कल्पना की, जो ज्ञानवर्धक, प्रेरक और रोचक हों, परंतु संक्षिप्त व सघन हों। मैं बहुत कम समय में बहुत कुछ देना चाहता था। समय बहुत क़ीमती है और लोग हमेशा हड़बड़ी में भागते रहते हैं। उन्हें प्रेरणा की ज़रूरत है और अक्सर उन्हें यह तत्काल चाहिये। परिणाम था "द मैग्निफिसेन्ट मोटिवेशनल मिनट" रेडियो सीरीज़, जिसमें एक मिनट के रोचक, प्रेरक और ज्ञानवर्धक संदेश दिये जाते हैं।

यह पुस्तक आप तक यही बात पहुँचाने के लिये लिखी गई है। इसमें ऐसे प्रसंग और विचार हैं, जो छोटे परंतु असरदार हैं और इनका प्रभाव लंबे समय तक रहता है। इसमें विचारों को इस तरह प्रस्तुत किया गया है, ताकि न्यूनतम समय में अधिकतम लाभ प्राप्त हो सके। इंस्टेंट कॉफ़ी, फ़ास्ट, फ़ूड, क्विक कैश और फ़ोन लोन्स के युग में हमें अब "मिनट मोटिवेशन" प्रस्तुत करते हुए ख़ुशी हो रही है! द मैग्निफ़िसेन्ट मोटिवेशनल मिनट पुस्तक : ***आपकी ज़िंदगी सिर्फ़ एक मिनट में बदल सकती है।***

जैसा सफलता के रणनीतिज्ञ मेरे मित्र जेम्स कार्टर कहते हैं, "यह पुस्तक इस तरह लिखी गई है, ताकि आप नीचे से ऊपर, खाई से शिखर पर और धरती से आसमान पर पहुँच सकें।"

द मैग्निफ़िसेन्ट मिनट

कई सालों तक अधिकांश लोगों की तरह मैं भी सोचता था कि एक मिनट बहुत कम समय होता है। मैं सोचता था कि एक मिनट का एकमात्र महत्वपूर्ण उपयोग घंटे बनाने में होता है, जो ज़्यादा महत्वपूर्ण होते हैं। मैं लोगों को यह कहते सुनता था, "मैं वहाँ पर एक मिनट में पहुँच जाऊँगा" या "बस एक मिनट रुको," जबकि उनका मतलब सचमुच *एक मिनट* नहीं होता था। दरअसल उनका मतलब दस, पंद्रह, बीस मिनट या उससे भी ज़्यादा समय होता था। एक मिनट तो सिर्फ़ बोलने का अंदाज़ था, एक ऐसा वादा जिसे लोग सहजता से लेते थे।

जब मैं बड़ा हुआ, तो मुझे एहसास हुआ कि महान चीज़ें पल भर में हो सकती हैं। मुझे एहसास हुआ कि एक मिनट महत्वपूर्ण होने के साथ ही हर तरह की सफलता का शुरुआती बिंदु भी है। हमें यह बात ध्यान में रखना चाहिये कि जिस तरह एक-एक पैसे से रूपया बनता है, उसी तरह एक-एक मिनट से घंटे बनते हैं। अंतर यह है कि अगर आप अपने पैसे फेंक दें, तो आप और अधिक पैसे कमा सकते हैं, परंतु आपके समय के साथ ऐसा नहीं है। इस धरती पर आपके रहने की एक समय सीमा है; आप जितना जीने वाले हैं, उन मिनटों की सीमा है। इसलिये आपको समय का ध्यान रखना होगा और उन मिनटों का सम्मान करना होगा, जिनसे घंटे बनते हैं, दिन बनते हैं, महीने बनते हैं और अंततः वर्ष बनते हैं। एक बार गँवा देने के बाद इन मिनटों को दुबारा नहीं पाया जा सकता। आप अपने मिनटों का क्या करते हैं, उसी से अंततः यह तय होगा कि आप अपनी ज़िंदगी का क्या करते हैं!

दरअसल, समय इस धरती पर उन बहुत थोड़ी वस्तुओं में से एक है, जो समान रूप से वितरित हैं। यहाँ कोई दूसरे से ज़्यादा लाभदायक स्थिति में नहीं है। हम सबके पास एक दिन में चौबीस घंटे होते हैं, यानी 1440 मिनट। किसी को

भी एक घंटा कम या एक घंटा ज़्यादा नहीं मिलता। हर एक के पास चौबीस घंटे होते हैं और कोई भी एक दिन में इससे अधिक समय बढ़ाने के लिये कुछ नहीं कर सकता। इससे कोई फ़र्क़ नहीं पड़ता कि आप कितने अमीर या रुतबे वाले हैं। अमीर से अमीर व्यक्ति और ग़रीब से ग़रीब व्यक्ति के पास एक जितना ही समय है। डोनाल्ड ट्रम्प के पास मेरे मित्र बॉबी जितना ही समय है, जो स्थानीय पेट्रोल पंप पर खिड़कियाँ धोता है। बॉबी एक सक्षम व कुशल व्यक्ति है, जिसके जीवन में बहुत सी मुश्किलें आईं और वह उन मुश्किलों से हार गया। वह अपनी पूर्ण क्षमता तक पहुँचने में सफल नहीं हो पाया। इन दोनों व्यक्तियों के पास एक जितना ही समय है, **परंतु कुंजी यह है कि वे उस समय का क्या करते हैं, जो उन्हें दिया गया है।**

अगर हम समय को पानी के संदर्भ में देखें, तो हम पायेंगे कि हममें से ज़्यादातर लोग पानी की एक बूँद के बारे में सचमुच ज़्यादा नहीं सोचते हैं। परंतु जब पानी की यही एक बूँद अन्य बूँदों के साथ जुड़ जाती है, तो उफनती नदी बन सकती है और दोहन किये जाने पर यह इस धरती की प्रबल शक्ति होती है। यही मिनटों के बारे में सच है। एक मिनट को ज़्यादा महत्वपूर्ण नहीं माना जाता, परंतु सच तो यह है कि हर मिनट में महानता की संभावना छुपी होती है। और जब इन मिनटों का दोहन किया जाता है तथा समझदारी से इनका उपयोग किया जाता है, तो इनसे भी प्रबल शक्ति प्राप्त हो सकती है। ***आपकी ज़िंदगी सिर्फ़ एक मिनट में बदल सकती है।***

इस पुस्तक को लिखने का एक बड़ा कारण यह प्रतिक्रिया थी, जो मुझे अपने दैनिक रेडियो कार्यक्रम "द मैग्निफ़िसेन्ट मोटिवेशनल मिनट" के श्रोताओं से मिली। मैं उन लोगों की संख्या से आश्चर्यचकित रह गया, जिन्होंने फ़ोन, फ़ैक्स या डाक द्वारा मुझसे संपर्क किया या मुझे सड़क पर ही रोक लिया। ये लोग संक्षिप्त व तात्कालिक प्रेरणादायी विचारों की अवधारणा यानी "एक मिनट की प्रेरणा" की अवधारणा से रोमांचित थे। उन्होंने अपने मित्रों से यह कार्यक्रम सुनने को कहा और रेडियो स्टेशन में इस कार्यक्रम के बारे में बहुत से पत्र तथा फ़ोन आने लगे। असंख्य श्रोताओं ने फ़ोन पर मुझसे यह अनुरोध किया कि वे मेरे कार्यक्रम की लिखित प्रति चाहते थे। मेरे मन में इन कार्यक्रमों की पटकथा को पुस्तक के रूप में संकलित करने का विचार आया, परंतु मैंने इसे प्राथमिकता नहीं दी।

एक दिन मुझे एक युवती का पत्र मिला, जिसकी ज़िंदगी "द मैग्निफ़िसेन्ट मोटिवेशनल मिनट" कार्यक्रम से बदल गई थी। उसके पत्र ने मुझ पर गहरा प्रभाव डाला। उस युवती ने हाल ही में कॉलेज की पढ़ाई पूरी की थी और उसे नौकरी पाने में सफलता नहीं मिली थी। वह यहाँ से वहाँ काम की तलाश में भटक रही थी, परंतु उसे कहीं से कोई सकारात्मक जवाब नहीं मिल रहा था। वह दिनोदिन निराश होती जा रही थी। वह ऐसे मोड़ पर आग गई, जहाँ वह पूरी तरह निराश हो चुकी थी, इतनी निराश कि वह सुबह बिस्तर से उठना ही नहीं चाहती थी। वह बिस्तर पर ही पड़ी रहती थी और दिन भर लेटी रहती थी। जल्दी ही उसने नौकरी की तलाश बंद कर दी, क्योंकि उसे लगा कि अब कोशिश करने से कोई फ़ायदा नहीं है। उसे लगा कि उसकी स्थिति पूरी तरह निराशाजनक है।

एक सुबह बिस्तर पर लेटे-लेटे उसने इत्तफ़ाक से रेडियो पर "द मैग्निफ़िसेन्ट मोटिवेशनल मिनट" कार्यक्रम सुना। उसने कहा कि उसने उस सुबह के मोटिवेशनल मिनट में ऐसा कुछ सुना, जिसने उसमें चिंगारी पैदा कर दी और जीवन को देखने के उसके नज़रिये को बदल दिया। वह मोटिवेशनल मिनट मेरा विशिष्ट संदेश बन गया। वह मेरे सबसे लोकप्रिय संदेशों में से एक था। "शेर और चिंकारा" नामक इस संदेश ने उस महिला के जीवन को बदल दिया।

शेर और चिंकारा

सफलता के लिये आज की पायदान यह है कि हमें हर दिन को एक अवसर की तरह देखना होगा, जो यह माँग करता है कि हम अपना सब कुछ झोंक दें और अपना सर्वश्रेष्ठ कर्म करें। हमें सफलता को सिर्फ़ मंज़िल के रूप में नहीं, बल्कि एक यात्रा के रूप में भी देखना होगा, जो सतत रोमांच और चुनौतियों से भरी है। अगर हम इन चुनौतियों का सामना करने के इच्छुक हों, तो हम जीवन को पूरी तरह से जी सकते हैं। मित्रो, हर सुबह अफ़्रीका में चिंकारा जागता है और वह यह बात अच्छी तरह जानता है कि उसे सबसे तेज़ दौड़ने वाले शेर से ज़्यादा तेज़ दौड़ना होगा, वरना शेर उसे मार डालेगा और खा जायेगा। उसके साथ ही हर सुबह अफ़्रीका में शेर जागता है और वह यह बात अच्छी तरह जानता है कि उसे सबसे धीमे दौड़ने वाले चिंकारे से ज़्यादा तेज़ दौड़ना होगा, वरना वह भूखा मर जायेगा। इससे कोई फ़र्क़ नहीं पड़ता कि आप शेर

हैं या चिंकारा, जब सूर्य उगे तो बेहतर है कि आप दौड़ने लगें! याद रखें सब कुछ संभव है, बशर्ते आपमें विश्वास हो। मैं विली जॉली बोल रहा हूँ, आशा है आपका दिन अच्छा गुज़रेगा!

उसने उस सुबह का संदेश सुना और उसे यह एहसास हुआ कि उसे एक निर्णय लेना था। ***उसे या तो जीवन को अपने हिसाब से ढालना था, वरना जीवन उसे अपने हिसाब से ढाल लेगा!*** फिर उसने अपने निर्णय के अनुरूप काम करने का संकल्प किया, ***उसे कुछ तो करना ही पड़ेगा।*** उसने मुझे बताया कि उसके दिमाग़ के भीतर रोशनी हो गई और उसका नज़रिया पूरी तरह बदल गया। उस पल उसे अचानक विश्वास हुआ कि उसे न सिर्फ़ नौकरी मिल सकती है, बल्कि मनपसंद नौकरी मिल सकती है। सफलता की कुंजी यह थी कि उसे उठना होगा और शुरू करना पड़ेगा, ताकि वह जीवन में आगे बढ़ सके।

वह युवती उठ खड़ी हुई और अपने लक्ष्य की तरफ़ बढ़ने लगी। वह हर दिन मेरा कार्यक्रम सुनने लगी। और हर दिन उसमें अधिक शक्ति आती गई। हर दिन वह अपने सपनों को सच करने के लिये अधिक संकल्पवान होती गई। शुरू में तो उसे नौकरी की खोज में ज़्यादा सफलता नहीं मिली, परंतु उसने हार नहीं मानी, क्योंकि अब वह एक नये संकल्प और नई मानसिकता के साथ यह काम कर रही थी। वह हर दिन कार्यक्रम सुनती रही और नौकरी की तलाश करती रही। कुछ ही हफ़्तों में उसे न सिर्फ़ नौकरी मिली, बल्कि उसके मनचाहे क्षेत्र में मिली - एक ऐसी नौकरी जहाँ उसे उसकी उम्मीद से ज़्यादा तनख़्वाह मिल रही थी।

उसने एक अद्भुत पत्र लिखा और मुझसे अनुरोध किया कि मैं उसे अपने संदेशों की लिखित प्रतियाँ भिजवा दूँ, ताकि वह उन्हें पढ़ सके और अपने मित्रों तथा परिवार को भी पढ़वा सके। उसी पल मुझे एहसास हुआ कि यह अनिवार्य था कि मैं समय निकालकर अपने कार्यक्रम के संदेशों को एकत्रित करूँ और उन्हें दूसरों तक पहुँचाऊँ, क्योंकि लोगों को प्रेरणा और प्रोत्साहन की बहुत ज़्यादा ज़रूरत है। सकारात्मक जानकारी की बहुत माँग है, परंतु हमारी रोज़मर्रा की ज़िंदगी की भागमभाग में ज़्यादातर लोगों के पास प्रेरणा तथा आत्मविकास के लिये समय नहीं होता। उन्हें तत्काल, फटाफट प्रेरणा की ज़रूरत है। वे तत्काल

प्रेरणा चाहते हैं, एक मिनट में प्रेरणा। इसलिये अब मुझे खुशी हो रही है कि मैं एक मिनट में प्रेरणा दे रहा हूँ, **क्योंकि ज़िंदगी बदलने में... सचमुच सिर्फ़ एक मिनट का समय लगता है, सिर्फ़ एक मिनट का!**

इस पुस्तक को लिखने का मेरा लक्ष्य आपकी मदद करना है, ताकि आप अपनी ज़िंदगी बदलने का निर्णय लें और उसके अनुरूप काम करना शुरू कर दें। मेरा उद्देश्य है कि इस पुस्तक को पढ़ने के बाद आपमें नई मानसिकता हो, नया संकल्प हो और इससे आपको कर्म करने की प्रेरणा मिले। यदि ऐसा होता है, तो आप अपनी ज़िंदगी बदलने की प्रक्रिया को शुरू कर देंगे : **आप जो हैं** से **आप जो हो सकते हैं** में रूपांतरण की प्रक्रिया! मैंने एक बार सुना था कि नये विचारों द्वारा विस्तृत हो चुका मस्तिष्क कभी अपनी पुरानी स्थिति में नहीं लौट सकता। मुझे आशा है कि यह पुस्तक नये विचार हासिल करने की प्रक्रिया में आपके मस्तिष्क को विस्तृत बनायेगी और आपको अपने सपनों का पीछा करने के लिये गहराई से प्रेरित करेगी। चाहे आप कितने भी सफल हों या अब तक आपने कितना भी हासिल किया हो, यह पुस्तक आपको आगे बढ़ने के लिये प्रेरित करेगी और इससे आपको अधिक हासिल करने की प्रेरणा मिलेगी। हर मिनट कीमती है। हर मिनट एक उपहार है, जिसमें शक्ति भरी है और हर मिनट में आपकी ज़िंदगी को बदलने की क्षमता है.... बशर्ते आप इसका समझदारी से प्रयोग करें।

कार्पे डाइम

पिछले कुछ सालों से लोग *कार्पे डाइम* (Carpe Diem) "दिन को जाने न दो" के बारे में बात कर रहे हैं! रॉबिन विलियम ने इसे अपनी फ़िल्म *डेड पोएट्स सोसायटी* में लोकप्रिय किया और यह संदेश शर्ट तथा पोस्टरों में लोकप्रिय हो गया, "कार्पे डाइम, कार्पे डाइम, दिन को जाने न दो!" बहरहाल, मैं कहता हूँ कि आपको सिर्फ़ *कार्पे डाइम* के बारे में ही जागरूक नहीं रहना है, बल्कि आपको *कार्पे मोमेंटम* (Carpe Momentum) के बारे में भी जागरूक रहना है, जिसका मतलब है, "पल को जाने न वो!" हमने पाया है कि कुछ लोग यहाँ पर एक पल होते हैं और दूसरे पल चले जाते हैं! जीवन बहुत अजीब और अनपेक्षित है। मैं उस महिला की कहानी के बारे में सोचता हूँ, जिसे मिठाई से प्रेम

था। उस महिला ने सोचा कि वह अपनी प्रिय मिठाई उस दिन खाने के बजाय अगले दिन खायेगी - समस्या यह थी कि वह *टाइटैनिक* जहाज़ पर यात्रा कर रही थी, जो उसी दिन डूब गया! गॉर्डन और ब्रेचर की *लाइ़फ इज़ अनसरटेन, ईट डेज़र्ट .फर्स्ट* नामक पुस्तक इस अवधारणा को रेखांकित करती है। जीवन बहुत अनिश्चित और अनपेक्षित है, इसलिये हमें न सिर्फ़ दिन को पकड़ना है, बल्कि पल को भी पकड़ना है.... *कार्पे डाइम* और *कार्पे मोमेंटम*!

आपकी ज़िंदगी
सिर्फ़ एक मिनट में बदल
सकती है!

अध्याय एक

आपकी ज़िंदगी सिर्फ़ एक मिनट में बदल सकती है!

सिर्फ़ एक मिनट लगता है (अल जॉनसन द्वारा)

क्या आप रोते-रोते, शिकायत करते-करते थक चुके हैं
यह महसूस करते-करते कि जीवन ने आपके साथ न्याय नहीं किया ?
क्या आप बाक़ी लोगों को ऊपर चढ़ते देखते हैं,
जबकि आप वहीं के वहीं बने हुए हैं ?

क्या आप शायद इस निष्कर्ष पर पहुँचे हैं
कि आप कुछ भी नहीं कर सकते ?
तो सिर्फ़ किसी आईने में देखें और आप उसे देखेंगे
जो आपको सचमुच, वास्तव में रोक रहा है!

यह पूरी तरह से हम पर ही निर्भर करता है
कि हम अपने जीवन की ज़िम्मेदारी लें और उसे अपना मनचाहा आकार दें।
अगर आप सोचते हैं कि इसमें बहुत ज़्यादा वक़्त लगता है,
तो दुबारा सोचें, क्योंकि मैं आपसे कहता हूँ कि ऐसा नहीं है,
सच तो यह है ...

इसमें सिर्फ़ एक मिनट, सिर्फ़ एक मिनट लगता है
अपना मन बनाने में, कि आपको अपने रन अभी,

इसी समय बनाने हैं!
इसमें सिर्फ़ एक मिनट, सिर्फ़ एक मिनट लगता है
साठ सेकंड लगते हैं शुरू करने में, जीतने का संकल्प लेने में,
आगे बढ़ने में!

अपनी कुंठाओं की पड़ताल करके काम शुरू करें,
ज़ोर से चिल्लायें कि आपमें वह क्षमता है!
परिवर्तन को लेकर अपने अंदर इतना जोश पैदा कर लें
कि आपकी हर शंका और डर मिट जाये।

फिर फ़ैसला करें कि आप सचमुच ऐसा करके दिखायेंगे!
हर अन्य विकल्प को ख़त्म कर दें,
जो आप कहें, सचमुच उसे कर देने का फ़ैसला करें,
आप सिर्फ़ आवाज़ सुनाने के लिये नहीं बोल रहे हैं!

हर एक की यात्रा एक ही ढंग से शुरू होती है,
सिर्फ़ एक क़दम से; न इससे ज़्यादा, न इससे कम!
आप जो अगला क़दम उठायें, उसे उस राह की ओर संकेत करने दें,
जहाँ आप अपना सर्वश्रेष्ठ दें और सर्वश्रेष्ठ हासिल करें।
याद रखें!

इसमें सिर्फ़ एक मिनट, सिर्फ़ एक मिनट लगता है
अपना मन बनाने में, कि आपको अपने रन अभी,
इसी समय बनाने हैं!
इसमें सिर्फ़ एक मिनट, सिर्फ़ एक मिनट लगता है,
साठ सेकंड लगते हैं शुरू करने में, जीतने का संकल्प करने में,
आगे बढ़ने में!

एक मिनट का महत्व

आज हम सिर्फ़ एक मिनट के महत्व के बारे में बात करना चाहते हैं, यह मिनट जिसका निवेश आप इस पन्ने को पढ़ने में कर रहे हैं। हो सकता है यह कोई बड़ा सौदा न लगे, परंतु मैं आपको बता दूँ यह एक बहुत बड़ा सौदा है, क्योंकि एक मिनट ही आपके सपनों को साकार करने का शुरुआती बिंदु है। एक महान मिनट से एक महान घंटा बनता है, एक महान घंटे से एक महान दिन बनता है और एक महान दिन से एक महान सप्ताह बनता है, फिर एक महान महीना, फिर एक महान वर्ष और इस तरह से आप एक महान जीवन के वास्तुविद् बन सकते हैं तथा यह सब सिर्फ़ एक मिनट से शुरू होता है! इसीलिये हमें हर मिनट को सहेजना चाहिये और इसका प्रयोग समझदारी से करना चाहिये। डॉ बेंजामिन मेज़ ने इसे बहुत अच्छी तरह से यूँ कहा है : "मेरे पास सिर्फ़ एक मिनट है, इसमें सिर्फ़ साठ सेकंड हैं। यह मुझे ज़बर्दस्ती दिया गया है, परंतु मैं इसे अस्वीकार नहीं कर सकता। मैंने इसे माँगा नहीं था, चुना नहीं था, परंतु इसका प्रयोग करना मेरे हाथ में है। अगर मैं इसे गँवा देता हूँ तो मुझे परेशानी होगी; अगर मैं इसका दुरुपयोग करता हूँ तो मुझे उसका हिसाब देना होगा। सिर्फ़ एक छोटा सा मिनट, परंतु इसमें अमरता छुपी है।" इसलिये देवियो और सज्जनो, अपने मिनटों का प्रयोग समझदारी से करें!

किपलिंग ने लिखा था, "कभी क्षमा न करने वाले मिनट को साठ सेकंड मूल्य की दौड़ से भर लें!" "साठ सेकंड मूल्य की दौड़" का मतलब है अपने समय का समझदारी से प्रयोग करना, क्योंकि समय आपको क्षमा नहीं करता। यह इस बात की परवाह नहीं करता कि आप कौन हैं या आपका पद क्या है; यह आपको, मुझे, राष्ट्रपति, सांसद, डॉक्टरों, वकीलों और किसी को क्षमा नहीं करता। समय किसी का इंतज़ार नहीं करता, इसलिये हमें अपने मिनटों का ध्यान रखना चाहिये और यह एहसास होना चाहिये कि वे हमारी सबसे बहुमूल्य संपत्ति हैं। एक बार ख़र्च कर देने पर यह संपत्ति हमें वापस नहीं मिलेगी।

इस धरती पर हर व्यक्ति को जीने के लिये सीमित समय मिला है। साथ ही, हममें से हर एक को हर दिन के लिये सीमित समय मिला है, हर दिन में सीमित घंटे मिले हैं, जो सबके लिये पूरी तरह समान हैं। अमीर लोगों के पास

एक दिन में ग़रीब लोगों से अधिक समय नहीं होता, नाटे लोगों के पास लंबे लोगों से अधिक समय नहीं होता, राजा-रानियों के पास उनकी प्रजा से अधिक समय नहीं होता।

प्रत्येक व्यक्ति को हर दिन में चौबीस घंटे दिये गये हैं और उसके खाते में 1440 मिनट जमा किये गये हैं। जब ये मिनट ख़र्च हो जाते हैं, तो आप उस दिन में और मिनट नहीं जोड़ सकते। आपका दिन ख़त्म होने पर जब इन 1440 मिनटों का उपयोग हो जाता है, तो आप थोड़ा सा भी अतिरिक्त समय नहीं ख़रीद सकते, चाहे आपके पास जितना ही पैसा हो या आप कितने ही शक्तिशाली हों।

समय आगे बढ़ रहा है, क्या आप बढ़ रहे हैं?

मित्रो, समय किसी का इंतज़ार नहीं करता। यह चलता रहता है और लगातार आगे बढ़ता रहता है। यह किसी वस्तु या व्यक्ति के लिये नहीं रुकता। इससे कोई फ़र्क़ नहीं पड़ता कि आप कितने धनी हैं या कितने शक्तिशाली हैं या कितने प्रतिष्ठित हैं - समय लगातार आगे बढ़ता रहता है। आपको समय का सम्मान करना होगा और इसका समझदारी से प्रयोग करना होगा, क्योंकि समय इस बात की परवाह नहीं करता कि आप कौन हैं। समय सबके लिये समान है। इसकी नज़र में हर व्यक्ति समान है। यह अमीर और ग़रीब, शक्तिशाली और कमज़ोर, बड़े और छोटे सभी को एक सी पूँजी देता है। हर एक के पास एक समान समय होता है, हर दिन में चौबीस घंटे, इससे एक मिनट भी अधिक नहीं। सफलता की कुंजी यह नहीं है कि आपके पास कितना समय है, क्योंकि आपके पास दिन में सिर्फ़ चौबीस घंटे या 1440 मिनट ही होते हैं। सफलता की कुंजी तो यह है कि आप अपने पास उपलब्ध समय का करते क्या हैं! आप अपने समय का उपयोग किस तरह करते हैं? क्या आप इसका उपयोग समझदारी से करते हैं या फिर आप अपने बहुमूल्य मिनटों को गँवा देते हैं? आप अपने जीवन में समय बर्बाद करते हैं या फिर इसका रचनात्मक उपयोग करते हैं? आपकी सफलता या असफलता इस बात पर निर्भर करती है कि आप अपने समय का उपयोग किस तरह करते हैं। समय आगे बढ़ रहा है... क्या आप बढ़ रहे हैं?

हर मिनट क़ीमती है, क्योंकि इसके बदले में दूसरा मिनट नहीं मिलता। एक बार यह दिन गुज़र जाये, तो हम इस बीते हुए समय को बदल नहीं सकते। हर दिन के समय की अपनी एक अलग इकाई होती है और इसे दुबारा नहीं जिया जा सकता। एक बार बीतने के बाद यह ख़त्म हो जाता है और चला जाता है, इसलिये हमें इसका उपयोग समझदारी से करना चाहिये, क्योंकि इस बात की कोई गारंटी नहीं है कि हमारे पास इस धरती पर कितना समय बचा है। मेरे मित्र स्टीव हार्डीमैन ने मुझे एक अद्भुत नीतिसूत्र भेजा है, "आज मैं जो कर रहा हूँ, वह महत्वपूर्ण है, क्योंकि मैं इसके बदले में अपने जीवन के एक दिन की क़ीमत दे रहा हूँ। मेरी उपलब्धि महत्वपूर्ण होना चाहिये, क्योंकि क़ीमत बहुत ज़्यादा है!" मित्रो, यह महत्वपूर्ण है कि हम अपने मिनटों का उपयोग समझदारी से करें, क्योंकि क़ीमत... बहुत ज़्यादा है!

गँवाने के लिये समय नहीं है!

आँकड़ों के अनुसार अमेरिका में औसत आयु 79.5 वर्ष है। अगर आप अभी 20 साल के हैं, तो वर्तमान आँकड़ों के अनुसार आपके पास जीवन में बस 700 महीने से थोड़ा अधिक समय ही बचा है। अगर आप 30 साल के हैं, तो आपके पास जीने के लिये लगभग 600 महीने शेष हैं। अगर आप 40 साल के हैं, तो आपके पास जीने के लिये लगभग 480 महीने हैं। अगर आप 50 साल के हैं, तो आपके पास 320 महीने से कुछ अधिक समय ही है। अगर 60 के हैं, तो 240 महीने; अगर 70 के हैं, तो लगभग 120 महीने और अगर आपकी उम्र 80 या उससे अधिक है.... तो आप बस ख़ुशक़िस्मत हैं! हालाँकि ये सिर्फ़ आँकड़े हैं, परंतु हमें इस बात का ध्यान रखना होगा कि इनका कुछ महत्व है, क्योंकि हममें से कोई नहीं जानता कि हम कितने लंबे समय तक जीवित रहेंगे। हमें अपने जीवन के महत्व को अनदेखा नहीं करना चाहिये। हालाँकि औसत आयु बढ़ रही है, परंतु हमें यह एहसास होना चाहिये कि समय क़ीमती है और हमारे पास गँवाने के लिये सचमुच समय नहीं है। अपने जीवन को पूरे जोश के साथ जियो, क्योंकि गँवाने के लिये समय ही नहीं है!

अपने मिनटों का सर्वश्रेष्ठ उपयोग करें!

हम सबके पास एक दिन में 24 घंटे होते हैं; न एक मिनट ज़्यादा, न एक मिनट कम। सफलता की कुंजी यह है कि आप उन मिनटों का क्या कर रहे हैं, जो आपको दिये गये हैं। माइक मरडॉक कहते हैं कि हम सबके पास चौबीस मालवाहक ट्रक हैं, जो हमें हर दिन दिये जाते हैं। आप उन्हें धूल से भरते हैं या फिर हीरों से, यह आपके हाथों में है? बिल गेट्स के पास एक दिन में चौबीस घंटे होते हैं और खिड़कियाँ धोने वाले मेरे मित्र बॉबी के पास भी। उन दोनों के बीच अंतर यह है कि वे अपने दिये गये समय का अलग-अलग तरह से उपयोग करते हैं। बॉबी स्थानीय गैस स्टेशन में चिल्लर के बदले में लोगों की कार की खिड़कियाँ धोता है। उसमें बोलने की कला है और वह अच्छे व्यक्तित्व का स्वामी है, परंतु उसने खिड़की धोने के भाग्य से समझौता कर लिया है, क्योंकि उसे यह विश्वास नहीं है कि वह इससे बेहतर कुछ कर सकता है। हर बार जब हम बात करते हैं, तो वह हमेशा कहता है, "मैं यह करने जा रहा हूँ, मैं वह करने जा रहा हूँ, मैं अपने जीवन में इससे बड़ा काम करने जा रहा हूँ।" परंतु वह कभी नहीं करता। अगले दिन वह वहीं लौट आता है और सिक्कों के बदले में खिड़कियाँ धोता है, जबकि उसमें डॉलर कमाने की क्षमता है। वह अपने मिनटों को धूल से भरता है, जबकि वह उन्हें हीरों से भर सकता था। दूसरी तरफ़ बिल गेट्स के पास भी चौबीस घंटे हैं, परंतु वे अपने समय का उपयोग अलग तरह से करते हैं। वे अपने मिनटों को सिक्कों के बजाय डॉलरों से भरते हैं। जीवन हम सबके लिये मुश्किल है और यह हर व्यक्ति को अनोखी चुनौतियाँ देता है। कुछ लोग दूसरों से बहुत पीछे से शुरुआत करते हैं, परंतु हममें से हर एक यह चुन सकता है कि वह अपने समय का किस तरह उपयोग करे। हम अपने घंटों को धूल से भरते हैं या हीरों से? हम अपने मिनटों को सिक्कों से भरते हैं या डॉलरों से? चाहे हम जीवन में कहीं भी हों, हमारे पास चुनने के लिये विकल्प होता है। अपने समय का उपयोग समझदारी से करें। अपने समय की गाड़ी को हीरों से भरें, न कि धूल से!

निर्णय की शक्ति!

आपको अपनी ज़िंदगी बदलने में कितना समय लगता है? अधिकांश लोग समझते हैं कि इसमें लंबा समय लगता है, परंतु यह सोच सही नहीं है। वास्तव में इसमें सिर्फ़ एक मिनट लगता है! यह सही है, बस एक मिनट! जिस मिनट आप सचमुच बदलने का फ़ैसला करते हैं और एक अलग दिशा में आगे बढ़ने की चुनौती स्वीकार करते हैं, उसी मिनट आप सचमुच अपनी ज़िंदगी बदल लेते हैं। लंबा समय तो निर्णय लेने में लगता है! आप अनिश्चय की स्थिति में इधर से उधर भटकते हैं कि आपको क्या करना चाहिये और क्या नहीं करना चाहिये; आप परिवर्तन के मुद्दे पर कश्मकश में होते हैं। कई लोग तो इस बारे में इतने लंबे समय तक सोचते हैं कि वे "विश्लेषण के लक़वे" से ग्रस्त हो जाते हैं। वे इतने लंबे समय तक वाद-विवाद करते हैं कि दरअसल कुछ भी नहीं हो पाता। परंतु जिस मिनट आप फ़ैसला करते हैं और कर्म में जुटते हैं, उसी मिनट आप सचमुच अपना जीवन बदलते हैं। महान धर्मविज्ञानी डॉ. हॉवर्ड थरमैन ने एक भाषण में कहा था, "जिस पल, जिस मिनट यह पीढ़ी डर को जीत लेगी, उसी मिनट यह युद्ध जीत लेगी... मुठभेड़ें इसके बाद भी होंगी, परंतु युद्ध जीत लिया जायेगा!" जिस पल, जिस मिनट हम निर्णय लेते हैं और उस निर्णय पर अमल करने के लिये आगे बढ़ते हैं, उसी मिनट हम अपनी ज़िंदगी बदल लेते हैं!

मेरे मित्र जिम और नाओमी रोड अक्सर अपना सेमिनार इस सवाल से शुरू करते हैं, "आप जीवन में महान लक्ष्य कैसे हासिल करते हैं" और जब लोग सवाल पर चिंतन करते हैं, तो जिम और नाओमी इस सवाल का जवाब देते हैं। वे कहते हैं, *"ऐसा करने का निर्णय लेकर!"* अपने जीवन को बदलने की कुंजी यह है कि पहले इसका निर्णय लिया जाये। ऑग मैन्डिनो इसे "विकल्प चुनने का रहस्य" कहते हैं। लेस ब्राउन इसे "निर्णय की सक्रियता" कहते हैं। एंथनी रॉबिन्स कहते हैं, "आपका भाग्य आपके निर्णयों से निर्धारित होता है।" आप इसे चाहे किसी भी तरह से कहना चाहें, कुंजी यह है कि आप जहाँ भी हैं और जो भी हैं, अपने द्वारा चुने गये विकल्पों या न चुने गये विकल्पों के कारण हैं। जीवन को अपने हिसाब से ढालें, वरना जीवन आपको अपने हिसाब से ढाल लेगा! या तो आप फ़ैसला करें, वरना जीवन आपके लिये फ़ैसला कर देगा! हममें से

कितने लोगों ने निर्णय न लेने का निर्णय लिया है, परंतु इसके बावजूद जीवन आगे बढ़ा है तथा इसने हमारे लिये कोई निर्णय ले लिया है? हम सबने इसे झेला है! परंतु हम एक निर्णय लेकर अपने जीवन को कुछ हद तक नियंत्रित कर सकते हैं, बशर्ते हम इस बात का इंतज़ार न करें कि जीवन हमारे लिये कोई निर्णय ले। जिस मिनट आप निर्णय लेते हैं और उस निर्णय के हिसाब से काम करते हैं, उसी मिनट आप अपनी ज़िंदगी बदल लेते हैं! **आपका निर्णय आपके जीवन को बदलने की कुंजी है!** परंतु उस निर्णय को लेने के लिये आपको पहले यह मालूम होना चाहिये कि आप कहाँ जाना चाहते हैं। आपके पास पहले एक सपना होना चाहिये। **आपके पास एक सपना होना ही चाहिये!**

❋ ❋ ❋

अध्याय दो

अविश्वसनीय काम करने के लिये असंभव काम करने का सपना देखना होगा!

जब हम इतिहास को देखते हैं, तो पाते हैं कि हर महान और उत्कृष्ट उपलब्धि इसलिये संभव हुई, क्योंकि किसी ने उस काम को करना चाहा, जिसे असंभव समझा जाता था। चाहे वे थॉमस एडिसन, हेनरी फ़ोर्ड, अलैक्ज़ेंडर ग्राहम बेल या राइट बंधु जैसे आविष्कारकर्ता हों, या फिर मार्टिन लूथर किंग जूनियर या सूज़न बी. एंथनी, जिन्होंने महिलाओं के मताधिकार के लिये संघर्ष किया, या नेल्सन मंडेला (जिन्होंने वह कर दिखाया, जिसे बाक़ी लोग असंभव समझ रहे थे और वे एक क़ैदी से दक्षिण अफ़्रीका के राष्ट्रपति बन गये)। ***अविश्वसनीय काम करने के लिये पहले आपको असंभव काम करने का सपना देखना होगा!*** जब आप असंभव काम करने का सपना देख लें, तो इसके बाद आपको प्रेरित होना होगा और उसे संभव कर दिखाना होगा!

प्रेरणा क्या है? प्रेरणा (motivation) शब्द लेटिन शब्द ***मोटेर*** से लिया गया है, जिसका अर्थ है कर्म करना। मैं व्यक्तिगत रूप से प्रेरणा के बारे में यह सोचता हूँ कि इसके तीन स्पष्ट हिस्से हैं, जिसे मैंने इस पुस्तक में बहुत ही आसान तरीक़े से बताया है।

कल्पना करें, विश्वास करें, हासिल करें!

द मैग्निफ़िसेंट मोटिवेशनल मिनट में आपका स्वागत है, वह मिनट जो आपको जानकारी और प्रेरणा देगा, शिक्षित और प्रेरित करेगा। वह मिनट, जो आपकी ज़िंदगी बदल सकता है। प्रेरणादायक मिनट को पूरी तरह से समझने के लिये आइये हम सबसे पहले "प्रेरणा" को परिभाषित कर लें। वेब्स्टर ने प्रेरणा का अर्थ यह बताया है "कोई ऐसी भावना (जैसे आवश्यकता या इच्छा) जो किसी व्यक्ति को काम करने के लिये उकसाती है या उसका कारण होती है।" मैं समझता हूँ कि प्रेरणा के तीन हिस्से होते हैं : पहले तो आपके पास सपना, विचार या अवधारणा होना चाहिये; दूसरे, आपके दिल में विश्वास होना चाहिये (बाइबल कहती है कि अगर आप सिर्फ़ विश्वास कर सकें, तो हर चीज़ संभव है); तीसरा हिस्सा है कि आप किसी काम को करने का फ़ैसला करें, अपने सपनों को सच करने में जुट जायें, उनका पीछा करें और फिर उन्हें हासिल करें। संक्षेप में, आपको प्रेरित करना यह समझने में आपकी मदद करना है कि अगर आप कोई चीज़ सोच सकते हैं और उसमें विश्वास कर सकते हैं, तो आप उसे हासिल भी कर सकते हैं। अगर आप इसका सपना देख सकते हैं, तो आप इसे साकार कर सकते हैं। आप महान बन सकते हैं। याद रखें कि अगर आपके मन में विश्वास हो, तो हर काम संभव है। आशा है कि आपका दिन शानदार गुज़रेगा।

अगर आप महान सपने देख सकें, तो सचमुच सब कुछ संभव है। अपने सपनों में विश्वास करें और फिर पूरी शक्ति से उनका पीछा करें। मुझे वह समय याद है, जब मैंने बाहर निकलने और अपने सपने का पीछा करने का फ़ैसला किया था। मेरा सपना था लोगों को प्रेरित करना और भाषण देना। मेरे सहकर्मियों ने मुझे बताया कि मैं पागल हो गया था। वे ऑफ़िस के दरवाज़े पर खड़े रहे और मुझे अपनी पुरानी खटारा कार की तरफ़ 100 लंबे क़दम बढ़ाते हुए देखते रहे। वे हँसे, क्योंकि वे जानते थे कि यह कार अपनी आख़िरी साँसें गिन रही थी और मेरे बैंक खाते में सिर्फ़ 200 डॉलर थे। उन्होंने कहा, "तुम शायद पागल हो गये हो! तुम अपनी अच्छी ख़ासी सरकारी नौकरी सिर्फ़ इसलिये छोड़ रहे हो क्योंकि तुम्हारे पास एक सपना है? तुम क्या करना चाहते हो? तुम वक्ता बनना चाहते हो? तुम अपनी ख़ुद की कंपनी शुरू करना चाहते हो? तुम पुस्तकें लिखना चाहते

हो? तुम रेडियो और टेलीविज़न पर कार्यक्रम प्रस्तुत करना चाहते हो? तुम महान बनना चाहते हो? ***सपने देखना छोड़ो! असली दुनिया में लौट आओ!*** तुम्हारे पास तो इतने भी पैसे नहीं हैं कि तुम अपनी कार ठीक करवा सको!" मैं सुन सकता था कि मेरे हर क़दम के साथ उनकी हँसी और तेज़ होती जा रही थी। मैं जितनी दूर गया, उनकी हँसी उतनी ही तेज़ होती गई! वह आख़िरी बात जो मैंने सुनी, यह थी, "वह वापस लौटेगा। वह वापस लौटेगा। हा! हा! हा! वह वापस लौटेगा।"

वे लोग सही थे। मैं वापस लौटा! परंतु इस बार मैं परामर्शदाता के रूप में वापस लौटा और मर्सिडीज़ बेंज़ गाड़ी चलाकर आया। जब मैंने वह नौकरी छोड़ी थी, उसकी तुलना में मैं इस वक़्त आठ गुना अधिक कमा रहा था। कुछ वर्षों में ही मैं अपनी ख़ुद की कंपनी का प्रेसिडेंट बन गया था। अब मेरे पास स्टाफ़ और एक सुंदर ऑफ़िस था। मैं दस लाख से अधिक लोगों को संबोधित कर चुका था। मैंने पुस्तकें लिखी थीं, एलबम तथा रिकॉर्ड तैयार किये थे और प्रेरणादायक पुस्तकों के टेप निकाले थे। मेरा एक सिन्डिकेटेड रेडियो शो था तथा मुझे हाल ही में नेशनल कैपिटॉल स्पीकर्स एसोसियेशन का प्रेसिडेंट चुना गया था। और मैं सातवें आसमान पर था!

क्या मर्सिडीज़, स्टाफ़ या दौलत ही मेरी सफलता का प्रमाण हैं? ***नहीं!*** ये चीज़े तो सिर्फ़ सफलता की विधि सीखने के गौण फल हैं। तो फिर असली चीज़ क्या थी? कुंजी क्या थी? मुख्य तत्व क्या था? वह चीज़ क्या थी, जिसने मुझे पीछे मुड़ने और अपने सहकर्मियों की बात मानने से रोका? किस चीज़ ने मुझे अपने सहकर्मियों की बात पर विश्वास करने से रोका और मुझे अपने दम पर आगे बढ़ने का हौसला दिया? वह कौन सी चीज़ थी, जो मेरी सफलता के लिये अनिवार्य थी? ***वह कौन सी चीज थी?*** **वह चीज़ थी--- सपने की शक्ति और उस सपने का अनुसरण करने का निर्णय!**

आपके पास एक सपना होना ही चाहिये!

हर दिन एक नया दिन होता है, बाक़ी सब दिनों से अलग; आपके सपनों को सच करने का एक बिलकुल नया अवसर। परंतु सपना सच होने के लिये आवश्यक है कि आपके पास कोई सपना हो। आपके पास सपना

और लक्ष्य होना ही चाहिये (सिर्फ़ संकल्प नहीं, जो आप पहली जनवरी को लेते हैं और पंद्रह जनवरी तक भूल जाते हैं), बल्कि एक लक्ष्य, एक समय सीमा, एक मंज़िल जिसके प्रति आप पूरी तरह समर्पित हों। यह अनिवार्य है कि आपके पास एक सपना हो। डॉ. बेंजामिन मेज़ ने इसे बख़ूबी कहा है, "हमें यह बात ध्यान रखनी चाहिये कि जीवन में दुखद बात यह नहीं है कि आप अपने लक्ष्य तक नहीं पहुँच पाते। दुखद बात तो यह है कि आपके पास कोई लक्ष्य ही नहीं होता, जिस तक पहुँचा जाये। दुर्घटना यह नहीं है कि आप उन सपनों के साथ मर जाते हैं, जिन्हें आप साकार नहीं कर पाये; दुर्घटना तो यह है कि आपके पास सपने ही नहीं होते। दुर्भाग्यपूर्ण यह नहीं है कि आप अपने आदर्श को हासिल नहीं कर पाते; दुर्भाग्यपूर्ण तो यह है कि आपके पास हासिल करने के लिये कोई आदर्श ही नहीं होता। यह शर्मनाक नहीं है कि आप सितारों तक नहीं पहुँच पाते; शर्मनाक तो यह है कि आपके पास पहुँचने के लिये सितारे ही नहीं होते। असफलता नहीं, बल्कि छोटा लक्ष्य पाप है।" देवियो और सज्जनो, अधिकांश लोगों के पास छोटा लक्ष्य होता है या उनका लक्ष्य होता ही नहीं है और वे छोटे संकल्प करते हैं, जिन्हें वे पूरा नहीं करते। अगर आपका लक्ष्य कुछ नहीं है, तो शायद आपको कुछ नहीं मिलेगा! अपना निशाना ऊँचे लक्ष्य पर साधें, बड़े सपने देखें, बड़े लक्ष्य बनायें और याद रखें कि अगर आपके मन में विश्वास हो, तो हर चीज़ संभव है।

क्या आपने कभी सोचा कि कुछ लोग दस लाख डॉलर क्यों कमा लेते हैं और उन्हें गँवाने के बाद दुबारा दस लाख डॉलर कमाते हैं और उन्हें भी गँवाने के बाद तीसरी बार दस लाख डॉलर कमा लेते हैं, जबकि बाक़ी लोग मुश्किल से महीना गुज़ार पाते हैं? ऐसा क्यों है कि कुछ लोग जिस चीज़ में भी हाथ डालते हैं, वह सोना बन जाती है, जबकि दूसरे लोग लक्ष्य पर कभी निशाना नहीं लगा पाते? जवाब यह है कि वे लोग सफलता की विधि जानते हैं। जिस तरह केक या पाइ बनाने की एक विधि होती है, उसी तरह सफलता की भी एक विधि होती है। आप सब किसी ऐसी महिला को जानते होंगे, जो मेरी पत्नी की बब्बा आंटी की तरह बेहतरीन केक और पाइ बना सकती हों। मैंने आज तक बब्बा आंटी के हाथों से बने केक, पाइ और रोल से स्वादिष्ट केक, पाइ तथा रोल कहीं नहीं

खाये; और वे उन्हें हर दिन बनाती हैं। कई बार तो उन्हें इनकी मात्रा दुगनी करनी पड़ती है, क्योंकि लोग इन्हें बहुत जल्दी ख़त्म कर देते हैं। परंतु लोग उनकी बनाई पाइ और रोल चाहे कितनी ही तेज़ी से खा लें, वे और पाइ बना सकती हैं। क्यों? क्योंकि बब्बा आंटी विधि जानती हैं!

अब हम यह मान लें कि कोई महिला आंटी के घर पर आती है और उसे केक तथा पाइ का स्वाद बहुत पसंद आता है। इसलिये वह फ़ैसला करती है कि वह भी घर पर जाकर केक बनायगी, परंतु उसके पास इसकी विधि नहीं है। वह घर जाती है, कोशिश करती है और असफल होती है। इसके बाद वह दुबारा कोशिश करती है और असफल होती है। बार-बार कोशिश करके असफल होती है और अंततः ज़्यादातर लोगों की तरह वह हार मान लेती है। जीवन में भी यही होता है। अधिकांश लोग सफल होना चाहते हैं, परंतु उनके पास इसकी विधि नहीं होती। अधिकांश लोग जीवन की राह पर कोशिश और ग़लती (trial and error) की सतत अवस्था से गुज़रते हैं, कोशिश करते हैं और असफल होते हैं। वे बार-बार कोशिश करते हैं और असफल होते हैं तथा आख़िरकार हार मान लेते हैं। आँकड़े दर्शाते हैं कि अगर आप 19 वर्ष के सौ समकक्ष लोगों को लें, तो 65 साल का होने तक उनमें से सिर्फ़ एक व्यक्ति दौलतमंद होगा, चार आर्थिक रूप से सुरक्षित होंगे, उन्नीस अब भी जीवनयापन के लिये काम कर रहे होंगे, बाईस मर गये होंगे और चौवन पूरी तरह दिवालिया होंगे तथा ज़िंदा रहने के लिये सरकार या अपने परिवारों पर निर्भर रहेंगे। परंतु यह ज़रूरी नहीं है कि ऐसा हमेशा इसी तरीक़े से हो!

सफलता का सामान्य लक्षण (denominator) क्या है? सभी सफल लोगों में कौन सी चीज़ समान होती है? सौ में से निन्यानवे बार मुझे यही जवाब मिलता है... **धन!** जब भी मैं स्कूल, कॉलेज, व्यावसायिक संगठनों या कॉरपोरेशन्स में जाता हूँ, तो मुझे सबसे पहले यही जवाब मिलता है। यह पहले नंबर का जवाब है, परंतु यह सही जवाब नहीं है। धन आपकी सफलता निर्धारित नहीं करता, हालाँकि यह सच है कि अगर आप सफल हैं तो आपको जितनी ज़रूरत हो, उतना धन मिल सकता है। धन सफलता का परिणाम है, उसका सह-उत्पाद है। इसका विपरीत सच नहीं है। इसका उदाहरण देखें। मदर टेरेसा एक महान सफल महिला थीं, परंतु वे अमीर नहीं थीं। बहरहाल, अगर सप्ताह में किसी भी

दिन मदर टेरेसा दोपहर को टेलीविज़न पर आकर दुनिया से पाँच करोड़ डॉलर माँगतीं, तो दिन ख़त्म होने से पहले ही उन्हें इतनी रक़म मिल जाती! धन सफलता को निर्धारित नहीं करता, परंतु अगर आप सफल हैं तो आप जितना चाहें, उतना धन हासिल कर सकते हैं। मार्टिन लूथर किंग, जूनियर बेहद सफल थे, परंतु वे अमीर नहीं थे।

जूनियर हाई स्कूल में मेरी एक शिक्षिका थीं, जो मेरी शरारतों के बावजूद मुझे हमेशा उत्साहित और प्रेरित किया करती थीं। हर दिन वे हमारी कक्षा से कहती थीं, "तुम महान बनने जा रहे हो, तुम महान बनने जा रहे हो!" वे अमीर नहीं हैं, परंतु वे बेहद सफल हैं। धन अपने आप में सफलता तय नहीं करता, परंतु अगर आप सफल हैं तो आपको जितनी ज़रूरत हो, उतना धन मिल सकता है।

किसी भी तरह की सफलता के लिये सात लक्षण या मुख्य तत्व क्या हैं? यह **सपना देखने** की योग्यता है! उन चीज़ों को देखने की योग्यता, जो अब तक साकार नहीं हो पाई हैं। उन चीज़ों के साकार होने की संभावना को देखना। अपने भविष्य का सपना देखने की योग्यता, अपने भविष्य के लिये उस सपने को साकार करने तथा विकसित करने की योग्यता। बाइबल (प्रोवर्ब्स 29:18) में कहा गया है : "जहाँ भविष्य की दृष्टि नहीं होती, वहाँ लोग नष्ट हो जाते हैं।" सपने सफलता के लिये अनिवार्य हैं। चाहे आपके पास और कुछ हो या न हो, परंतु आपके पास एक सपना ज़रूर होना चाहिये। अगर आपके पास सपना ही नहीं है, तो आप उसे साकार कैसे कर सकते हैं? मित्रो, आपके पास एक सपना होना ही चाहिये!

किनारे पर खड़ा होना : आपके पास सपना है!

जब मैं देहात में भाषण देते हुए यात्रा करता हूँ, तो मैं एक बात पर सबसे ज़्यादा ज़ोर देता हूँ : सपने देखने का महत्व और आवश्यकता। जिन लोगों ने हमारे समाज में अमूल्य योगदान दिया है, उनके जीवन को देखने पर एक साझा तत्व बार-बार सामने आता है। उन सभी ने सपनों की शक्ति को समझा था। मार्टिन लूथर किंग, जूनियर से लेकर वॉल्ट डिज़नी, थॉमस एडिसन और अल्बर्ट आइंस्टीन तक सभी ने। सूची आगे

बढ़ती जाती है और आगे बढ़ती जाती है। सपने सफलता का बीज हैं। हम यह सीखने जा रहे हैं कि हम किस तरह ऐसे सपने देखें, जो हमारी ज़िंदगी बदल दें। हम यह सीखने जा रहे हैं कि सपना कैसे देखें, उसका पीछा किस तरह करें और उसे साकार कैसे करें। अगर आपमें सपना देखने की हिम्मत है, तो आप जीतने की हिम्मत भी कर सकते हैं। मैं रोमांचित हूँ क्योंकि हम सब एक महान रोमांचक यात्रा के किनारे पर खड़े हैं और इसे जीवन को पूरी तरह जीना कहा जाता है। विक्टर ह्यूगो ने कहा था, "उस विचार को कोई नहीं रोक सकता, जिसका समय आ गया हो!" तैयार हो जायें, आगे बढ़ें और चल दें! आइये, सपना देखना शुरू करें! और जीवन को पूरी तरह से जीना शुरू करें!

कल्पना का महत्व

कल्पना का महत्व मुझे अपनी किशोरावस्था में बहुत अच्छी तरह समझ में आ गया था, जब मुझे मुहम्मद अली से मिलने का अवसर मिला। मैं फ़िलाडेल्फ़िया में अपनी नानी के घर गया था और मेरी माँ टिकट ले आई थीं, ताकि मुहम्मद अली को एक स्थानीय टेलीविज़न शो की रिकॉर्डिंग के दौरान देखा जा सके। मैं इतना रोमांचित था कि मुझे समझ में नहीं आ रहा था कि क्या करूँ। मैं टेलीविज़न स्टूडियो जाने के समय का बेसब्री से इंतज़ार कर रहा था। हम पहुँचे और हमें सबसे आगे की लाइन में सीटें मिल गईं! चैंपियन आया और उसने सबसे आगे वाली लाइन में बैठे हर व्यक्ति से हाथ मिलाया। मैं बहुत रोमांचित था, क्योंकि अब मैं घर जाकर अपने सारे दोस्तों को बता सकता था कि मैंने सचमुच मुहम्मद अली से हाथ मिलाया था!

अब मैं पीछे पलटकर देखता हूँ और मुझे एहसास होता है कि उनसे हाथ मिलाना हालाँकि अच्छा अनुभव था, परंतु वह तो धुल जायेगा। बहरहाल, उस इंटरव्यू में उन्होंने कुछ ऐसा कहा था, जो धुल या मिट नहीं सकता। उन्होंने एक ऐसा बीज बोया, जो मेरे बड़े होने के साथ विकसित होता गया और इसने मेरे चिंतन को आकार दिया। इंटरव्यू के दौरान उनसे पूछा गया कि उन्होंने बॉक्सिंग उद्योग में किस तरह क्रांति ला दी थी और लोग उनके मुक़ाबले देखने के लिये क्यों टूटे पड़ते थे।

उनका जवाब था कि उनके पास कल्पनाशक्ति थी और यही उनकी सफलता की कुंजी थी! उन्होंने कहा, "देखिये, मैंने बहुत पहले ही सीख लिया था कि अच्छा होना ही पर्याप्त नहीं है, आपके पास कल्पनाशक्ति भी होनी चाहिये और आपको सपना भी देखना चाहिये।"

मुहम्मद अली ने एक व्यक्तित्व विकसित किया, एक छवि बनाई, जिससे लोग या तो प्रेम करते थे, या फिर नफ़रत। जो लोग उनसे प्रेम करते थे, वे उनकी जीत देखने आते थे। जो लोग उनसे नफ़रत करते थे, वे उनकी हार देखने आते थे। दोनों ही स्थितियों में सभी सीटें भर जाती थीं! मैंने उस दिन कुछ ऐसा सीखा, जिसने जीवन भर मेरी मदद की। मैंने सपने की शक्ति के बारे में सीखा। मैंने यह सीखा कि आपके पास कल्पनाशक्ति होनी ही चाहिये, आपको रचनात्मक होना ही चाहिये, आपके पास एक सपना होना ही चाहिये!

सपने का बीज

जीवन में बढ़ने वाली हर चीज़ बीज का परिणाम होती है। यह आपके सपनों के बारे में भी सच है। सपने सफलता के शुरुआती बिंदु या बीज हैं। अगर आप मक्का का बीज बोयें और इसमें हर दिन पानी दें, तो मक्का का पौधा उगेगा। अगर आप एकॉर्न (बंजुफल) बोयें और इसमें हर दिन पानी दें, तो यह बड़ा होकर ओक (बलूत) वृक्ष में बदल जायेगा। यही आपके सपनों के बारे में भी सही है। अगर आप अपने मस्तिष्क में सपने का बीज बना लें, अपने दिल में इसे बो दें और इसमें हर दिन पानी दें, तो यह भी बड़ा हो जायेगा। आप इसमें पानी किस तरह देंगे? आप हर दिन यह कहकर इसे पानी देंगे, "मुझे विश्वास है मैं कर सकता हूँ, मुझे विश्वास है मैं कर सकता हूँ, दरअसल मैं जानता हूँ कि मैं कर सकता हूँ।" अगर आप अपने सपने के बीज को गहराई में रोपें, इसमें हर दिन पानी दें और शंका की खरपतवार को इसे नष्ट करने का मौक़ा न दें, तो आपका सपना हक़ीक़त बन सकता है और बनेगा।

सपना देखने वाले माइकल जॉर्डन

स्वप्नदर्शी का मेरा प्रिय उदाहरण माइकल जॉर्डन का है। मैंने माइकल जॉर्डन के बारे में एक कहानी सुनी है, जो इस सवाल से शुरू होती है, "किस चीज़ ने उन्हें इतना महान बास्केटबॉल खिलाड़ी बनाया?" जवाब यह है कि जब माइकल नौवीं कक्षा में थे, तो उन्हें बास्केटबॉल टीम से निकाल दिया गया, क्योंकि वे अच्छा नहीं खेलते थे। वे घर लौटे और उन्होंने सपना देखना शुरू किया, क्योंकि वे अपने कोच के सामने यह साबित करना चाहते थे कि उन्होंने ग़लती की है। एक बार जब माइकल ने सपना देख लिया और उसे अपने मन में बो दिया, तो उन्हें यह एहसास हो गया कि वे यह काम कर सकते हैं। और एक बार जब उन्हें यह एहसास हो गया कि वे यह काम कर सकते हैं, तो वे बास्केटबॉल कोर्ट में गये और उसे कर दिखाया। उन्होंने इसका सपना देखा और वे भविष्य में बास्केटबॉल के सार्वकालिक महान खिलाड़ियों की श्रेणी में आ गये। उन्होंने समझ लिया था कि जीवन में महान बनने के लिये आपको सपना देखना होगा, अपने सपनों का पीछा करना होगा, अपनी संपूर्ण क्षमता तक पहुँचना होगा और दूसरों को कभी यह मौक़ा न देना होगा कि वे आपको पीछे रोके रह सकें। आप भी ऊँचे उड़ सकते हैं और आसमान छू सकते हैं!

हैंक आरोन, धीमी गति में सपने देखना!

हैंक आरोन के साथ एक इंटरव्यू में लेखक रॉबर्ट ग्रेसमैन ने बताया कि हैंक सिर्फ़ एक अद्भुत खिलाड़ी ही नहीं थे, बल्कि उन्होंने अन्य साधनों का भी प्रयोग किया, जिससे उन्हें शीर्षस्थ होम-रन हिटर बनने में मदद मिली। उन्होंने अपने सपने देखने की योग्यता का प्रयोग अद्भुत एकाग्रता से किया। ग्रेसमैन कहते हैं कि हैंक आरोन पूरी लीग में पिचर्स का अध्ययन करते थे और उनकी शक्तियों तथा कमज़ोरियों पर ध्यान एकाग्र करते थे। फिर वे इस बात पर ध्यान एकाग्र करते थे कि वे उन पर होम-रन हिट करने के लिये क्या करेंगे। अंत में, वे खेल के बारे में सपना देखते थे और गेंद देखकर उस पर ध्यान एकाग्र करते थे। अपने

मस्तिष्क की तस्वीर में वे गेंद की गति को नियंत्रित कर लेते थे। जब मानसिक तस्वीर में गेंद प्लेट की तरफ़ आती थी, तो वे उसे बहुत धीमा कर लेते थे। इसके बाद वे गेंद को अपनी पूरी ताक़त से मारते थे और इसका परिणाम होता था--- एक होम-रन! उन्होंने सपने देखने की योग्यता के साथ एकाग्रता को मिला लिया था; वे होम-रन को पहले तो संभावना के रूप में देखते थे और फिर उसे हक़ीक़त में बदल लेते थे।

जब मैं कॉलेज के विद्यार्थियों के सामने बोल रहा था, तो एक युवती ने मुझे बताया कि वह दुविधा में थी। उसे हर रात सपने आते थे, परंतु इसके बावजूद उसके जीवन में कोई बड़ा फ़र्क़ नज़र नहीं आ रहा था। वह अब तक सफल नहीं हो पाई थी। मैंने उसे बताया कि सपने भी कई तरह के होते हैं। एक तरह का सपना आप रात को देखते हैं, जिसमें आप सिर्फ़ तस्वीरें और कहानियाँ देखते हैं। अच्छी कहानियाँ भी होती हैं, जहाँ हर चीज़ अद्भुत होती है और बुरी कहानियाँ भी होती हैं, जिन्हें हम आम तौर पर दुःस्वप्न कहते हैं। कुछ लोग हँसे और उन्होंने कहा कि उन्हें दुःस्वप्न पसंद हैं क्योंकि वे बिना घर या बिस्तर छोड़े तथा बिना टेलीविज़न चलाये ही मुफ़्त में एक डरावनी फ़िल्म देख लेते हैं।

एक और तरह का सपना दिवास्वप्न है, जब आप जागते हुए ही दूर के विचारों में खो जाते हैं। अधिकांश समय ऐसा स्कूल में होता है या ऑफ़िस में, जब आपको किसी और व्यक्ति या वस्तु की ओर ध्यान देना चाहिये। दिवास्वप्न के साथ समस्या यह है कि जब आपका शरीर एक जगह पर होता है और मन दूसरी जगह पर, तो ज़्यादा सीखना या हासिल करना आसान नहीं होता। बहरहाल, आख़िरी प्रकार का सपना ही वह सपना होता है, जो सफलता और असफलता के बीच अंतर बन सकता है : कल्पना भरा सपना।

कल्पना भरा सपना!

आज हम जिस तरह के सपने पर ध्यान एकाग्र करना चाहते हैं, वह उसी तरह का सपना है, जिसे डॉ. मार्टिन लूथर किंग, जूनियर ने देखा था : कल्पना भरा सपना। उन चीज़ों को संभावना के रूप में देखना, जो अभी तक हक़ीक़त नहीं बनी हैं। अगर हम अपने मन को उड़ने की अनुमति दें, अगर हम उन बंधनों को काट दें जो हमें बाँधे रखते हैं, तो हम

अविश्वसनीय काम कर सकते हैं। अगर आप रुकें और इसी समय अपने चारों तरफ़ देखें, तो आप पायेंगे कि हर चीज़ किसी की कल्पना में शुरू हुई थी। वह रेडियो जो आप सुनते हैं, कपड़े जो आप पहनते हैं, टेलीफ़ोन जिससे आप बातें करते हैं, आपका घर, आपकी कार, आपका ऑफ़िस। ये चीज़ें आज से हज़ारों साल पहले अस्तित्व में नहीं थीं, परंतु किसी की कल्पना की बदौलत आज इनका अस्तित्व है। आप भी अपनी कल्पनाशक्ति का उपयोग करके महान काम कर सकते हैं। इसकी कोशिश करें--- आपको इसमें मज़ा आयेगा!

मुझसे एक सवाल नियमित रूप से पूछा जाता है, "सपने क्यों देखना?" यह एक अच्छा सवाल है। **सपने क्यों देखना?** एक अध्ययन में कॉलेज के विद्यार्थियों पर प्रयोग किया गया और उनके शरीर को मशीनों के संपर्क में रखा गया। इन मशीनों के माध्यम से उनकी नींद के तरीक़े और मस्तिष्क तरंगों पर निगरानी रखी गई। इसका उद्देश्य यह पता लगाना था कि क्या वे सपने देख रहे थे। सपने आर॰ई॰एम॰ (रैपिड आई मूवमेंट या तीव्र नेत्र गतिविधि) निद्रा के दौरान आते हैं। हर बार जब विद्यार्थी आर.ई.एम. निद्रा में गये और मॉनिटरों ने यह बताया कि वे सपने देखने लगे थे, तो उन्हें जगा दिया गया। उन्होंने पर्याप्त नींद ले ली थी, परंतु उन्हें सपने देखने की इजाज़त नहीं दी गई। पहली रात के बाद विद्यार्थी उठते समय चिड़चिड़े थे; दूसरी रात के बाद वे विचलित थे; तीसरी रात के बाद वे अतार्किक थे और चौथी रात के बाद वे मनोरोग के शिकार हो गये थे! प्रयोग को यहीं पर रोक दिया गया! इस प्रयोग ने यह साबित कर दिया कि सोते समय सपने देखना अनिवार्य है, क्योंकि इससे आपको स्थिर बने रहने में मदद मिलती है। बहरहाल, जागते हुए सपने देखना भी अनिवार्य है, क्योंकि सपने ही सफलता का बीज हैं।

सपने कहाँ से आते हैं?

सपने कहाँ से आते हैं? प्रख्यात पादरी और लेखक रॉबर्ट शुलर कहते हैं कि सपने यूँ ही आसमान से नहीं टपकते, बल्कि ईश्वर के मस्तिष्क से आते हैं। ईश्वर स्वप्नदर्शी के हिसाब से सपना देता है, जो इसे प्राप्त करेगा, इसका सम्मान करेगा, इसे गले लगायेगा, इसे अंगीकार करेगा,

इसके हिसाब से जियेगा और इसके लिये संघर्ष करने का इच्छुक होगा। ईश्वर ने मानवजाति को जो महानतम उपहार दिये हैं, उनमें से एक है सपना। बहरहाल यह हम पर है कि हम उसे स्वीकार करके उसे विकसित होने दें या फिर अस्वीकार करके उसका गला घोंट दें। प्रोवर्ब्स 29:18 के अनुसार, "जहाँ भविष्य की दृष्टि नहीं होती, वहाँ लोग नष्ट हो जाते हैं।" मेरा विश्वास है, "जहाँ भविष्य की दृष्टि होती है, वहाँ लोग समृद्ध होते हैं।" हमें सपने देखने और जीतने की हिम्मत करनी चाहिये।

जब मैं हैम्प्टन युनिवर्सिटी में बोल रहा था, तो एक विद्यार्थी ने एक महत्वपूर्ण सवाल पूछा : "जब आपको कोई रास्ता नहीं सूझ रहा हो और जब कोई आशा न हो, तब आप किस तरह सपना देख सकते हैं?" मैंने पाया है कि कई लोगों ने अपने सपने त्याग दिये हैं। उन्हें तो यह तक याद नहीं है कि सपने कैसे देखे जाते हैं और इसलिये वे यह नहीं सोचते हैं कि उनका कोई सपना है।

लॉस एंजेलिस में एक भाषण के सिलसिले में यात्रा के दौरान मुझे जॉन आल्स्टन नामक मित्र के साथ डिनर करने का मौक़ा मिला। जॉन एक अद्भुत वक्ता हैं और उन्हें अमेरिका में शिक्षा के क्षेत्र में शीर्षस्थ विशेषज्ञों में गिना जाता है। चूँकि वे संगीत उद्योग की मेरी पृष्ठभूमि से वाक़िफ़ थे, इसलिये वे मुझे एक ऐसे रेस्तराँ में ले गये, जहाँ संगीतकार वाद्ययंत्र बजा रहे थे। जब हम टेबल ख़ाली होने का इंतज़ार कर रहे थे, तो हमें बेहतरीन संगीत सुनाई दे रहा था। बीच में विराम होने पर हम पियानोवादक के पास गये और उसे बताया कि हमें संगीत में बहुत आनंद आया तथा हम दोनों के विचार से वह बहुत अच्छा पियानो बजा रहा था। फिर जॉन ने उससे पूछा, "मित्र, तुम्हारा सपना क्या है?" संगीतकार ने ऊपर देखा और कहा, "मेरा अब कोई सपना नहीं है, मैंने उसे लंबे समय पहले ही छोड़ दिया था।" जॉन और मैंने पहले एक-दूसरे की तरफ़ और फिर संगीतकार की तरफ़ देखा और कहा, "**अरे, नहीं!** आप अपना सपना नहीं छोड़ सकते। चाहे आप कुछ भी करें, परंतु अपना सपना न छोड़ें, क्योंकि सपने के बिना जीवन जिया नहीं जाता, बल्कि सिर्फ़ काटा जाता है।" हम उससे तब तक बात करते रहे, जब तक हमारी टेबल ख़ाली नहीं हुई। भोजन के बाद भी हमने उससे बातें कीं। उस रात वह एक नया व्यक्ति बन गया क्योंकि अब वह अपने सपने को दुबारा हासिल करने के लिये तैयार था।

अपने सपनों को कसकर जकड़े रहें

जब मैं हाई स्कूल में था, तो मुझे याद है कि मेरे एक शिक्षक लैंग्स्टन ह्यूज की सपनों पर लिखी कविता पर चर्चा कर रहे थे। हालाँकि कई साल गुज़र गये हैं, परंतु वह चर्चा मुझे आज भी याद है। उन्होंने हमसे कहा कि हम अपने सपनों को कसकर पकड़े रहें। अगर सपने मर जाते हैं, तो जीवन टूटे पंख वाली चिड़िया की तरह हो जाता है। मित्रों, टूटे पंख वाली चिड़िया उड़ नहीं सकती! बहुत से लोगों ने अपने सपने त्याग दिये हैं और इस वजह से उन्होंने मूल रूप से अपनी संभावनाओं को त्याग दिया है। कई लोग जीवन की उन चुनौतियों से हताश और कुंठित हैं, जिनका सामना हमें किसी न किसी रूप में करना पड़ता है। अक्सर हम देखते हैं कि वे बिना लड़े ही अपने सपने त्याग देते हैं और उन्हें यह एहसास ही नहीं होता कि सपने सफलता के बीज हैं। अपने सपनों के लिये संघर्ष करें, क्योंकि पुरस्कार "बहुत मधुर" हो सकते हैं!

अगर आप इसका सपना देख सकते हैं...

वॉल्ट डिज़्नी ने कहा था, "अगर आप किसी चीज़ का सपना देख सकते हैं, तो आप उसे कर सकते हैं।" उन्होंने ये इसलिये नहीं कहा, क्योंकि यह सुनने में अच्छा लगता है। उन्होंने यह इसलिये कहा, क्योंकि वे व्यक्तिगत अनुभव से इसकी सच्चाई जानते थे। वॉल्ट डिज़्नी ने कार्टूनिस्ट के रूप में शुरुआत की थी और बाद में वे बहुत सफल व्यवसायी बने। उनकी कहानी तब शुरू होती है, जब वे कॉलेज की पढ़ाई अधूरी छोड़कर सेना में भर्ती हो गये और लौटकर उन्होंने कार्टून बनाना शुरू किया। फिर एक पार्टनर के साथ वे कार्टून बिज़नेस में उतरे, परंतु बिज़नेस असफल हो गया। वॉल्ट दिवालिया हो गये और उन्हें ज़िंदा रहने के लिये हाथ फैलाने पड़े। उन्होंने कैलिफ़ोर्निया जाने और दुबारा शुरू करने का फ़ैसला किया, परंतु उनके पास पैसे नहीं थे, इसलिये उन्होंने अपनी हर चीज़ बेच दी। वे चालीस डॉलर, एक इमीटेशन-लेदर का सूटकेस, एक पुराना सूट और ड्रॉइंग का सामान लेकर कैलिफ़ोर्निया पहुँचे। और उनके पास एक सपना भी था। कैलिफ़ोर्निया पहुँचकर उन्होंने एक कंपनी

बनाई। उन्हें असफलतायें मिलीं और उन्होंने दो नर्वस ब्रेकडाउन सहन किये, परंतु उनके पास अब भी एक सपना था। आख़िरकार डिज़्नीलैंड शुरू करने के लिये उन्हें अपनी कार बेचना पड़ी, अपना घर गिरवी रखना पड़ा, परंतु उनके पास अब भी एक सपना था। वे क़र्ज़ में बुरी तरह डूब गये, बहुत से लोगों ने उनके प्रस्ताव को ठुकरा दिया, परंतु उनके पास अब भी एक सपना था। कई लोग उन पर हँसे, उन्हें पागल कहा, परंतु उन्होंने अपने सपनो को नहीं छोड़ा। डिज़्नीलैंड खुला और अमेरिका का सबसे बड़ा आकर्षण बन गया। वॉल्ट डिज़्नी करोड़पति बन गये। अगर आप किसी चीज़ का सपना देख सकते हैं, तो आप उसे कर सकते हैं।

सपना है

मैंने पाया है कि अगर किसी सपने के साथ विश्वास, संकल्प, लगन और प्रबल विश्वास हो, तो वह हक़ीक़त में बदल जाता है। सपना जितना ज़्यादा बड़ा होता है, पुरस्कार भी उतने ही ज़्यादा होते हैं। मार्टिन लूथर किंग, जूनियर का एक सपना था। उनमें विश्वास, संकल्प और लगन थी, इसलिये वे महान बने। मैरी मैकलियॉड बेथून का एक सपना था। वे अश्वेत विद्यार्थियों के लिये कॉलेज शुरू करना चाहती थीं, क्योंकि आम तौर पर अश्वेत विद्यार्थी कॉलेज में नहीं पढ़ पाते थे। उन्होंने डेटोना बीच, फ़्लोरिडा में जब अपना कॉलेज शुरू किया, तो उनके पास सिर्फ़ छह डॉलर थे, परंतु उनके पास एक बेहद सशक्त संपत्ति थी - *एक सपना*। आज बेथून कुकमैन कॉलेज इस देश में उच्च शिक्षा के श्रेष्ठतम कॉलेजों में से एक है और मैरी मैकलियॉड को अमेरिका की महानतम महिलाओं में गिना जाता है क्योंकि उन्होंने अपने सपने में विश्वास किया तथा उनमें आत्मविश्वास, संकल्प और लगन थी। स्पड वेब साढ़े पाँच फ़ुट के थे। वे बास्केटबॉल खेलना चाहते थे। सब यही कहते थे कि वे बहुत नाटे थे, इसलिये यह कभी संभव नहीं हो पायेगा, परंतु यह स्पड वेब का सपना था। उनका सपना बहुत बड़ा था। कुछ साल पहले स्पड वेब ने नेशनल बास्केटबॉल एसोसियेशन की डंक प्रतियोगिता जीती। जोस फ़ेलिसियानो प्यूर्टो रिको में पैदा हुए। वे जन्म से दृष्टिहीन थे। उस

समय दृष्टिहीनों से कहा जाता था कि वे और कुछ नहीं कर सकते, सिर्फ़ एक चाँदी का कटोरा लेकर भीख माँग सकते हैं। परंतु जोस ने यह बात मानने से इंकार कर दिया क्योंकि उनके पास एक सपना था, एक बड़ा सपना। जोस ने एक पुराना गिटार खोजा और इसे अपने आप बजाना सीखा। उन्होंने दिन-रात अभ्यास किया, कई बार तो तब तक, जब तक कि उनकी उँगलियों से ख़ून नहीं निकलने लगा। आज जोस फ़ेलिसियानो एक महान संगीतकार हैं। उन्होंने यह गीत लिखा है, जिसे हम हर क्रिसमस पर गाते हैं, "फ़ेलिज़ नैविडैड।" वे एक करोड़पति हैं। आपके पास एक सपना होना ही चाहिये। आपका सपना क्या है? आपका सपना जो भी हो, आप उसे हासिल कर सकते हैं--- बशर्ते आपको विश्वास हो और आपमें आत्मविश्वास, संकल्प और लगन हो। डेक्स्टर येगर, जो पहले ट्रक ड्राइवर थे परंतु जिन्होंने बाद में करोड़ों डॉलर का बिज़नेस स्थापित किया, लिखते हैं, "अगर आपका सपना पर्याप्त बड़ा है, तो तथ्यों से कोई फ़र्क़ नहीं पड़ता!"

मस्तिष्क की अद्भुत क्षमताओं का प्रयोग करें!

वर्षों से मनोवैज्ञानिक और डॉक्टर दावा कर रहे हैं कि हम अपनी मानसिक क्षमता के बहुत सीमित हिस्से का ही प्रयोग करते हैं। कुछ कहते हैं कि हमारे मस्तिष्क में जितनी क्षमता है, हम उसके सिर्फ़ 15 प्रतिशत हिस्से का ही उपयोग करते हैं। मस्तिष्क एक वीडियो कैमरे की तरह है और यह अतीत में हुई घटनाओं को रिप्ले कर सकता है, जो हमारी स्मरणशक्ति है। परंतु यह उन घटनाओं को "प्रि-प्ले" भी कर सकता है, जो भविष्य में होने जा रही हैं। यह सपनों के माध्यम से ऐसा करता है। हम सब जानते हैं कि अपने अतीत को रिप्ले कैसे किया जाये, परंतु बहुत कम लोग जानते हैं कि भविष्य को प्रि-प्ले कैसे किया जाता है और सपनों को किस तरह सच किया जा सकता है। अगर हम सपने देखना सीख सकें और उन सपनों का पीछा करने का साहस जुटा सकें, तो हम महान काम कर सकते हैं। अपने मस्तिष्क की पूरी क्षमता का प्रयोग करें।

एक बार जब आपके पास सपना आ जाता है, तो क्या इतना ही पर्याप्त है? **नहीं!**

सिर्फ़ सपने का होना ही पर्याप्त नहीं होता। आपको इसका पीछा करना पड़ता है और इसे हक़ीक़त में बदलना पड़ता है। सपना तो सिर्फ़ शुरुआत है। इसे सच करने के लिये आपको इसे स्वीकार करना होगा, इसमें विश्वास करना होगा और फिर इसके पीछे पड़कर इसे हासिल करना होगा।

एक बार जब आप अपने सपने को निर्धारित कर लेते हैं, उसमें विश्वास करते हैं और उसे पोषण देते हैं, तो वह विकसित होने लगता है। फिर आपको सावधान रहना होगा क्योंकि आपके सपने के चारों तरफ़ खरपतवार या अनचाहे पौधे उग आयेंगे और इसे मारना शुरू कर देंगे, इसका गला दबा देंगे, इसका दम घोंट देंगें! मैं इस खरपतवार को ***ड्रीमबस्टर्स*** का नाम देना चाहूँगा। ये ***ड्रीमबस्टर्स*** (सपने को दूर भगाने वाले) काफ़ी हद तक ***घोस्टबस्टर्स*** (भूत भगाने वालों) से मिलते-जुलते हैं। ***घोस्टबस्टर्स*** का काम भूत को मारना, नष्ट करना, दूर भगाना और उससे छुटकारा पाना है। ***ड्रीमबस्टर्स*** का काम सपने को मारना, नष्ट करना, दूर भगाना और उससे छुटकारा पाना है।

अंतर यह है कि भूत भगाने वाले एक नज़र में पहचाने जा सकते हैं। वे भीड़ में अलग दिखते हैं। उनके पास प्रोटोन पैक, ज़िपर्स, अजीब कारें और अजीब से कपड़े होते हैं। आप भूत भगाने वालों को एक मील दूर से पहचान सकते हैं। ***ड्रीमबस्टर्स*** यानी सपनों को दूर भगाने वाले भीड़ में एकदम से नहीं पहचाने जा सकते। वे अजीब कपड़े नहीं पहनते और उनके जाने-पहचाने लक्षण नहीं होते। दरअसल, वे काफ़ी हद तक आपके सबसे अच्छे मित्र, सहपाठी, सहकर्मी, चचेरे भाई या आपके परिवार के किसी सदस्य की तरह दिख सकते हैं।

एक बार जब आपको ***ड्रीमबस्टर*** मिल जाये, तो आपके पास दो विकल्प होते हैं। पहला विकल्प तो यह कि उन्हें ***ड्रीममेकर*** (सपने का निर्माण करने वालों) में बदला जाये; सामने मौजूद संभावनाओं को दिखाकर उन्हें समझाया जाये तथा प्रेरित और उत्साहित किया जाये। अगर यह तरीक़ा काम न करे, तो आपके पास सिर्फ़ एक ही विकल्प बचता है : **उन्हें अकेला छोड़ दें!** उनसे जितनी दूर जा सकते हों, चले जायें; उतनी ही दूर जितनी उत्तर दिशा दक्षिण से होती है और पूर्व दिशा पश्चिम से। दूर चले जायें और दूर बने रहें, क्योंकि अगर आप ऐसा नहीं करेंगे, तो वे आपके सपनों को चकनाचूर कर देंगे और आपको अपने साथ नीचे खींच लेंगे।

ड्रीमबस्टर्स कई तरह के होते हैं, परंतु पाँच प्रमुख ***ड्रीमबस्टर्स*** आम हैं और यही आज सपनों का गला घोंटने में सक्रिय हैं। पहला ***ड्रीमबस्टर*** है.... "**हम।**" यह सही है... "**हम।**" हम अपने ख़ुद के सबसे बड़े शत्रु हैं। अक्सर हम ख़ुद ही अपने सर्वश्रेष्ठ विचारों पर अमल करने से पीछे हट जाते हैं!

धर्मोपदेशक का पुत्र

एक धर्मोपदेशक के पुत्र के बारे में नीतिकथा है। वह एक पड़ोसी क़स्बे में गया। जब वह घर लौटा, तो पिता ने उससे पूछा कि क्या उस क़स्बे में उसे कोई ख़ास अंतर दिखा। पुत्र ने कहा, "हाँ, पिताजी, वहाँ वे शत्रु से प्रेम करना सिखाते हैं।" पिता ने जवाब दिया, "बेटे, वह तो हम यहाँ पर भी सिखाते हैं।" पुत्र बोला, "हाँ, परंतु वे आपको सिखाते हैं कि अपने अंदर के शत्रु से प्रेम करें!" अधिकांश लोग जीवन में शत्रु की तलाश करते रहते हैं। वे आकाश में देखते हैं, वे पाताल में देखते हैं। वे यहाँ देखते हैं, वे वहाँ देखते हैं, वे ऊपर देखते हैं, वे नीचे देखते हैं, वे हर जगह देखते हैं! वे हर जगह शत्रु की तलाश करते हैं। परंतु उन्हें यह एहसास नहीं होता, जैसा टी॰ डी॰ जेक्स कहते हैं कि, "शत्रु ---- मेरे भीतर है!" पोगो ने इसे बहुत सटीक तरीक़े से कहा था, "हमें शत्रु मिल गया है और वह हम ख़ुद हैं।"

भीतर का शत्रु

आप पूछ सकते हैं कि मैं सपनों के बारे में बातें करने में इतना समय क्यों बर्बाद कर रहा हूँ। इसका कारण यह है कि सपने सफलता के लिये अनिवार्य हैं। इसके बावजूद कई लोग अपने सपनों को अस्वीकार कर देते हैं और दरअसल वे ख़ुद के सबसे बड़े शत्रु हैं। हममें से कितनों के मन में कोई विचार, सपना या योजना आई है और हमने यह कहकर उसे परे हटा दिया है, "मैं यह कर ही नहीं सकता! मैं यह नहीं कर सकता!" आप हर वह काम कर सकते हैं, जो आप करना चाहते हैं। एक पुरानी अफ़्रीकी कहावत है, "अगर आप अपने भीतर के शत्रु को जीत लेते हैं, तो बाहर का शत्रु आपको नुक़सान पहुँचाने में सफल नहीं हो पायेगा।" ईश्वर

आपको कभी ऐसा सपना नहीं देगा, जिसे आप साकार न कर सकें। अगर आप किसी चीज़ का सपना देख सकते हैं, तो आप उसे हासिल कर सकते हैं। अगर आप इसे स्वीकार करने, इसकी कल्पना करने और इसमें विश्वास करने के इच्छुक हैं--- तो आप इसे हासिल भी कर सकते हैं!

बाधा पहाड़ नहीं है... हम ख़ुद हैं!

हममें से कितनों के पास जीवन में कम से कम एक अच्छा विचार आया होगा? हम सबके साथ ऐसा हुआ है! अब सवाल यह है कि हममें से कितनों ने कम से कम एक अच्छे विचार को किसी न किसी बहाने से दूर धकेल दिया है? हम सबने ऐसा किया है। हमें यह एहसास ही नहीं होता कि ज़िंदगी को बदलने के लिये सिर्फ़ एक अच्छे विचार की ज़रूरत होती है। परंतु हम सब उन अच्छे विचारों को बहाने बनाकर दूर हटा देते हैं, जो हमारी ज़िंदगी बदल सकते थे। एक साक्षात्कार में सर एडमंड हिलेरी से पूछा गया कि माउंट एवरेस्ट की चोटी पर पहुँचने वाले सबसे पहले व्यक्ति बनने के लिये उन्होंने किस सबसे बड़ी चुनौती का सामना किया। उन्होंने कहा कि सबसे बड़ी बाधा थी मनोवैज्ञानिक अवरोध को जीतना और हार के डर से कोशिश करना न छोड़ना। सबसे बड़ी बाधा थी बिना कोशिश किये हार मानना। अक्सर हम अपने लक्ष्य इसलिये हासिल नहीं कर पाते, क्योंकि हम कभी कोशिश ही नहीं करते! हम कोशिश करने के बारे में ख़ुद को यह कहकर दिलासा देते हैं, "यह असंभव है, इसे नहीं किया जा सकता।" अधिकांश बार हम कोई काम इसलिये नहीं कर पाते, क्योंकि हम कोशिश ही नहीं करते। परंतु एक बार जब सर एडमंड हिलेरी माउंट एवरेस्ट की चोटी पर पहुँच गये और उन्होंने दिखा दिया कि ऐसा किया जा सकता है, तो उसी पल यह काम दूसरों के लिये ज़्यादा आसान हो गया। लोगों ने देखा कि यह संभव था और फिर कहा, "शायद मैं भी यह कर सकता हूँ!" अब तो माउंट एवरेस्ट की चोटी पर टूर भी ले जाये जाते हैं। जैसा सर एडमंड हिलेरी ने बहुत अच्छी तरह कहा था, "हमने पहाड़ को नहीं, ख़ुद को जीता था।" यह काम अभी कर दें! आज ही अपने पहाड़ को जीत लें!

हर बार जब आप कुछ हासिल करते हैं, चाहे वे छोटी चीज़ें ही क्यों न हों, तो आप अपने आत्म-स्वाभिमान, अपनी आत्म-छवि, अपनी आत्म-अवधारणा में कुछ जोड़ रहे हैं। आप अपने बैंक खाते में आत्मविश्वास की छोटी-छोटी राशि जमा कर रहे हैं। आप अवचेतन रूप से कह रहे हैं, "मैं पूरी तरह से ठीक हूँ, मैं बिलकुल ठीक हूँ। देखिये मैंने क्या कर दिखाया! अगर मैं यह कर सकता हूँ, तो मैं इससे बड़े काम भी कर सकता हूँ।" छोटी उपलब्धियों से शुरू होकर आप बड़ी उपलब्धियों की ओर जाते हैं। परंतु यह शुरू होता है आपसे, स्वयं में विश्वास से और अपने भीतर के शत्रुओं को जीतने से!

दूसरे नंबर का ***ड्रीमबस्टर*** है छोटी मानसिकता या नकारात्मक सोच वाले छोटे लोगों के साथ उठना-बैठना! ख़ासकर उन लोगों के साथ जिन्हें "नहीं कर सकता" वाक्यांश बहुत पसंद है। ऐसे लोग जो कहते हैं, "आप इसे नहीं कर सकते, आपकी उम्र ज़्यादा है।" "आप इसे नहीं कर सकते, आप अभी बहुत छोटे हैं।" "आप इसे नहीं कर सकते, आपके पास पर्याप्त शिक्षा नहीं है।" "आप इसे नहीं कर सकते, आपके पास सही योग्यता नहीं है!" "आप इसे नहीं कर सकते, यह तरीक़ा कभी सफल नहीं होगा! बेहतर यही होगा कि आप अभी हार मान लें और अपना समय तथा परेशानी बचा लें।" "आप यह नहीं कर सकते, आप वह नहीं कर सकते, आप नहीं कर सकते, नहीं कर सकते, नहीं कर सकते।" **यह पागलपन छोड़ें!** आप वह हर काम कर सकते हैं, जो आप सचमुच करना चाहते हैं। अगर आप इसका सपना देख सकते हैं, तो आप इसे कर सकते हैं - बशर्ते आप इसके लिये संघर्ष करने के इच्छुक हों!

एलन टोर्जेसन ने मुझे यह कविता भेजी थी, जो इसी बात को बहुत सुंदर तरीक़े से कहती है :

सबसे ख़तरनाक लोग वे नहीं हैं,

जो आपको डंडे मारते हैं या रिवॉल्वर दिखाकर लूटते हैं।

वे आपके सबसे बड़े शत्रु नहीं हैं, जो आपके चरित्र पर कीचड़ उछालते हैं

या आपकी योग्यताओं को आपके सामने कम आँकने की कोशिश करते हैं।

नहीं, सबसे ख़तरनाक वे छोटी मानसिकता वाले मित्र हैं,

जिनकी नकारात्मक चर्चा आपकी आत्म-छवि को नष्ट कर देती है और आपकी जीतने की इच्छा को भी।

वे कभी बंदूक की नोंक पर आपकी जान लेने की धमकी नहीं देते,

इसके बजाय वे आपके सपनों को यह कहकर चुरा लेते हैं कि यह नहीं किया जा सकता।

जब आप बताते हैं कि दूसरे तो वह कर रहे हैं जिसका आपने सपना देखा है, और आप भी यह काम कर सकते हैं,

तो वे कहते हैं, "आप यह नहीं कर सकते, यह आपसे नहीं होगा।"

इससे कोई फ़र्क़ नहीं पड़ता कि वे झूठ बोल रहे हैं,

आप फिर भी उनकी बात सुनते हैं और सोचते हैं कि वे आपको ख़ुद से बेहतर जानते हैं,

और फिर आपके सपने छिन जाते हैं और सफलता की आपकी आशायें भी;

वे वरदान भी छिन जाते हैं, जो आप प्राप्त कर सकते थे,

आपकी आस्था भी छिन जाती है, जो कहती है कि "आप कर सकते हैं।"

एक अज्ञानी, छोटी मानसिकता वाला मित्र आपको लूट लेता है।

इसलिये सबसे ख़तरनाक लोग डंडे या बंदूक वाले नहीं होते,

बल्कि वे होते हैं जो आपको बताते रहते हैं कि यह नहीं किया जा सकता।

चोर जो चीज़ चुराता है, उसे तो दुबारा पाया जा सकता है,

परंतु आपके सपने और आपकी जीतने की इच्छा को कौन दुबारा लौटा सकता है!

सूर्य हमेशा चमकता है, परंतु...

सूर्य हमेशा चमकता है, परंतु कभी-कभार बादल उसे ढँक लेते हैं। चाहे आप कितने ही सकारात्मक हों, यह जान लें कि नकारात्मक और हतोत्साहित करने वाले लोगों के बजाय सकारात्मक और प्रोत्साहित

करने वाले लोगों के साथ उठना-बैठना महत्वपूर्ण है। जीवन में दो तरह के लोग होते हैं : वे जो आपके जीवन में कुछ जोड़ते हैं और वे जो आपके जीवन में से कुछ घटाते हैं; वे जो कुछ जमा करते हैं और वे जो कुछ निकाल लेते हैं। आपको यह फ़ैसला करना होगा कि आप अपने आसपास किस तरह के लोगों को चाहते हैं। यह बैंक खाते की तरह है : लोग या तो जमा करेंगे और आपके सपनों में कुछ जोड़ेंगे या फिर वे निकाल लेंगे और आपके सपनों में कुछ कमी कर देंगे। अगर नकारात्मक "नहीं" कहने वाले लोग लेते रहें और निकालते रहें, तो अंत में आपके सपने के खाते में "अपर्याप्त धनराशि" रह जाती है। अगला क़दम दिवालियापन होगा, यानी अपने सपनों को छोड़ना और हार मान लेना। फिर आप अपना ख़ुद का भाग्य निर्धारित करने के बजाय उस भाग्य के लिये तैयार हो जाते हैं, जो जीवन आपकी तरफ़ उछालता है। मित्रों, यह ड्रेस रिहर्सल नहीं है, यह तो जीवंत नाटक है। अपने सपनों का पीछा करें और उन लोगों के साथ रहें, जो आपके खाते में कुछ जोड़ते हों।

अच्छाई की तरफ़ देखें!

क्या आप उन लोगों को जानते हैं जो हमेशा नकारात्मक होते हैं? जो हमेशा जीवन में बुराई की तलाश करते हैं और उन्हें बुराई मिल भी जाती है? जो हमेशा शिकायतें करते हैं कि चीज़ें कितनी बुरी हैं। उन्हें कोई भी चीज़ कभी सही नहीं लगती। यह तो ज़्यादा गर्म है या फिर ज़्यादा ठंडी, ज़्यादा मीठी है या ज़्यादा खट्टी, ज़्यादा सख़्त है या ज़्यादा नर्म। ज़्यादा यह है या ज़्यादा वह। उनके लिये कोई भी चीज़ कभी सही नहीं होती! हमें इन लोगों की मदद करनी चाहिये, ताकि ये जीवन में अच्छे पहलू को खोज सकें और पा सकें। खराब दीवार घड़ी भी दिन में दो बार सही होती है!

अगर हम सचमुच इन नकारात्मक लोगों की परवाह करते हैं, तो हमें उन्हें यह एहसास दिलाना चाहिये कि हर बादल में सुनहरी लकीर होती है, बशर्ते वे उसे देखने के इच्छुक हों। उन्हें बतायें कि सकारात्मक लोग न सिर्फ़ जीवन का अधिक आनंद लेते हैं, बल्कि आँकड़ों के अनुसार

वे अधिक लंबे समय तक जीते भी हैं। सकारात्मक पहलू को देखने में अपने मित्रों की मदद करें, वरना वे नकारात्मक पहलू को देखने में आपकी मदद करने लगेंगे। अगर आप जीवन में अच्छाई खोजते रहेंगे, तो ज़्यादातर बार आपको यह मिल जायेगी!

हैमर... क्यों नहीं ?

मुझे रैप आर्टिस्ट हैमर से मिलने का अवसर मिला था। चर्चा के दौरान मैंने उनसे पूछा कि मैंने उनके बारे में *रीडर्स डाइजेस्ट* में जो पढ़ा था, क्या वह सच था। उन्होंने कहा कि वह सच था, पूरी तरह सच था। दस साल पहले हैमर ओकलैंड बेसबॉल स्टेडियम के बाहर नाच रहे थे और रैपिंग में डूबे हुए थे। उन्होंने अपने घर पर तैयार टेप उन लोगों को बेचे, जो स्टेडियम में ओकलैंड ए टीम का मैच देखने के लिये जा रहे थे। जब वे स्टेडियम के बाहर सड़क पर अपनी नृत्य और रैपिंग की कला का प्रदर्शन कर रहे थे, तो कई लोगों ने कार्डबोर्ड के बक्से में पैसे डाले। उनके मित्र पास आये और उन पर हँसते हुए बोले, "देखो, तुम नाच नहीं सकते। तुम्हें रैपिंग नहीं आती! तुम यह मूर्खता बंद क्यों नहीं कर देते? यह तो अपनी हँसी उड़वाना है।" हैमर ने मित्रों को बताया कि उन्हें विश्वास है कि वे नृत्य कर सकते हैं और रैपिंग भी, और उनका एक सपना था। मित्र उनके मुँह पर हँसते हुए बोले, "सपना?" बहरहाल, स्टैनले कर्क बरेल, जिन्हें हैमर नाम से जाना जाता है, विचलित नहीं हुए और आगे जाकर उनका नाम *फोर्ब्स* मैग्ज़ीन की सूची में दुनिया के सबसे अमीर लोगों में दर्ज हुआ। उनके कई दोस्त, जो उन पर हँसा करते थे, अंत में उनकी कंपनी के कर्मचारी बन गये। कभी भी, मैं दोहराता हूँ, कभी भी उन लोगों की बात न सुनें, उनके साथ न उठें-बैठें, उनके साथ न रहें, जो "नहीं कर सकते" कहते हैं। वे आपके सपनों की हत्या कर देंगे।

दर्पण में दिखने वाला आदमी

"आप यह नहीं कर सकते।" "आपके पास वह नहीं है, जो सफल होने के लिये चाहिये।" "आप पर्याप्त अच्छे नहीं हैं।" यह कथन ड्रीमबस्टर्स

के आम हथियार हैं। ये वाक्य आम तौर पर वे लोग कहते हैं, जो हमें अपने सर्वश्रेष्ठ विचारों और सबसे बड़े सपनों से दूर कर देते हैं। समस्या यह है कि यह वाक्य बोलने वाला मुख्य व्यक्ति वही होता है, जिसे हम हर दिन दर्पण में देखते हैं। वह हम ही हैं! हममें से बहुत से लोग ख़ुद के सबसे बड़े शत्रु होते हैं। हम अपने सर्वश्रेष्ठ सपनों और विचारों से ख़ुद को यह कहकर दूर कर देते हैं, "हम यह नहीं कर सकते।" "सफल होने के लिये जिस चीज़ की ज़रूरत है, वह हमारे पास नहीं है।" "हम पर्याप्त अच्छे नहीं हैं।" हम सबने वह समय भोगा है, जब हमें ख़ुद पर शंका होती है, जब हमें अपनी योग्यताओं पर संदेह होता है। इसका परिणाम यह होता है कि हम बहुत सी लाभदायक और रचनात्मक गतिविधियों को शुरू करने से पहले ही छोड़ देते हैं - सिर्फ़ इसलिये क्योंकि हम यह सोचते हैं कि हम उन्हें नहीं कर सकते! मैंने यह पहले भी कहा है और मैं इसे बार-बार कहता रहूँगा : अगर आप अपने भीतरी शत्रु को नियंत्रित कर लेंगे, तो बाहरी शत्रु आपको कोई नुक़सान नहीं पहुँचा सकता। अपनी क्षमता तक पहुँचने में हमें हमेशा ख़ुद से शुरू करना होगा। सबसे पहले हमें अपनी आत्म-छवि पर काम करना होगा। हमें "मैं कर सकता हूँ और करूँगा" का नज़रिया विकसित करना होगा और अपने मस्तिष्क में आने वाली नकारात्मक आम-चर्चा को तत्काल ख़त्म करना होगा। ख़ुद से चर्चा करते समय यह कहें, "मैं कर सकता हूँ, हाँ, मैं कर सकता हूँ।" हर दिन दर्पण में ख़ुद का अभिवादन करें और कहें, "आप दुनिया के महानतम लोगों में से एक हैं और आप आज अविश्वसनीय काम करने जा रहे हैं।" दर्पण में दिखने वाले आदमी से शुरू करें और इसके बाद ही दर्पण के बाहर के लोगों को बदलना शुरू करें!

आपके शब्द बहुत ज़ोर से बोलते हैं

ज़्यादातर लोग इस बात का इंतज़ार नहीं करते कि कोई दूसरा उन्हें उनके सपनों से दूर कर दे। वे ख़ुद यह काम कर देते हैं! वे ऐसे शब्दों का प्रयोग करते हैं, जो उनके सपनों को सीमित कर देते हैं। वे अपने सपनों को संघर्ष करने का अवसर तक नहीं देते। आपको नकारात्मक शब्दों का प्रयोग बंद कर देना चाहिये और सकारात्मक तथा प्रेरक शब्दों

का प्रयोग शुरू करना चाहिये। यह कविता मेरी बेटी ने मुझे बताई थी। लेखक अज्ञात है, परंतु संदेश बहुत स्पष्ट है :

किया उपलब्धि का शब्द है

नहीं करेंगे पीछे हटने का शब्द है

हो सकता था पश्चाताप का शब्द है

नहीं कर सकते पराजय का शब्द है

होना चाहिये कर्तव्य का शब्द है

कोशिश करना वर्तमान का शब्द है

करेंगे सुंदरता का शब्द है

सकता हूँ शक्ति का शब्द है।

- अज्ञात

आपके शब्द बहुत ज़ोर से बोलते हैं। स्वयं को प्रेरित करने वाले शब्दों का प्रयोग करें, स्वयं को हतोत्साहित करने वाले शब्दों का प्रयोग न करें।

नहीं कर सकता एक ऐसा वाक्य है, जिसे नज़रअंदाज़ करना चाहिये

नहीं कर सकता एक ऐसा वाक्य है, जिसे नज़रअंदाज़ करना चाहिये
अपने सपनों को जीतने की यात्रा में।
यह एक रहस्य है जिसे उन लोगों ने सीखा है,
जिन्होंने अविश्वसनीय काम किये हैं,
जिन्होंने अपने सपने पर विचार और विश्वास करना सीखा है
और यह पाया कि उनके सपने सच हो सकते थे;
बशर्ते वे उनके लिये जूझने के इच्छुक होते,
अपनी पूरी शक्ति के साथ!
अगर वे लगातार जुटे रहते,

संघर्ष करते और पीछा करते,
अगर वे अपना सब कुछ
इस प्रयास में झोंक देने के इच्छुक होते,
विश्वास करना सीखते, हाँ कहना सीखते;
अगर उन्होंने अपनी आशाओं और सपनों को हाँ कहना सीखा होता,
अगर उन्होंने उन अविश्वसनीय चीज़ों को हाँ कहना सीखा होता,
तो जीवन असीमित उत्साह से प्रतिक्रिया देता
और वे जीवन की असंभव परीक्षाओं में उत्कृष्ट परिणाम हासिल कर सकते थे!

- विली जॉली

हमें एक दृढ़ निर्णय लेना होगा कि हम नकारात्मक या छोटी मानसिकता वाले लोगों के साथ संबंध नहीं रखेंगे, जो हमारे सपनों का गला घोंट देते हैं और हमारा आत्मविश्वास कम करते हैं। दुर्भाग्य से, कई बार ये लोग हमारे क़रीबी लोग होते हैं और हमसे सचमुच प्रेम करते हैं। वे हमें घटिया साबित करने या हतोत्साहित करने का प्रयास नहीं करते हैं, बल्कि वे "संभावना के प्रति अंधे" होते हैं। वे सोचते हैं कि अगर हम अपने बड़े सपनों तक नहीं पहुँच पाये, तो यह बहुत कठिन और दर्दनाक अनुभव होगा। आइये, मैं आपको एक रहस्य बता दूँ, "**यह दोनों ही तरह से दर्दनाक होगा!**" अगर आप कुछ नहीं करेंगे, तो भी यह दर्दनाक होगा! और अगर आप दुनिया जीतने के लिये चल पड़ेंगे, तो भी यह दर्दनाक होगा। इसलिये मेरा मानना है कि अगर दोनों ही स्थितियों में आपको दर्द होना है... **तो आप पूरी शक्ति से प्रयास करने में जुट जायें!**

मैं अपने अनुभव से जानता हूँ कि एक नकारात्मक व्यक्ति आपके मन और आपकी आत्म-छवि पर कितना प्रभाव डाल सकता है। नौवीं कक्षा में मैं एक बैंड में ट्रम्पेट बजाया करता था और हम वीकएंड में छोटे नृत्यों में संगीत कार्यक्रम देते थे। एक दिन मेरे माता-पिता ने मुझसे कहा "तुम उस बैंड में गाते क्यों नहीं हो? तुम घर में गाते हो, तुम चर्च और स्कूल में गाते हो। तुम एक अच्छे गायक हो। तुम्हें उस बैंड में गाना चाहिये।" उस शाम को मैं बैंड प्रैक्टिस में गया और अपने साथियों से कहा कि मैं उस रात को गाना चाहता हूँ। सबने मेरी बात मान ली, इसलिये मैंने गाना शुरू किया। सबने मेरे गाने की तारीफ़ की, सिवाय प्रमुख गायक के, जिसे मैं अपना सबसे अच्छा दोस्त समझता था। वह बोला,

"विली, तुम नहीं गा सकते! तुम्हारी आवाज़ भयानक है!" फिर वह हँसने लगा और भीड़ की मानसिकता हावी होने के कारण बाक़ी लोग भी हँसने लगे। मैं इतना अपमानित महसूस कर रहा था, मुझे इतनी शर्म आ रही थी कि मैं रोना चाहता था। परंतु मैं यह नहीं चाहता था कि मेरे मित्र मुझे रोते हुए देखें, इसलिये मैंने इस तरह व्यवहार किया, जैसे मैं उनके विचारों से सहमत था। मैंने अपना ट्रम्पेट उठाया और एक कोने में जाकर क़सम खाई कि जब तक जीवित रहूँगा, तब तक दुबारा कभी नहीं गाऊँगा! तीन साल तक मैंने अपना वादा निभाया। मैंने घर पर नहीं गाया। मैंने स्कूल में नहीं गाया। मैंने बर्थडे पार्टियों में नहीं गाया, जहाँ सब "हैप्पी बर्थडे" गा रहे थे क्योंकि मुझे शर्म आ रही थी। उसने मेरे मन में यह बीज बो दिया था कि मैं नहीं गा सकता था, बहरहाल इसे बड़ा करने के लिये मैं ख़ुद ज़िम्मेदार था। मैंने इस छोटे से बीज को एक विशाल वृक्ष में बदल दिया था। मैं सचमुच यह विश्वास करने लगा था कि मैं नहीं गा सकता था!

एक रात, जब मैं नाइटक्लब में अपना ट्रम्पेट बजा रहा था, तो बैंड लीडर को अचानक सूचना मिली कि गायक बीमार था और नहीं आ सकता था। उसने चारों तरफ़ देखा और उसकी निगाहें मुझ पर ठहर गईं। उसने कहा, "विली, तुम्हारी आवाज़ अच्छी है, यहाँ आओ और हमारे लिये गाओ!" मैंने उससे कहा, "नहीं, मैं नहीं गा सकता!" उसने जवाब दिया, "यहाँ आओ और गाओ!" मैंने विरोध करते हुए कहा, "नहीं! मैं आपके या किसी और के लिये नहीं गाने वाला!" इस पर वह नाराज़ हो गया और बोला, "मैं चाहता हूँ कि तुम गाओ!" हमारे बीच बहस होने लगी और तब तक होती रही, जब तक कि उसने अंत में यह नहीं कहा, "गाओ, वरना तुम्हें नौकरी से निकाल दिया जायेगा!" इस मोड़ पर यह एक आसान चुनाव था! मुझे उस नौकरी की ज़रूरत थी!

गाना शुरू करने से पहले मैंने अपनी आँखें बंद कीं और कल्पना की कि मैं इसे किस तरह होते देखना चाहता हूँ। फिर मैंने अपनी पूरी शक्ति से गाना शुरू कर दिया। मैं जितनी ज़ोर से गा सकता था, मैंने गाया! मैं जितनी अच्छी तरह से गा सकता था, मैंने गाया! जब मैंने अपनी आँखें खोलीं, तो मैंने देखा कि लोगों ने नाचना बंद कर दिया था और वे मेरी तरफ़ देखकर तालियाँ बजा रहे थे। फिर मैंने और गीत गाये तथा उन्होंने और तालियाँ बजाईं। आख़िरकार कार्यक्रम ख़त्म होने पर लोगों ने मुझे घेर लिया और मुझसे पूछा कि क्या मैं उनकी

शादी, उनके ग्रेजुएशन, उनके चर्च या किसी अन्य कार्यक्रम में गा सकता था। अब जाकर मुझे सच्चाई का एहसास हुआ। मेरे मित्र ने मुझसे झूठ बोला था!

बहरहाल, उसके बाद मैं कारनेगी हॉल में गा चुका हूँ, न्यूयॉर्क में लिंकन सेंटर में गा चुका हूँ, कैनेडी सेंटर में गा चुका हूँ और वॉशिंगटन, डी.सी. में कॉन्स्टिट्यूशन हॉल में गा चुका हूँ। मैं रिकॉर्ड और टेप पर गा चुका हूँ। मैं रेडियो और टेलीविज़न पर भी गा चुका हूँ। मैं आज देश भर में गा रहा हूँ, क्योंकि मैंने **'सपनों के हत्यारे'** की बात सुनना बंद कर दी। आप भी उन नकारात्मक लोगों की बातें सुनना बंद कर दें, जिन्हें "नहीं कर सकते" कहना पसंद है। वे आपके सपनों की हत्या कर देंगे।

दुनिया में सबसे संपन्न स्थान!

अगर मैं आपसे पूछूँ, "दुनिया में सबसे संपन्न स्थान कहाँ है?" तो मुझे विश्वास है आपमें से कुछ कहेंगे वॉशिंगटन डी-सी- की टकसाल। कई कहेंगे फ़ोर्ट नॉक्स, तो कई कहेंगे अफ़्रीकी महाद्वीप में सोने और हीरे की खदानें। परंतु ये सब लोग ग़लत होंगे। दुनिया में सबसे संपन्न स्थान क़ब्रगाह है। यह सही है, क़ब्रगाह। यहाँ वे सब लोग लेटे हैं, जिनके पास महान विचार थे, जो उन्हें दौलतमंद बना सकते थे, परंतु इसके बजाय उन्होंने किसी नकारात्मक व्यक्ति की बात सुनी, जिसने कहा कि वे वह काम "नहीं कर सकते" और उन्होंने उस पर विश्वास कर लिया। वे उन महान विचारों को अपने साथ ही क़ब्र में ले गये! उनके सर्वश्रेष्ठ गीत--- कभी नहीं गाये गये! उनके सर्वश्रेष्ठ आविष्कार--- कभी नहीं किये गये! उनकी सर्वश्रेष्ठ पुस्तक--- कभी नहीं लिखी गई! उनका सर्वश्रेष्ठ भाषण--- कभी नहीं दिया गया! क्यों? क्योंकि उन्होंने किसी नकारात्मक व्यक्ति की बात सुनी थी, जिसने कहा था "आप नहीं कर सकते।" अपनी संपन्नता को अपने साथ क़ब्र में न ले जायें!

याद रखें कि ***'सपनों के हत्यारे'*** को बदला जा सकता है! आपको उन्हें प्रोत्साहित करना होगा, ज्ञान देना होगा और विकसित होने में उनकी मदद करना होगी। आपको उनके सामने यह सिद्ध करना होगा कि यह काम न सिर्फ़ संभव है, बल्कि करने योग्य भी है।

परंतु ऐसे भी समय होते हैं, जब आपको उन्हें नज़रअंदाज़ करना चाहिये और यह संकल्प लेना चाहिये कि जब तक उनकी चेतना का विकास न हो जाये, तब तक आप उनके आस-पास नहीं रहेंगे। अगर आप ऐसा नहीं करेंगे, तो वे आपको भी अपने साथ नीचे ले जायेंगे। कभी भी, मैं दोहराता हूँ, कभी भी उन्हें अपने सपनों को धराशायी करने और नीचे गिराने का मौक़ा न दें। अगर आप उन्हें अपने स्तर तक ऊपर नहीं उठा सकते, **तो उन्हें अकेला छोड़ दें!** कभी भी उन्हें यह अनुमति न दें कि वे आपको अपने स्तर तक नीचे ले आयें!

कई बार वे आपके उदाहरण से जानेंगे कि यह संभव है। तब जाकर उन्हें यह विश्वास होगा कि अगर यह आपके लिये संभव है, तो शायद यह उनके लिये भी संभव है। जीवन में कई बार आपको सिर्फ़ **हो सकता है** की ज़रूरत होती है! सिर्फ़ एक **हो सकता है** की!

हो सकता है! सिर्फ़ हो सकता है!

क्या आप कार उठा सकते हैं? नहीं? क्या आप कोशिश करेंगे? नहीं? क्यों? क्योंकि आपका मस्तिष्क आपको बताता है कि कार उठाना असंभव है। जिस काम को आपका मस्तिष्क असंभव मानता है, आप उसे करने की कोशिश भी नहीं करेंगे। बहरहाल ऐसे बहुत से लोग हैं, जिन्होंने मुश्किल परिस्थितियों में कार उठाई है। उन माता-पिताओं के असंख्य उदाहरण हैं, जिनके बच्चे या प्रियजन दुर्घटना के बाद कार में फँस गये थे और उन्होंने तर्क को नकारते हुए कार को उठा लिया। उन्होंने असंभव को संभव कर दिया! क्यों? उन परिस्थितियों में वे असंभव के विचार से आगे चले गये थे। आप भी असंभव के विचारों से आगे जा सकते हैं, बशर्ते आप सिर्फ़ "हो सकता है" कहना सीख लें! विचारों के चार स्तर होते हैं, जिनसे हमारी उपलब्धि की क्षमता निर्धारित होती है। सबसे पहले, तो *पूरी तरह असंभव* का स्तर है, जहाँ हम कोशिश करने का विचार भी मन में नहीं लाते। अगला है शंका का स्तर, जहाँ हमारा कम से कम 51 प्रतिशत विचार यह होता है कि हमारे हिसाब से हम यह काम नहीं कर सकते और इसलिये हम इसकी कोशिश ही नहीं करते। फिर आशा का स्तर है, जहाँ कम से कम 51 प्रतिशत विचार यह कहता है, "मैं सोचता

हूँ मैं कर सकता हूँ! हो सकता है!" यहाँ पर आप कोशिश करते हैं। आख़िर में, निश्चितता का स्तर है, जहाँ मस्तिष्क कहता है, "हम निश्चित रूप से लक्ष्य को प्राप्त करेंगे।" एक बार जब आप कोशिश करते हैं, तो लक्ष्य हासिल करने के आपके अवसर ज़बर्दस्त रूप से बढ़ जाते हैं। जीवन में कई बार आपको सिर्फ़ हो सकता है की, सिर्फ़ एक हो सकता है की ज़रूरत होती है, क्योंकि अगर आपके पास हो सकता है मौजूद है, तो आप कम से कम कोशिश तो करेंगे। और जब आप कोशिश करेंगे, तो आपके पास सफल होने का अवसर होगा। परंतु अगर आप कोशिश ही नहीं करेंगे, तो यह निश्चित है कि आप उसे हासिल नहीं कर पायेंगे। आप हमेशा वे 100 प्रतिशत निशाने चूक जाते हैं, जिन्हें आप लगाते ही नहीं हैं! अपना सर्वश्रेष्ठ निशाना साधें और सोचें *हो सकता* है!

सपनों का तीसरा हत्यारा है **डर**, जो आपको कोशिश करने से रोकता है, जो कोशिश करने की इच्छा को दबा देता है और उसका गला घोंट देता है। अध्ययनों से पता चला है कि इंसान में सिर्फ़ दो अंदरूनी डर होते हैं। जब बच्चे इस धरती पर जन्म लेते हैं, तो उनके मन में दो चीज़ों का डर होता है : गिरने का डर और तेज़ आवाज़ों का डर। बाक़ी सभी डर वे सीखते हैं। फ्रैंकलिन रूज़वेल्ट ने कहा है, "डर के अलावा किसी और चीज़ से न डरें;" और एलीनोर रूज़वेल्ट कहती हैं, "अगर आप डर को पहचान लें, इसकी तरफ़ देखें तथा इसकी तरफ़ क़दम बढ़ायें... तो वह भाग जायेगा!" कर्म डर का इलाज है!

डरें नहीं

आज मैं आपको एक कथन सुनाना चाहता हूँ, जो डॉ- रॉबर्ट शुलर की पुस्तक *सक्सेस इज़ नेवर एंडिंग एंड फ़ेल्योर इज़ नेवर फ़ाइनल* से लिया गया है, "इस बात से न डरें कि आप अपने सपने में विश्वास रखकर ग़लती कर सकते हैं। इसके बजाय इस बात से डरें कि अगर आप इसकी कोशिश नहीं करेंगे, तो आप ईश्वर को क्या जवाब देंगे। उस समय आप क्या कहेंगे जब आप ईश्वर के सामने खड़े होंगे और वह आपको बतायेगा कि अगर आपमें अधिक आस्था होती, तो आप सफल हो सकते थे।

"इस बात से न डरें कि आप असफल हो सकते हैं। इसके बजाय इस बात से डरें कि अगर आप कभी कोशिश नहीं करेंगे और जोखिम नहीं लेना चाहेंगे, तो आप कभी सफल नहीं होंगे। इस बात से न डरें कि आपको चोट पहुँच सकती है। बल्कि इस बात से डरें कि अगर आप बिना कष्ट उठाये सफलता मिलने का इंतज़ार करेंगे, तो आप कभी विकास नहीं कर पायेंगे।"

मित्रों, डरें नहीं। इसके बजाय सपना देखने की हिम्मत करें। एक बूढ़े आदमी ने युवा व्यक्ति को उसके डरों के बारे में राहत देते हुए कहा, "क्यों न शाखा पर चढ़ा जाये? क्या वहाँ पर फल नहीं हैं?" अगर आप पहली पायदान को छोड़ने में डरते हैं, तो दूसरी पायदान तक पहुँचना असंभव है। आपके पास एक सपना होना ही चाहिये और आपमें उस सपने पर काम करने का साहस होना ही चाहिये, तभी आप महान काम कर सकते हैं। डरें नहीं, मित्रों, डरें नहीं!

हम सब कई चीज़ों से डरते हैं। हमारे कुछ डर पैदाइशी होते हैं क्योंकि वे सुरक्षा के साधन हैं, ताकि हम निर्णय लेने में सावधान रहें और जोखिम से बचें, परंतु डर का यह अर्थ नहीं है कि वे हमें महानता हासिल करने से रोकें और हमें बाँध दें। हमारे पास यह विकल्प होता है कि हम अपने डरों में आस्था रखें या अपनी क्षमताओं में और स्वयं में आस्था रखें। जैसा एक मित्र ने मुझसे कहा :

डर बाधायें देखता है, आस्था अवसर देखती है
डर समस्यायें देखता है, आस्था संभावनायें देखती है
डर रुकावट के पत्थर देखता है, आस्था सीढ़ी देखती है!

यह आपका चुनाव है, आप या तो अपने डरों में आस्था रखेंगे या फिर अपने आप में। अपने आप में आस्था रखें! डेविड श्वार्ट्ज़ ने ***द मैजिक ऑफ़ थिंकिंग बिग*** में लिखा है कि डर का इलाज कर्म है। अपने डरों को पहचानें और उनकी तरफ़ क़दम बढ़ायें। अगर आप कर्म करेंगे, तो वे ग़ायब हो जायेंगे। आस्था रखें, कर्म करें और **डर भाग जायेगा!**

चिंता न करें, ख़ुश रहें!

चिंता न करें! ख़ुश रहें। ख़ुश रहने का विकल्प चुनें, क्योंकि अंततः चुनाव आप ही करते हैं। आप भविष्य में होने वाली घटनाओं के बारे में या तो चिंता करने का विकल्प चुन सकते हैं या फिर ख़ुश रहने का, जीवन का आनंद लेने और पूरी तरह जीने का विकल्प चुन सकते हैं। यह एक चुनाव है। चिंता (worry) शब्द की उत्पत्ति "दम घुटने" से हुई है और यह डर का ही एक रूप है। डर अपाहिज बना देता है। यह उन लोगों के हाथ-पैर बाँध देता हे, जो महान काम कर सकते थे। यह उन्हें उन कामों की कोशिश ही नहीं करने देता, जो वे शायद कर सकते थे। डर सपनों और रचनात्मकता का गला घोंट देता है और उनकी हत्या कर देता है। डर के बारे में सबसे रोचक बात यह है कि यह सीखा गया व्यवहार है। मनोवैज्ञानिक कहते हैं कि हम सिर्फ़ दो डरों के साथ पैदा होते हैं : गिरने का डर और तेज़ आवाज़ों का डर। बाक़ी सभी डर हम सीखते हैं। ये डर आम तौर पर कल्पना के दुरुपयोग की वजह से पैदा होते हैं। कल्पना हमें सपने और सकारात्मक चीज़ों को देखने के लिये दी गई है, जो अब तक हक़ीक़त नहीं बन पाई हैं। कल्पना के माध्यम से ही हम उनकी संभावना को देखते हैं।

जीवन में कई बार हम हर संभावित समस्या के बारे में सोचने में अपने मस्तिष्क का प्रयोग करते हैं। दरअसल हमारे मस्तिष्क समस्याओं के बारे में सोचने के लिये नहीं बने हैं, उन्हें तो समाधान सोचने के लिये बनाया गया है। समाधान के बारे में सोचने के बाद हमारे मस्तिष्क का प्रयोग यह सोचने में होना चाहिये कि किस तरह इन सपनों को साकार किया जाये। डर को अपना गला न दबाने दें। अपने डर को बाहर निकालें, इसे नष्ट करें, इसे तोड़ें, अपने से दूर करें, छोड़ें और इसे जाने दें। डर की आँखों में आँखें डालकर देखें, इसे चुनौती दें और यह दूर चला जायेगा। डर कर्म को सहन नहीं कर सकता। अपने सपनों का पीछा करें। चिंता न करें! ख़ुश रहें!

आस्था और साहस बनाम डर और संदेह

वर्जीना बीच, वी.ए. के माइकल केली एक ज़बर्दस्त वक्ता और प्रशिक्षक हैं, जिन्हें मैं "प्रोफ़ेसर" कहना पसंद करता हूँ, क्योंकि वे प्रेरणा के बारे में कई उत्कृष्ट विचार और जानकारी देते हैं। अपने कार्यक्रमों में माइकल आस्था और साहस बनाम डर और शंका के बारे में एक सशक्त कहानी सुनाते हैं तथा उन्होंने मुझे इसका प्रयोग करने की अनुमति दी है :

दो बुरे भाई डर और संदेह घर-घर जाकर लोगों के दरवाज़े खटखटाते थे। जब लोग दरवाज़ा खोलते थे, तो वे दोनों अंदर घुस जाते थे, उनके घरों को तहस-नहस कर देते थे और उनके जीवन को नरक बना देते थे। अंत में लोग इतने डर जाते थे कि वे अपने सपनों को नहीं जी पाते थे। डर और संदेह घर-घर, शहर-शहर, देश-देश घूमते रहे और लोगों की आशाओं तथा सपनों को नष्ट करते रहे। फिर एक दिन डर और संदेह एक नई जगह पर गये और उन्होंने एक सुंदर बड़े घर को देखकर कहा, "आओ वहाँ चलें! हम वहाँ पर कुछ नुक़सान कर सकते हैं।" डर और संदेह दौड़कर दरवाज़े तक गये और खटखटाया, परंतु वे यह नहीं जानते थे कि यह उनके प्रबल शत्रुओं आस्था और साहस का घर था। डर और संदेह ने दरवाज़े पर ज़ोर-ज़ोर से दस्तक दी और उनका ग़ुस्सा बढ़ता गया। आख़िरकार आस्था और साहस ने दरवाज़ा खोला। और जब उन्होंने दरवाज़ा खोला--- तो वहाँ पर कोई नहीं था! उन्होंने सड़क पर इस तरफ़ देखा, सड़क पर उस तरफ़ देखा, परंतु उन्हें वहाँ पर कोई नहीं दिखा। क्योंकि आस्था और साहस के सामने--- डर और संदेह हमेशा ग़ायब हो जाते हैं!!!

सपनों का आख़िरी प्रमुख ***हत्यारा*** है औसत दर्जे की ज़िंदगी जीना, जबकि उत्कृष्टता सिर्फ़ कुछ क़दम दूर हो। यह ***हत्यारा*** आम तौर पर युवकों को शिकार बनाता है, जो इस झूठ में यक़ीन करते हैं कि हिप्पी (nerd) होना स्मार्ट होना है! यह हत्यारा उन वयस्कों को भी शिकार बनाता है, जो अपने काम में औसत ज़िंदगी से समझौता कर लेते हैं और यह कहते हुए इसे तार्किक बनाते हैं, "यह पर्याप्त क़रीब है!" वे काफ़ी क़रीब रहते हैं, जबकि उत्कृष्टता थोड़े ज़्यादा प्रयास से ही हासिल की जा सकती थी।

उत्कृष्टता से फ़र्क़ पड़ता है

अमेरिका में हम एक पिरामिड समाज में रहते हैं, जहाँ बहुत से लोग पिरामिड की तलहटी में हैं और सिर्फ़ कुछ लोग ही शिखर पर हैं। नीचे के लोग मुश्किल से दिन गुज़ार रहे हैं और पेट भरने लायक ही कमा रहे हैं। दूसरी तरफ़, शिखर के लोग जमकर कमा रहे हैं और संपन्न हो रहे हैं। हर समुदाय और हर स्थान पर नीचे बहुत से लोग होते हैं और शिखर पर बहुत कम लोग होते हैं। शिखर के कई लोगों ने नीचे से शुरुआत की थी, परंतु वे अंततः शिखर पर पहुँच गये। क्यों? क्योंकि उन्होंने औसत दर्जे की ज़िंदगी जीने से इंकार कर दिया। उन्होंने उत्कृष्टता के लिये प्रयास किये और उन्नति करना शुरू की। यह मक्खन का सिद्धांत है। मक्खन हमेशा ऊपर पहुँच जाता है। मैंने एक रात को टी.वी. पर ओपरा विनफ्री का इंटरव्यू देखा। उनसे पूछा गया कि किस तरह टूटे हुए घर से आने और मुश्किलों से भरी किशोरावस्था के बावजूद वे टेलीविज़न की सबसे सशक्त महिलाओं में से एक बन सकीं। उनका जवाब था कि उन्होंने अपने हर काम में उत्कृष्टता का प्रयास करने का संकल्प कर लिया था। शुरू में तो वे टेलीविज़न या फ़िल्म स्टार की तरह नहीं दिखती थीं। वे छरहरी, दुबली या बहुत ग्लैमरस नहीं थीं, परंतु उन्होंने प्रबलता से उत्कृष्टता का प्रयास किया। और उत्कृष्टता सत्य की तरह है। आप उत्कृष्टता को नीचे धकेल सकते हैं, आप इसे ढँक सकते हैं या आप इसे नज़रअंदाज़ करने की कोशिश कर सकते हैं। परंतु चाहे आप इसका कुछ भी करें, यह हमेशा अंततः ऊपर आ जाती है। हमें हमेशा अपने सभी कामों में उत्कृष्टता का प्रयास करना चाहिये। जब आप उत्कृष्टता का प्रयास करेंगे तो आपके सपने शिखर पर पहुँचना शुरू कर देंगे!

मेरी सहयोगी बारबरा अपने हर काम में उत्कृष्टता का प्रयास करती हैं। जब मैंने उनसे उत्कृष्टता के संकल्प का रहस्य पूछा, तो उन्होंने मुझे वह कविता बताई, जो वे अपनी मेज़ पर रखती हैं : “सफलता उन लोगों को मिलती है, जो अपने घर को अथक लक्ष्य से बनाते हैं, पत्थर दर पत्थर। अंतिम पत्थर रखने में भी वे उतनी ही सावधानी बरतते हैं, जितनी कि पहला पत्थर रखने में। और वे हमेशा इस बात का ध्यान रखते हैं कि सबसे महत्वपूर्ण पत्थर वह है, जिसे वे इस पल रख रहे हैं!” उत्कृष्टता हमेशा सर्वश्रेष्ठ परिणाम देती है!

उत्कृष्टता नौकरी की सर्वश्रेष्ठ सुरक्षा है

हम सब जानते हैं कि आज नौकरी की सुरक्षा जैसी कोई चीज़ नहीं रह गई है। लोग रिकॉर्ड दर से अपनी नौकरियाँ गँवा रहे हैं। उनका एक नई प्रवृत्ति से सामना हो रहा है, जिसे डाउनसाइज़िंग, राइटसाइज़िंग और भी न जाने कितनी साइज़िंग का नाम दिया जाता है। चाहे आप इसे जो भी नाम दें, लोगों की नौकरियाँ आज जितनी तेज़ी से छूट रही हैं, वह इतिहास में पहले कभी नहीं हुआ। हालाँकि आप यह नियंत्रित नहीं कर सकते कि कंपनी क्या निर्णय लेगी, परंतु आप अपने रोज़गार की स्थिति को नियंत्रित कर सकते हैं। कैसे? अपनी उत्कृष्टता को अपना कॉल लेटर बनाकर और एक ऐसी मानसिकता विकसित करके, जो आपको अपना सी.ई.ओ. बनाती हो। मैं एक मित्र की कहानी बताना चाहूँगा, जिसकी कंपनी डूब गई, परंतु उसने उत्कृष्टता की छवि बना ली थी। उसके निकाले जाने के एक सप्ताह के भीतर एक पूर्व सहकर्मी ने उसे खोजा और उसे अधिक तनख़्वाह वाली नौकरी दे दी। क्यों? क्योंकि पूर्व सहकर्मी को उत्कृष्टता की उसकी आकांक्षा याद थी। अगर शिकागो बुल्स को बेच दिया जाये, तो क्या आप सोचते हैं कि माइकल जॉर्डन या स्कॉटी पिपेन को नई नौकरी ढूँढ़ने में मुश्किल होगी? मैं ऐसा नहीं सोचता! उत्कृष्टता हमेशा नौकरी की सर्वश्रेष्ठ सुरक्षा है। आप यह तो नियंत्रित नहीं कर सकते कि आपकी वर्तमान नौकरी का क्या होगा, परंतु आप नौकरी मिलने की अपनी योग्यता को नियंत्रित कर सकते हैं। याद रखें, आप चाहे जहाँ हों, आप चाहे जो करते हों, कोई आपको हमेशा देख रहा है और वह याद रखेगा कि आप क्या करते हैं! उत्कृष्ट रहें और अपने भविष्य को नियंत्रित करें!

सफलता की ओर अगला क़दम सपने में "कर्म" जोड़ने का फ़ैसला करना है। अपने सपनों पर काम कीजिये! कर्म करने का निर्णय प्रक्रिया का अनिवार्य हिस्सा है, क्योंकि सपनों को सच करने के लिये कर्म अनिवार्य है।

पहले एक सपना, फिर कर्म!

हम सपनों और लक्ष्यों के बारे में बात कर रहे हैं और इस बारे में भी कि वे किस तरह सफलता के बीज हैं। वे सफलता का शुरुआती बिंदु हैं। परंतु एक बार जब आपके पास सपने आ जायें, तो आपके लिये यह सीखना ज़रूरी हो जाता है कि उन्हें वास्तविकता में कैसे बदला जाये या साकार कैसे किया जाये। सपना देखने के बाद आपको "कर्म" करने का फ़ैसला करना होगा। आपको अपने सपनों के बारे में कुछ करना होगा। आपको अपने सपनों का पीछा करना होगा। आपको इससे "बचने" के बजाय इसकी ओर "आगे बढ़ना होगा!" कर्म के बिना आस्था दरअसल आस्था है ही नहीं। बस इससे पहले आपको एक सपने की ज़रूरत है, फिर आपको "कर्म" की ज़रूरत है। कर्म करें! एक सशक्त चीनी कहावत है, "मैं सुनता हूँ और भूल जाता हूँ। मैं देखता हूँ और याद रखता हूँ। परंतु जब मैं करता हूँ, तब मैं सचमुच समझता हूँ!" याद रखें, आपको करना होता है!

अगला क़दम है शुरू करना। यह "शुरू करने की कला" है! आपको शुरू करना ही होगा। निर्णय लें और फिर अपने निर्णय के अनुसार काम करना शुरू कर दें। मेरे मित्र मरलॉन स्मिथ हमेशा अपने भाषण के अंत में यह पंक्तियाँ कहते हैं : "कर्म न हो, तो सपना सिर्फ़ एक इच्छा है। सपना न हो, तो कर्म सिर्फ़ समय गुज़ारना है। परंतु कर्म के साथ जुड़ जाये तो सपना दुनिया बदल सकता है!" मित्रो, आप अपनी ज़िंदगी सिर्फ़ एक मिनट में बदल सकते हैं। बड़े सपने देखें, अपने सपने का पीछा करने का निर्णय लें और फिर अपने सपने पर काम करें। मैं यह बात विश्वास के साथ कह सकता हूँ कि इससे आपकी ज़िंदगी बदल जायेगी!

"मेरा एक सपना है"

मार्टिन लूथर किंग, जूनियर ने एक प्रसिद्ध भाषण दिया, जिसका शीर्षक था, "मेरा एक सपना है।" हम सभी ने ये सशक्त शब्द सुने हैं और हृदयस्पर्शी भाषण का उनका अंदाज़ भी सुना है, जिसमें प्रेरित करने की

अमिट क्षमता है। दरअसल चाहे मैं कितनी ही बार वह भाषण सुनूँ, मुझे हमेशा कुछ होने लगता है, क्योंकि इसमें बहुत अधिक शक्ति छुपी है। परंतु जब मैंने सुना, तो मुझे इन चार शब्दों के विशुद्ध महत्व का एहसास हुआ : मेरा-एक-सपना-है, मेरा-एक-सपना-है। उन्होंने यह नहीं कहा "मेरा एक सपना था", बल्कि यह कहा कि "मेरा एक सपना है।" क्यों? क्योंकि महान बनने के लिये आपका सपना बना रहना चाहिये। "मेरा एक सपना था" का मतलब यह होता कि सपना कभी आया था और अब चला गया है। परंतु "मेरा एक सपना है" का मतलब यह है कि यह सपना जारी है और लगातार आगे बढ़ रहा है। क्या आपका कोई सपना है? क्या आपके मन या आत्मा में कोई ऐसा सपना धधक रहा है, जो आपको इसका पीछा करने के लिये और अंत में इसे हासिल करने के लिये खींच और घसीट रहा है? मैंने यह भी सोचा कि डॉ. किंग ने यह नहीं कहा, "मेरी एक इच्छा है।" क्यों? क्योंकि इच्छाओं का कोई आधार नहीं होता और आम तौर पर वे ऐसी होती हैं कि उन्हें हासिल नहीं किया जा सकता - जैसे वे लोग, जो कहते हैं, "मेरी इच्छा है कि मैं दुबारा अपनी ज़िंदगी शुरू से जी पाता," या "मेरी इच्छा है कि मैं दुबारा एक बच्चा बन जाऊँ।" हममें से अधिकांश ने इच्छा के कुँये में सिक्के फेंके हैं और सितारों को देखकर इच्छा व्यक्त की है, परंतु हमने कभी यह सचमुच आशा नहीं की कि वे इच्छायें सच हो जायेंगी। वे सिर्फ़ हमारी काल्पनिक उड़ानें थीं। परंतु सपने का आधार होता है। हम वज़न कम करने या घर ख़रीदने या किसी दिन अमेरिका के राष्ट्रपति बनने का सपना देखते हैं। सपने सच हो सकते हैं और होते हैं! इच्छा और सपने को एक ही न समझें। याद रखें, कुछ लोग चाहते हैं कि यह हो, कुछ लोगों की इच्छा होती है कि यह हो, जबकि दूसरे लोग उसे करके दिखाते हैं! बड़े सपने देखें, बड़े विचार सोचें और उसे करके दिखा दें!

सपने सफलता के बीज हैं। अपने सपनों को सच करने के लिये आपको उनकी तरफ़ क़दम बढ़ाना होगा, उन पर काम करना होगा, उनका पीछा करना होगा, उनके पीछे जाना होगा; वरना वे सिर्फ़ खोखले सपने या इच्छायें हैं, जिनका कोई आधार नहीं है। जिस सपने में आत्मविश्वास, संकल्प, लगन, प्रबल इच्छा और कर्म हो, वह असफल हो ही नहीं सकता!

जेसी ओवेन्स, एक स्वप्नदर्शी!

आत्मविश्वास, संकल्प, लगन और प्रबल आस्था से जुड़े स्वप्न का साकार होना तय है। सपना जितना बड़ा होगा, पुरस्कार भी उतने ही बड़े होंगे! जेसी ओवेन्स एक विश्वस्तरीय खिलाड़ी थे, जिन्हें बताया गया कि चूँकि वे अफ्रीकी-अमेरिकन थे, इसलिये वे उस स्तर तक नहीं पहुँच सकते, जिस स्तर पर नाज़ीवादी जर्मनी के जर्मन या आर्य खिलाड़ी हैं। हिटलर खेल देखने आया, परंतु उसने अमेरिका के इस अश्वेत खिलाड़ी का अभिवादन करने से इंकार कर दिया। हिटलर यह नहीं जानता था कि जेसी ओवेन्स एक उत्कृष्ट खिलाड़ी थे, जिन्होंने अपने आपको तैयार किया था, परंतु इससे भी अधिक महत्वपूर्ण यह था कि उनके पास सपने और प्रबल आस्था के दो हथियार भी थे। 1936 के ओलंपिक बर्लिन में आयोजित हुए। नाज़ी खिलाड़ियों को प्रोत्साहित किया गया, जबकि जेसी ओवेन्स और अन्य अमेरिकन खिलाड़ियों को हतोत्साहित किया गया। जेसी को दर्शकों या हिटलर की हतोत्साहित करने वाली बातों से कोई फ़र्क़ नहीं पड़ा। उसने बस अपने सपने पर ध्यान एकाग्र किया। तीन बार "फ़ुट फ़ॉल्ट" के बाद भी वह सपने देखता रहा। उसने अपने सपने में आस्था रखी और अपने अंतिम प्रयास में वह कूदा और जीत गया! इस ओलंपिक से वह चार स्वर्ण पदक लेकर लौटा, यानी उसने हर वह प्रतियोगिता जीती, जिसमें उसने भाग लिया था। प्रबल आस्था, आत्मविश्वास और संकल्प के साथ जुड़ा सपना हमेशा आपकी क़िस्मत बदल देता है।

जब सपने के साथ आत्मविश्वास, लगन और संकल्प हों, तो उसकी सफलता तय है। कुंजी यह है कि अगर आप उसे सचमुच साकार करना चाहते हैं, तो आप उस सपने के प्रति समर्पित होने और संघर्ष करने के लिये तैयार हों। हर महत्वपूर्ण काम में चुनौतियाँ और बाधायें होती हैं। यह कहा जाता है कि जीवन आपके सामने बाधायें इसलिये खड़ी करता है क्योंकि वह यह देखना चाहता है कि आप कितनी शिद्दत से अपने सपने को चाहते हैं। परंतु जब चुनौतियाँ आती हैं, तो आपको याद रखना चाहिये कि आपके सामने हमेशा एक चुनाव होता है। आप उस चुनौती का सीधे सामना कर सकते हैं या आप पीछे हट सकते हैं और

हार मान सकते हैं। चुनाव पूरी तरह आपका है। आपका समर्पण ही फ़र्क़ पैदा करता है।

समर्पण में जादू है!

जब आपको अपना सपना मिल जाये और जब आप उसके पीछे चलने लगें, तो मैं इस बात की गारंटी दे सकता हूँ कि आपके सामने चुनौतियाँ आयेंगी। मैं गारंटी दे सकता हूँ कि आपके सामने बाधायें आयेंगी। परंतु अगर आप अपने सपनों के प्रति समर्पित हैं और संकल्प के नज़रिये के साथ चुनौतियों का सामना करने के इच्छुक हैं, तो आप देखेंगे कि आपकी मदद करने के लिये अविश्वसनीय चीज़ें होने लगेंगी; जो उस स्थिति में नहीं होतीं, अगर आपने कोशिश न की होती। जोहान वॉल्फ़गैंग वॉन गेटे ने इसे बहुत अच्छी तरह कहा है, "जब तक कोई प्रतिबद्ध नहीं होता, तब तक हिचकने और पीछे हटने की आशंका होती है तथा प्रदर्शन हमेशा निम्न-स्तरीय होता है। पहल (और सृजन) के सभी कामों के बारे में एक मूलभूत सच्चाई होती है, जिसे न जानने के कारण अनगिनत विचारों और उत्कृष्ट योजनाओं की हत्यायें हुई हैं। वह सच्चाई यह है कि जिस क्षण आप स्वयं को प्रतिबद्ध कर लेते हैं, उसी क्षण से भाग्य आपकी मदद करने लगता है। हर तरह की मदद करने वाली घटनायें उस व्यक्ति की मदद करने के लिये आ जाती हैं, जो अन्य परिस्थिति में नहीं हुई होतीं। उस निर्णय से घटनाओं का एक पूरा बेड़ा निकलता है और व्यक्ति के पक्ष में अनदेखी घटनाओं, बैठकों तथा भौतिक सहयोग का हर प्रकार का सहयोग जुटा लेता है, जिनके बारे में कोई आदमी कल्पना भी नहीं कर सकता। आप जो काम कर सकते हैं या जिसका सपना देख सकते हैं, उसे आप शुरू कर सकते हैं। साहस में प्रतिभा, शक्ति और जादू होता है। इसे अभी शुरू कर दें।"

पिछले कुछ सालों में मैंने इसे सच पाया है। जब आप अपने सपनों को लेकर प्रतिबद्ध हो जाते हैं, तो ऐसी घटनायें होती हैं, जो आम तौर पर नहीं हुई होतीं। मुझे वह दिन याद है, जब मैंने नौकरी छोड़कर खुद के दम पर काम करने का फ़ैसला किया था। यह वही दिन था, जब मेरे सहकर्मी मुझ पर हँसे थे। जब मैं उस दिन घर लौट रहा था, तो मेरी कार धुआँ और अजीब आवाज़ें निकालने

लगी। मैं एक सर्विस स्टेशन पर रुका और मैंने मैकेनिक से इसे देखने को कहा। वह अपने साथ कुछ और मैकेनिकों को लेकर आया और उसने कहा, "इसे स्टार्ट करो।" मैंने कार स्टार्ट की। फिर मैकेनिकों ने मुझे यह ख़बर सुनाकर धराशायी कर दिया, "आपकी कार को एक नये इंजन की ज़रूरत है।" मैंने अपनी चेकबुक की तरफ़ देखा, जिसमें सिर्फ़ 200 डॉलर बचे थे और पूछा, "उसमें कितना ख़र्च आयेगा?" उन्होंने मुझे बताया कि इसमें लगभग 3,000 डॉलर का ख़र्च आयेगा और उन्होंने मुझे सलाह दी कि इसके बजाय मैं एक नई कार ख़रीद लूँ। उन्होंने मुझे एक कार डीलर का पता भी बताया, जहाँ सेल लगी थी और मैंने उस डीलर तक पहुँचने की यात्रा शुरू कर दी।

यह अब तक मेरे द्वारा की गई सबसे लंबी यात्राओं में से एक थी। कार धुआँ निकाल रही थी और लोग अपने हॉर्न बजा रहे थे। कार इतनी धीमे चल रही थी कि मैं यातायात के लिये ख़तरा बन गया था। मैं बहुत शर्मिंदा था! परंतु रास्ते में मैंने एक काग़ज़ के टुकड़े पर लिखा, "मेरा लक्ष्य एक बिलकुल नई कार लेना है और मैं बदले में एक पैसा भी नक़द नहीं दूँगा।" मैं आख़िरकार उस डीलर के शोरूम तक पहुँच गया। मैं बगल वाले दरवाज़े से गया, ताकि धुयें की वजह से किसी को परेशानी न हो। मैंने कार पार्क की और अंदर गया। मैं डीलर के पास अजीब विश्वास के साथ गया। मुझे सचमुच विश्वास था कि मैं एक भी पैसा दिये बिना अपनी नई कार का लक्ष्य हासिल कर सकता हूँ। मैं यह नहीं जानता था कि यह कैसे होगा, परंतु मुझे इस बात पर भरोसा था।

एक सेल्समैन आया और वह मुझे नये मॉडल दिखाने लगा, जिन्हें मैंने एक-एक करके तब तक देखा, जब तक मैंने वह कार नहीं देख ली, जो मैं चाहता था... लक्ज़री मॉडल। फिर उसने मुझे यह कहकर चौंका दिया, जिसने मेरे संकल्प की परीक्षा ली, "आपके पास बदले में देने के लिये क्या है?" मैंने बुदबुदाया, "280 ज़ेड स्पोर्ट्स कार।" उसने कहा, "बहुत बढ़िया। आइये उसे चलाकर देख लेते हैं!" उस पल मैं बस इतना ही कर सकता था कि एक गहरी साँस लूँ, उसे चाबी दे दूँ और **प्रार्थना** करना शुरू कर दूँ। वह कार तक गया, उसने दरवाज़ा खोला और इग्नीशन में चाबी लगाई।

उस पल एक अजीब घटना हुई इग्नीशन ने घूमने से इंकार कर दिया। उसने इग्नीशन स्विच जाम कर दिया था! उसने कोशिश की, बार-बार कोशिश

की। मैंने भी कोशिश की। फिर उसने हेड मैकेनिक को बुलाया और उन्होंने भी बार-बार कोशिश की। आख़िरकार उन्होंने कहा कि चाबी नहीं घूम रही थी, परंतु चूँकि कार अच्छी *दिख रही थी*, इसलिये वे ऑफ़र देने के लिये तैयार थे। मैं उस दिन उस डीलर के यहाँ से एक बिलकुल नई कार लेकर आया, एक भी पैसा दिये बिना और उसके साथ मुफ़्त में मिले सीट कवर लेकर!

उस पल इस घटना के घटने की संभावना कितनी थी? मैं संभावना के बारे में नहीं जानता, परंतु मुझे विश्वास था कि जब उस आदमी ने मुझे बताया था कि मेरी कार को नये इंजन की ज़रूत थी, तब अगर मैंने हार मान ली होती, तो संभावना शून्य थी। सफलता की संभावना तब भी शून्य होती, अगर मैं पलटकर गया होता और अपनी पुरानी नौकरी दुबारा माँगी होती तथा कोशिश न की होती। समर्पण में सचमुच जादू होता है।

परंतु कहानी यहीं पर ख़त्म नहीं होती। अगली सुबह जब मैं जागा, तो मुझे यह एहसास हुआ कि उस पल रोमांच की वजह से मैं यह तथ्य भूल गया था कि मैंने डीलर का नुक़सान किया था और उसे ख़राब इंजन वाली कार दे दी थी। मैं जानता था कि इस बारे में कुछ किये बिना मैं अपना नया करियर शुरू नहीं कर सकता था, जहाँ मैं ईमानदारी और चरित्र के बारे में भाषण देने वाला था। मैं उठा, शोरूम में अंदर गया अेर सेल्स मैनेजर के पास जाकर उसे चाबी थमाई। मैंने उससे कहा, “महोदय, कल के रोमांच में मुझे इस बात का ध्यान ही नहीं रहा कि मैं आपको एक ऐसी कार दे गया, जिसका इंजन ख़राब था। मैं आपकी कार वापस करने आया हूँ। मैं आपको हुई असुविधा के लिये क्षमा चाहता हूँ। मैंने जितनी कार चलाई है, उसके लिये मुझे कृपया बिल भिजवा दें।” वह हतप्रभ था और उसने मेरी तरफ़ ऐसे देखा, जैसे उसने कोई भूत देख लिया हो। उसने कहा, “मुझे आपकी बात पर विश्वास नहीं हो रहा है कि आप वापस लौट आये! मुझे इस बात पर विश्वास नहीं हो रहा है!” इसके बाद उसने आगे कहा, “मित्र, मैं आपको वापस लौटने और कार वापस करने का प्रस्ताव रखने के लिये धन्यवाद देना चाहता हूँ, परंतु इसकी ज़रूरत नहीं है। देखिये, आपकी कार का इंजन ख़राब नहीं था... उसे तो सिर्फ़ थोड़े से ऑइल की ज़रूरत थी!” इसके बाद उसने मेरा उदाहरण दूसरों को दिया और एक ऐसे वक्ता के रूप में मेरी अनुशंसा की, जो वही कहता है, जो वह करता है!

समर्पण! जब आप अपने सपनों का पीछा करते हैं, तो समर्पण ही कुंजी है क्योंकि जीवन यह देखने के लिये आपका इम्तिहान लेता है कि आप इसे सचमुच कितनी शिद्दत से चाहते हैं! यह कविता समर्पण पर गेटे के संदेश को समाहित करती है :

जो भी आप कर सकते हैं या जो भी आपका सपना है, उसे शुरू कर दें
साहस में शक्ति, जादू और प्रतिभा है।
फ़ैसला करें, शुरू कर दें और मस्तिष्क गर्म होना शुरू हो जायेगा।
फिर विश्वास करें, आगे क़दम बढ़ायें और काम पूरा हो जायेगा।

बिना विकल्प का आदमी

हमने इस बारे में बात की है कि अगर आप अपने लक्ष्य तक पहुँचना चाहते हैं, तो आपको अपना सब कुछ दाँव पर लगाना होगा। आपको पूरी तरह अपने लक्ष्य पर निगाह रखना होगी। आपको "बिना विकल्प का आदमी" बनना होगा। "बिना विकल्प के आदमी" के पास कोई दूसरा विकल्प ही नहीं होता। उसे यह करना ही होता है। करो या मरो! या तो सब कुछ या फिर कुछ नहीं! जब आप इतने समर्पित हो जाते हैं, तो आप इसे ज़रूर कर देंगे, क्योंकि आपके पास कोई दूसरा विकल्प है ही नहीं! एक सेनापति अपनी सेना के साथ दूर देश के किनारे पर एक बड़ा युद्ध लड़ने गया। शत्रु के पास पहुँचकर उसने देखा कि शत्रु सैनिकों की संख्या ज़्यादा थी और उसके सैनिक डरे हुए थे क्योंकि शत्रु बहुत विशाल और शक्तिशाली दिख रहा था। परंतु सेनापति जानता था कि उसकी सेना में जीतने की क्षमता है। जब वे किनारे पर पहुँचे, तो उसने अपनी सेना में डर देखा और यह भी कि उसके सैनिक आगे बढ़ने में हिचक रहे हैं, इसलिये उसने आदेश दिया कि "नावों को जला दिया जाये।" अब उनके पास कोई विकल्प नहीं था, एक भी विकल्प नहीं था। उन्हें या तो जीतना था या फिर मरना था। उस पल उस सेना में ऊर्जा आ गई और वह निडर बन गई, क्योंकि उसके पास कोई और विकल्प ही नहीं था। सैनिक लड़े। उन्होंने अपना सब कुछ दाँव पर लगा दिया। और वे जीत गये। हमें डूबो-या-तैरो की "बिना विकल्प" की मानसिकता विकसित करना

होगी, करो-या-मरो का नज़रिया विकसित करना होगा। हमें इसे करके दिखाना है। अगर आप कर देते हैं, अगर आप इस तरह का समर्पण रखते हैं, तो आपके सपने सच हो जायेंगे। उन्हें सच होना ही होगा! क्यों? क्योंकि आपके पास कोई और विकल्प नहीं है!

मित्रो, आपके सपनों में शक्ति होती है। आपको उनका पीछा करने का निर्णय लेकर उस शक्ति को सक्रिय करना है।

शक्ति आपकी है अगर आप उसे मुक्त करें,
अगर आप उसे दिखने दें,
अगर आप उसे प्रवाहित होने दें!
बस इसे शुरू कर दें
पूरे मन के साथ
अपना सर्वश्रेष्ठ निशाना लगायें
और यह सही जगह पर जाकर लगेगा!
आपके पास शक्ति है!

मित्रो, याद रखें चुनौतियाँ आयेंगी और कठिनाइयाँ भी आयेंगी, परंतु *आपको* यह चुनाव करना होगा कि आप उनका क्या करते हैं। आप उन्हें अपने लक्ष्य तक पहुँचने से खुद को रोकने की अनुमति दे सकते हैं या फिर आप अपने लक्ष्य की तरफ़ धकेलने में उनका इस्तेमाल कर सकते हैं! एक पुरानी कहावत है, "बाधायें दरअसल काम करने के कपड़ों में छुपे अवसर हैं!" बाधाओं से हताश न हों; सिर्फ़ इतना याद रखें कि समर्पण में जादू होता है। इसमें प्रतिभा होती है। इसे **अभी** शुरू करें!

यह बात मूलभूत लगती है, सामान्य लगती है, परंतु इसका यह मतलब नहीं है कि यह आसान है। यह आसान नहीं है! यह कठिन है, क्योंकि सबसे पहले तो हमें उन नकारात्मक बीजों को निकालना होगा, जो जीवन में इतने वर्षों तक हमारे मस्तिष्क में बोये गये हैं। सफलता पर चर्चा करते समय लेस ब्राउन ने मुझे बताया कि उनकी सफलता का सबसे मुश्किल हिस्सा दस लाख डॉलर कमाना नहीं था! सबसे मुश्किल हिस्सा तो इस बात पर विश्वास करना था कि वे दस लाख डॉलर कमा सकते हैं और यह संभव था!

मेरा पुत्र और मैं कार से उस इमारत के पास से गुज़र रहे थे, जहाँ मैं काम

करता था और जहाँ मेरे सहकर्मी दरवाज़े पर खड़े होकर मुझ पर हँसे थे। मेरा पुत्र उस वक़्त लगभग आठ साल का था और उसने मुझसे पूछा, "डैडी, क्या यही वह जगह है, जहाँ आप नौकरी करते थे?" मैंने कहा, "हाँ।" उसने पूछा, "डैडी, क्या आपको नौकरी से निकाल दिया गया था?" मैंने जवाब दिया, "नहीं, मैंने वह छोड़ दी थी!" जब मैंने यह कहा, तो मैंने देखा कि उसके चेहरे पर दर्द की लकीर खिंच गई थी क्योंकि उसने मुझे लाखों बार यह कहते सुना था, "कभी मत हारो, चाहे कुछ हो जाये, कभी हार मत मानो!" मैंने अपनी कार रोकी, उसकी आँखों में झाँका और कहा, "**विलियम, *मैंने नौकरी छोड़ी थी*--- इसलिये नहीं क्योंकि मैंने हार मान ली थी, बल्कि इसलिये क्योंकि *मैं ऊपर जा रहा था!***"

कई बार आपको वे चीज़ें छोड़ना होती हैं, जो आपको नीचे रख रही हों, जिन्होंने आपको बाँध या जकड़ रखा हो। आपको यह एहसास होना चाहिये कि अविश्वसनीय काम करने के लिये आपको सबसे पहले असंभव काम करने का सपना देखना होगा। सपना! फिर अपने सपनों पर सकारात्मक व संकल्पवान कर्म करने का निर्णय लेना होगा। अपने हर काम में उत्कृष्टता लायें। प्रबल इच्छा विकसित करें और अपने सपनों तक पहुँचने की प्रतिबद्धता भी। फिर अपनी सफलता की पूरी ज़िम्मेदारी लें। इस दिशा में गंभीर हो जायें और कुछ ही समय में आप देखेंगे कि आपके सपने अंकुरित हो चुके हैं, बड़े हो गये हैं और लहलहा रहे हैं! असंभव का सपना देखें! आगे क़दम बढ़ायें और साहसी बनें!

दो विकल्प ?

आज का प्रेरणादायक मिनट जेम्स एंथनी कार्टर की टेप सीरीज "द अनस्टॉपेबल विज़नरी" से लिया गया है। मिस्टर कार्टर कहते हैं, "रचनात्मकता और जीवन की अपनी मुश्किलें हैं। सपना होने के साथ दुर्भाग्यपूर्ण बात यह है कि शुरुआत में इसमें आपके सिवाय कोई दूसरा विश्वास नहीं करता। परंतु जब सपना सच हो जाता है, तो सब लोग कहते हैं कि यह तो शुरू से ही स्पष्ट था। जब इस तरह की स्थिति हो, तो आपके पास जीवन में दो विकल्प होते हैं। या तो ना कहने वालों की सुनें या फिर अपने सपने का अनुसरण करें।" चूँकि आप इस प्रेरणादायक मिनट को पढ़ रहे हैं, इसलिये आपने अपने सपने की दिशा में एक क़दम

उठा लिया है। आपने अलग होने का निर्णय ले लिया है। आपने स्वयं के जैसा बनने का विकल्प चुना है! और स्वयं के जैसा होने का विकल्प चुनकर आपने वह होना चुना है, जो रचयिता ने आपके लिये चुना था। मित्रो, बड़े सपने देखो, बड़े विचार सोचो, क्योंकि सपने सच हो सकते हैं और होते हैं। रॉबर्ट एफ़॰ कैनेडी ने इसे बहुत अच्छी तरह से कहा था, "कुछ लोग उन चीज़ों को देखते हैं, जो हैं और पूछते हैं, क्यों? मैं उन चीज़ों का सपना देखता हूँ, जो कभी नहीं हुईं और पूछता हूँ, क्यों नहीं?" मैं चाहता हूँ कि आप बड़े सपने देखें, लगभग असंभव सपने देखें और लगातार पूछते रहें, "क्यों नहीं?" याद रखें, अगर आप में आस्था है, तो सब कुछ संभव है!

❁ ❁ ❁

अध्याय तीन

लक्ष्य : वह सपना जिसकी समय-सीमा हो!

मुझसे यह सवाल हमेशा पूछा जाता है, "सपनों और लक्ष्यों में क्या अंतर है?" देखिये, लक्ष्य आपके सपनों का ही अधिक विस्तार हैं। वे आपके सपनों की सीढ़ियाँ हैं। लक्ष्य वह सपना हैं, जिसकी समय-सीमा है। मान लीजिये आपका सपना लॉ कॉलेज में प्रवेश पाना है। लक्ष्य तब बनता है, जब आप इस सपने को हक़ीक़त में बदलने के लिये एक समय-सीमा निर्धारित कर लेते हैं। अब आप अपने सपने पर ध्यान केंद्रित करते हैं और इसे अपने लक्ष्य में रूपांतरित कर लेते हैं।

प्रख्यात लेखक ज़िग ज़िग्लर ने एक बेहतरीन उदाहरण देकर एकाग्रता की शक्ति को दर्शाया है। वे कहते हैं कि एक आवर्धक लेंस पत्तियों के ढेर को जला सकता है, परंतु ऐसा तभी होगा जब आप सूर्य की शक्ति को स्थिर लेंस के माध्यम से एक निश्चित स्थान पर केंद्रित करें। लक्ष्य आपके सपनों पर ध्यान केंद्रित करने में मदद करते हैं और यह स्पष्ट करने में आपकी सहायता करते हैं कि आप उन्हें **कब** हासिल करना चाहते हैं। वे आपके सपनों को साकार करने की सीढ़ियाँ हैं। कुंजी यह है कि बड़े सपने देखें, बड़े विचार सोचें और फिर इन सपनों को हासिल किये जा सकने वाले लक्ष्यों में परिवर्तित करें और **काम करें**!

लक्ष्य यानी निशाना

आप अपने सपनों को किस तरह सच करते हैं? सबसे पहले तो आपको यह मालूम होना चाहिये कि आपके सपने क्या हैं। अगर मैं आपको एक गेंद देकर आपसे इसे पाँच फ़ुट दूर स्थित दस फ़ुट ऊँची दीवार पर मारने के लिये कहूँ, तो क्या आप ऐसा कर सकते हैं? बेशक, आपको कोई दिक़्क़त नहीं होगी! परंतु अगर मैं आपकी आँखों पर पट्टी बाँध दूँ और आपको पाँच क़दम पीछे ले जाकर दस बार गोल घुमा दूँ, तो क्या इसके बाद भी आप दीवार पर उतनी ही आसानी से गेंद मार सकेंगे? नहीं! उस लक्ष्य पर निशाना लगाना मुश्किल होगा, जिसे आप नहीं देख सकते और उस लक्ष्य पर मारना तो असंभव है, जिसे आप जानते ही नहीं हैं! इसीलिये आपको स्पष्ट लक्ष्य निर्धारित करना चाहिये। आपके लक्ष्यों का शुरुआती बिंदु आपके सपने हैं। लक्ष्य समय-सीमा वाले सपने से अधिक कुछ नहीं है। आपका सपना क्या है और आपका लक्ष्य क्या है?

आपका लक्ष्य क्या है? इस साल के आपके सपने क्या हैं? इस साल के आपके लक्ष्य क्या हैं? अगले बारह महीनों में आप क्या हासिल करना चाहते हैं? एक सूची बनायें, ताकि आपको अपने लक्ष्यों पर ध्यान केंद्रित करने में मदद मिल सके। एक काग़ज़ लें और सूची में 1 से 10 तक के अंक लिख लें। अब आप यह सोचें कि अगर आपको इस बात की गारंटी दी जाये कि आप असफल नहीं हो सकते, तो आप क्या करेंगे? अगर आपको बता दिया जाये कि आपके लिये असफल होना असंभव है, तो आप क्या करेंगे? क्रिसमस की सुबह सोचने वाले किसी बच्चे की तरह विचार करें। जो भी आप चाहते हों, उसे आप हासिल कर सकते हैं। कुछ भी। कम से कम दस चीज़ें लिख लें; अगर इनकी संख्या ज़्यादा हो, तो उन्हें भी लिख लें। अपनी वर्तमान परिस्थितियों द्वारा खुद को सीमित न करें। जो भी आप चाहते हैं, उसे आप हासिल कर सकते हैं। आपके लिये असफल होना अब असंभव है।

जब आप एक बार अपनी सूची बना लेते हैं, तो आपने सफलता की ओर पहला क़दम बढ़ा लिया है। इस सूची की प्रतियाँ तैयार कर लें और इसे हर दिन पढ़ें। इसे पढ़ें, बार-बार पढ़ें, जब तक कि आप इस पर विश्वास न करने लगें। फिर इसे थोड़ा और पढ़ें, जब तक कि आप इस पर विश्वास न करने लगें। फिर

इसे थोड़ा और पढ़ें, इसे पढ़ते रहें, इस पर काम करना शुरू कर दें और आप यह देखकर आश्चर्यचकित रह जायेंगे कि आप बहुत से कामों में सफल होने लगे हैं। ***द टेन कमांडमेंट्स*** फ़िल्म में एक पंक्ति है जो मुझे हमेशा याद रहेगी : "जैसा लिखा है, वैसा ही किया जायेगा!" अपने सपने लिख लें, लक्ष्य निर्धारित कर लें और याद रखें, "जैसा लिखा है, वैसा ही किया जायेगा!"

सपनों की सूची

ऊपर लिखी सूची हमने इसलिये बनाई, ताकि यह सपने और लक्ष्य निर्धारित करने में हमारी मदद कर सके (क्योंकि हम यह बात जानते हैं कि लक्ष्य पर निशाना साधना तब तक असंभव है, जब तक आप इसे देख न सकें और जान न लें)। आपने कम से कम दस चीज़ों की सूची बनाई है, जिनका पीछा आप इस साल करने वाले हैं, बशर्ते आप यह जानते हों कि आपके लिये असफल होना असंभव है। अब आपका मस्तिष्क संभावना की अवस्था में है, आइये एक क़दम आगे बढ़ें। मैं चाहता हूँ कि आप चार काग़ज़ लें। पहले काग़ज़ पर लिखें, "मेरे जीवन भर के सपने और लक्ष्य।" दूसरे काग़ज़ पर लिखें, "मेरे बारह महीने के सपने और लक्ष्य।" तीसरे काग़ज़ पर लिखें, "मेरे तीस दिनों के लक्ष्य।" और चौथे काग़ज़ पर लिखें, "मेरी आदर्श सफल दिनचर्या।"

जब आप सफल दिनचर्या विकसित कर लें, तो सफलता की कुंजी सिर्फ़ उस सफल दिनचर्या को सात बार दोहराना है, जिससे आपको एक सफल सप्ताह मिल जाता है। फिर उस सफल सप्ताह को चार बार दोहराने की ज़रूरत है और आपको एक सफल महीना मिल जाता है। फिर उस सफल महीने को बारह बार दोहराने की ज़रूरत है और आपको एक सफल वर्ष मिल जाता है। और इस तरह आप जीवन को सफल बनाने की दिशा में आगे बढ़ जाते हैं! परंतु यह सब एक सपने और लक्ष्य से शुरू होता है। यह सूची अभी बनायें और अपने सपनों को अपनी वर्तमान परिस्थितियों से सीमित न होने दें। याद रखें, आपको सफलता की गारंटी दी गई है; आपके लिये असफल होना असंभव है। सिर्फ़ विश्वास करें!

सपने बनाने का फ़ॉर्मूला

1. निर्णय लें कि आप क्या चाहते हैं
2. लिख लें (स्पष्ट रहें)
3. इसे दिन में तीन बार पढ़ें
4. उपलब्धि की तारीख़ तय करें
5. इसके बारे में अक्सर सोचें
6. सपना देखें और कल्पना करें (स्वयं को इसका आनंद लेते देखें)
7. कार्ययोजना तैयार करें
8. हर दिन लक्ष्य की दिशा में तीन काम करें
9. सकारात्मक रहें (हर दिन सकारात्मक बातें पढ़ें और सुनें)
10. इस तरह काम करें, जैसे आपने इसे हासिल कर लिया हो (सोचें-विश्वास करें-हासिल करें)।

कुछ समय पहले मैं ख़राब मौसम के कारण एक छोटे क़स्बे में फँस गया था। मैं चैनल बदलते-बदलते एक वृत्तचित्र पर आकर रुक गया। यह मार्शल आर्ट हीरो ब्रूस ली पर केंद्रित था। मुझे ब्रुस ली में बहुत रुचि थी, क्योंकि बचपन में मैं ***द ग्रीन हॉर्नेट*** टेलीविज़न शो में उनके चरित्र केटो को बहुत पसंद करता था। मैं तनकर बैठ गया और मैंने पूरा वृत्तचित्र देखा। मुझे जो जानकारी मिली, उससे मैं बहुत प्रभावित हुआ। ब्रूस ली सैन फ्रांसिस्को में पैदा हुए थे, परंतु उनका परिवार उनके बचपन में ही चीन चला गया था। उन्होंने बड़े होते हुए मार्शल आर्ट और अभिनय सीखे तथा एक अद्‌भुत कलात्मक अभिव्यक्ति में अपनी दोनों प्रिय रुचियों को एक साथ जोड़ दिया। वे अमेरिका लौटे और कराटे का अपना नया कलात्मक रूप सिखाने लगे। संघर्ष के दिनों में उन्होंने "बड़े लक्ष्यों" की एक सूची बनाई, जिसमें उनके जीवन के सपनों और लक्ष्यों का विस्तार से वर्णन था। उनका सबसे प्राथमिक लक्ष्य था सर्वाधिक वेतन वाला एशियाई अभिनेता तथा सबसे लोकप्रिय मार्शल आर्टिस्ट बनना।

द ग्रीन हॉर्नेट के ख़त्म होने के बाद कुछ समय तक उन्होंने संघर्ष किया और जल्दी ही वे चीन लौट गये, जहाँ उन्होंने मार्शल आर्ट की फ़िल्में बनाना शुरू कीं। फ़िल्में हिट हुईं और वे चीन में बहुत सफल हो गये। अमेरिका में जिन निर्माताओं और फ़िल्मकारों ने उन्हें ठुकरा दिया था, अब वही उन्हें आमंत्रण और आकर्षक प्रलोभन देने लगे। वे इतने बड़े स्टार बन चुके थे कि अपनी लोकप्रियता के दम पर वे ऐसा कॉन्ट्रैक्ट बनवाने में सफल हुए, जिससे वे सबसे ज़्यादा वेतन पाने वाले एशियाई अभिनेता बन गये। ***एंटर द ड्रैगन*** पूरी करने के कुछ समय बाद ही दर्दनिवारक दवा के प्रति अति संवेदनशीलता की वजह से उनकी मृत्यु हो गई, परंतु उन्होंने अपना लक्ष्य, अपना "सबसे बड़ा लक्ष्य" हासिल कर लिया था। उनकी शोहरत उनकी मौत के बाद भी हिट फ़िल्मों के रूप में चलती रही और वे हॉलीवुड वॉक ऑफ़ फ़ेम के सितारे बन गये!

इस प्रसंग की मुख्य बात यह है कि जीवन बहुत अनिश्चित है और इसमें आपके सपनों तथा आस्था को छोड़कर कुछ नहीं है, जिस पर ज़्यादा निर्भर रहा जाये। अगर आप सपना देख सकते हैं, उसमें विश्वास कर सकते हैं, उसका पीछा कर सकते हैं, लक्ष्य बना सकते हैं (या इस मामले में बड़े लक्ष्य), तो आप अविश्वसनीय काम कर सकते हैं! जैसा ब्रूस ली ने साबित किया है, सपने सच हो सकते हैं!

ब्रूस ली की फ़िल्म में एक वाक्य था, जिसने मुझ पर अमिट प्रभाव डाला। उन्होंने कहा था, "जब मैं नाव पर आया, तो मैं जानता था कि यह 'वैचारिक स्थान' है। विचार और इच्छा हो, तो इंसान कुछ भी कर सकता है!" मित्रो, यह सचमुच एक "वैचारिक स्थान" है। मैं आपसे आग्रह करता हूँ कि आप बड़े सपने देखें, बड़े विचार सोचें, अपने मस्तिष्क को उड़ने दें और नये विचार रचने दें। फिर आप देखेंगे कि सपने सच हो सकते हैं और होते हैं!

स्कॉट मैकैन और उनके मित्र अरनॉल्ड

स्कॉट मैकैन एक प्रतिभाशाली वक्ता, लेखक और टेलीविज़न होस्ट हैं, जिनके साथ मुझे कई बार मंच पर रहने का सौभाग्य मिला है। वे अरनॉल्ड श्वार्ज़नेगर के बारे में एक कहानी सुनाते हैं, जो सपनों और लक्ष्यों की शक्ति बताती है। युवावस्था में ऑस्ट्रिया में बड़े होते समय

अरनॉल्ड ने मन बना लिया कि वे अपने जीवन में अविश्वसनीय काम करेंगे। उन्होंने यह लक्ष्य बना लिया कि वे महानतम बॉडीबिल्डर बनेंगे। कइयों ने सोचा कि अरनॉल्ड पागल हो गये हैं, परंतु उन्होंने यह भी सोचा कि अंततः वे यह इरादा छोड़ देंगे, क्योंकि इसमें बहुत समय और समर्पण की आवश्यकता होगी। उन्होंने सोचा कि वे इसे छोड़कर इस मूर्खता से निकल जायेंगे और कोई "असली" काम करने लगेंगे। फिर श्वार्ज़नेगर ने अपने सपने में एक और पहलू जोड़ा। वे न सिर्फ़ विश्व के महानतम बॉडीबिल्डर बनना चाहते थे, बल्कि वे मूवी स्टार और अंतर्राष्ट्रीय फ़िटनेस गुरु भी बनना चाहते थे! उनके मित्रों ने कहा, "क्या पागलपन भरा सपना है!" बहरहाल, उन्होंने अपने सपनों को एक कार्ड पर लिख लिया। वे इस कार्ड को अपनी जेब में रखकर घूमते थे और उन्होंने ख़ुद से यह वादा किया कि वे अपने लक्ष्यों को हासिल करेंगे। उन्होंने कहा कि ख़ुद से किये गये इस वादे ने ही उन्हें शक्ति दी तथा विवश किया कि वे अमेरिका जायें और मिस्टर ऑलंपस बनने की चढ़ाई शुरू करें। वे हॉलीवुड के सबसे अधिक वेतन पाने वाले अभिनेता बने और प्रेसिडेंट्स कमेटी फ़ॉर फ़िज़िकल फ़िटनेस के चेयरमैन भी। क्या सपनों और लक्ष्यों से फ़र्क़ पडता है? बेहतर होगा कि आप इस बात पर यक़ीन कर लें, ज़रा अरनॉल्ड से पूछकर तो देख लें!

संकल्प या सिर्फ़ समय की बर्बादी?

कई लोग नव वर्ष के अवसर पर बहुत से संकल्प कर लेते हैं। समस्या यह है कि ये संकल्प आम तौर पर दो सप्ताह तक चलते हैं। आँकड़े बताते हैं कि पौष्टिक खाद्य पदार्थों की बिक्री और हेल्थ क्लब में जाने वालों की संख्या वर्ष के पहले दो सप्ताहों में सबसे अधिक होती है। लोग जनवरी के शुरुआती दिनों में प्रेरित हो जाते हैं। वे सचमुच अपने संकल्पों को पूरा करना चाहते हैं, परंतु महीने की पंद्रह तारीख़ से उनका उत्साह कम होने लगता है और महीने के अंत तक पूरी तरह जवाब दे जाता है। क्यों? सतत और लगातार प्रेरणा के अभाव के कारण। वे साल के पहले दिन प्रेरित होते हैं, परंतु इसे जारी नहीं रख पाते। कुछ लोग कहते हैं कि प्रेरणा के साथ समस्या यह है कि यह ख़त्म हो जाती है। यही भोजन और स्नान

के साथ होता है, परंतु इसके बावजूद आपकी दिनचर्या में स्नान और भोजन का प्रमुख स्थान होता है। आपके संकल्पों को यथार्थ में बदलने के लिये यह अनिवार्य है कि आप प्रेरणा को अपनी दिनचर्या का हिस्सा बनायें, हर दिन कुछ न कुछ प्रेरणादायक पढ़ें या सुनें, अपने मस्तिष्क को ऐसे विचारों से भरें, जो सकारात्मक और उत्साहवर्धक हों। कोई ऐसी चीज़ खोजें (कोई पुस्तक, टेप या संगीत), जो आपको सपना देखने के लिये प्रोत्साहित करे और फिर आपको अपने सपने का पीछा करने के लिये प्रेरित करे। मैं सुझाव देता हूँ कि आप द मैग्निफ़िसेन्ट मोटिवेशनल मिनट को अपनी दिनचर्या का हिस्सा बनायें। यह आपकी मदद करेगा ताकि आप विकास कर सकें, ध्यान एकाग्र कर सकें और प्रेरित बने रह सकें। देवियो और सज्जनो, याद रखें आपकी ज़िंदगी सिर्फ़ एक मिनट में बदल सकती है। अगर आप स्वयं में निवेश करेंगे, तो आप बहुत कम समय में ही आश्चर्यजनक परिणाम देखेंगे। इस साल प्रेरित बने रहने का संकल्प लें। एक महान दिन और महान वर्ष का आनंद ले!

कैलिफ़ोर्निया या असफलता!

वह अनिवार्य तत्व क्या है, जो किसी इंसान को सफलता की तरफ़ तेज़ी से धकेलता है? क्या यह कोई विशेष चाबी है, जो अनकहे द्वार का ताला खोल सकती है? क्या यह कोई औज़ार है, जो आपके भविष्य को ढालने में मदद कर सकता है? यह आसान है, परंतु इसका बहुत दुरुपयोग किया गया है और इसे ग़लत समझा गया है। यह लक्ष्य है। लक्ष्य एक सपना है, जिसके साथ समय-सीमा जुड़ी है। लक्ष्य हमारे सपनों तक पहुँचने की सीढ़ियाँ हैं। अगर हम लक्ष्यों पर ध्यान केंद्रित कर सकें, यह सीख सकें कि उन्हें कैसे निर्धारित करना है और उन तक कैसे पहुँचना है, तो हम बहुत असामान्य ऊँचाई तक पहुँच सकते हैं। गोल्ड रश के दौरान लोगों का लक्ष्य कैलिफ़ोर्निया पहुँचना था। उनमें एक कहावत प्रचलित थी : "कैलिफ़ोर्निया या असफलता!" उनके पास एक सपना था, इसे हासिल करने की समय-सीमा तय थी और उन्होंने अपने लक्ष्य तक पहुँचने का संकल्प कर लिया था वरना---। हमें भी अपने लक्ष्यों तक पहुँचने का इसी तरह संकल्प करना चाहिये और इसे कर देना चाहिये। मुझे यह कहावत

पसंद है : "चेहरे के सामने लटकती गाजर की वजह से घोड़ा दौड़ में हिस्सा लेना चाहता है!" तेज़ दौड़ें, पूरी ताक़त से दौड़ें और उन पुरस्कारों का आनंद लें, जो आपके सामने रखे हैं।

आगे बढ़ने के निर्णय को न बदलें, अपनी दिशा बदल लें!

आपके पास एक सपना है। आपके पास एक लक्ष्य है। आप शुरू करने के लिये तैयार हैं, परंतु तभी आपके सामने कोई कठिनाई आ जाती है। चलने के अपने निर्णय को न बदलें, सिर्फ़ वहाँ पहुँचने का रास्ता बदल लें! हर लक्ष्य तक कई राहों से पहुँचा जा सकता है। उदाहरण के लिये अगर आप अपने ऑफ़िस जा रहे हैं और आप किसी बंद सड़क पर आ जाते हैं, तो क्या आप हार मान लेते हैं और घर लौट जाते हैं? नहीं! आप कोई दूसरी सड़क या दूसरा रास्ता खोजते हैं। जिससे ऑफ़िस पहुँचा जा सके। आपके लक्ष्य की राह में भी अगर आपको कोई कठिनाई आती है, तो चलने का अपना निर्णय न बदलें, बल्कि वहाँ पहुँचने की अपनी दिशा बदल लें।

लक्ष्य और भविष्य-दृष्टि में अंतर

पहले ही मैं आपको बता चुका हूँ कि सपने सफलता का बीज हैं। और जब आप सपने को पहचान लेते हैं, तो आपको इसे हासिल किये जाने वाले हिस्सों में बाँटना चाहिये, जिन्हें "लक्ष्य" कहा जाता है। लक्ष्य ऐसे सपने हैं, जिनकी समय-सीमा या डेडलाइन है। परंतु सपने की प्रक्रिया में एक और स्तर हासिल करना होता है। जब आप अपने सपने को जान लें, जब आप उस सपने तक पहुँचने के लिये लक्ष्य बना लें, तो उसके बाद आपको अगली पायदान पर जाना होगा : भविष्य की दृष्टि का सृजन। भविष्य-दृष्टि एक सपना है, जहाँ आप सचमुच स्वयं को सपने में देखते हों, लगभग उसी तरह जैसे यह सच हो चुका हो। अगर आप भविष्य-दृष्टि के स्तर वाले सपने देखना चाहते हैं, तो आपको भविष्यदृष्टा बनने की प्रक्रिया शुरू करना होगी। भविष्यदृष्टा वह होता है, जो आदतन

बड़े सपने देखता है और उन्हें सच करता है। सपना लक्ष्य की ओर ले जाता है, जो सपना हासिल करने की ओर ले जाता है, जो दूसरे सपनों की ओर ले जाता है और यह भविष्यदृष्टा बनने की ओर ले जाता है। लक्ष्य और भविष्य-दृष्टि में क्या फ़र्क़ है? लक्ष्य वह है जो आपके पास है, भविष्य-दृष्टि वह है जिसमें आप हों! लक्ष्य सिर्फ़ वह नहीं होता, जिस पर आप काम करते हैं, बल्कि वह ऐसा कुछ बन जाता है, जो आप पर काम करता है। आपको जितना मिलता है, सिर्फ़ उतना ही नहीं, बल्कि वह भी जो आप इस प्रक्रिया में बन जाते हैं। थोरो ने कहा था : "दीर्घकाल में लोग सिर्फ़ वहीं पर निशाना लगा पायेंगे, जहाँ पर वे निशाना साधेंगे। इसलिये, उन्हें अपना निशाना ऊँचा साधना चाहिये।" मित्रो, बड़े सपने देखें, ऊँचे लक्ष्य रखें और भविष्यदृष्टा बनने की दिशा में काम करें।

याद रखें :

जो भी आप कर सकते हैं या जो भी आपका सपना है,
उसे शुरू कर दें;

साहस में शक्ति, जादू और प्रतिभा है;

फ़ैसला करें, शुरू कर दें और मस्तिष्क गर्म होना शुरू हो जायेगा;

फिर विश्वास करें, आगे क़दम बढ़ायें और काम पूरा हो जायेगा!

❋ ❋ ❋

अध्याय चार

जैसा इंसान सोचता है!

"जैसा इंसान अपने दिल में सोचता है, वैसा ही वह बनता है" (प्रोवर्ब्स 23:7)। कई सालों तक मैंने बाइबल की यह पंक्ति सुनी, परंतु मैं इसका पूरा अर्थ सचमुच नहीं समझ पाया। मैं सोचता था कि जीवन में इंसान को बहाव के साथ बहना चाहिये। और जो होता था या नहीं होता था, वह इसलिये होता था क्योंकि ऐसा होना तय था। जो लोग सफल थे, वे सिर्फ़ ख़ुशक़िस्मत थे। मैं बहाव के साथ बहता रहा और अधिकांश बार मेरी स्थिति तूफ़ान में भटके जहाज़ की तरह थी, जो यहाँ से वहाँ, वहाँ से यहाँ हिचकोले खा रहा था तथा जिसका लक्ष्य स्पष्ट नहीं था। तब मुझे यह एहसास होना शुरू हुआ कि मेरी सफलता के लिये मेरी कुछ व्यक्तिगत ज़िम्मेदारी थी और यह भी कि मेरी सोच मेरे कार्यों को तय करती थी। मैंने इस पंक्ति को बार-बार पढ़ा और तब मुझे यह समझ में आया कि यह सिर्फ़ मेरे मस्तिष्क की ही नहीं, बल्कि मेरे दिल की सोच भी थी। क्यों? क्योंकि मेरे दिल में मेरे सच्चे मूलभूत विश्वास रहते हैं - वे विश्वास, जो यह तय करते हैं कि मैं सचमुच क्या सोचता हूँ, जिससे यह तय होता है कि मैं क्या कोशिश करूँगा और क्या हासिल कर पाऊँगा!

यह क्यों कहा गया है, "जैसा इंसान अपने दिल में सोचता है?" हम अपने मस्तिष्क में जो सोचते हैं, वह उससे अलग हो सकता है, जो हम अपने दिल में सोचते हैं। बाह्य प्रेरणा का संबंध हमारे मस्तिष्क से होता है। इसका काम हमें कर्म के लिये प्रेरित करना है, ताकि हम उठें और कुछ करें। जबकि अंदरूनी प्रेरणा का संबंध हमारे दिल या आंतरिक स्वरूप से है। इसे सचमुच इस बात की

परवाह नहीं होती कि हमारा मस्तिष्क क्या कहता है! मस्तिष्क यह कह सकता है कि हम जो करने जा रहे हैं, उसकी योजना अतार्किक या असंभव है और उसे नहीं किया जा सकता, परंतु दिल कोई परवाह नहीं करता। वह मस्तिष्क की बात को अनसुना कर देता है, मुद्दे के तर्क को अनदेखा कर देता है और उस काम में जुट जाता है, जिसे करने की आवश्यकता को यह "महसूस" करता है। हम अक्सर उन लोगों के बारे में सुनते हैं, जो असंभव काम करने के लिये प्रेरित हुए। वे खिलाड़ी, जो उस खेल को किसी मृत मित्र या पारिवारिक सदस्य के प्रति समर्पित करते हैं और ऐसे काम कर जाते हैं, जिन्हें वे स्वयं संभव नहीं मानते थे; या दुर्घटना के शिकार लोगों के प्रसंग, जो दूसरों को बचाने में अतिमानवीय शक्ति का परिचय देते हैं। जैसा इंसान अपने दिल में सोचता है, वैसा ही वह बनता है!

आपका वास्तविक स्वरूप

जब आप दर्पण में देखते हैं तो आपको एक चेहरा दिखाई देता है, जिसे आप बचपन से जानते हैं, आप एक ऐसे व्यक्ति को देखते हैं, जिसके साथ आपका अंतरंग संबंध है। आप ख़ुद को देखते हैं! परंतु यह आपका वास्तविक या सच्चा स्वरूप नहीं है। आपका वास्तविक स्वरूप अंदर है, आंतरिक व्यक्ति है। और यह आंतरिक व्यक्ति आपके बाह्य व्यक्ति के लिये सीधे ज़िम्मेदार है, उन सभी कामों के लिये, जो आप करते हैं या नहीं करते। जैसा इंसान अपने दिल में, अपने अंदर, अपने वास्तविक धरातल पर सोचता है, वह वैसा ही बनता है! आंतरिक स्वरूप ही मूलभूत स्वरूप है। जिस तरह ह्रदय शरीर का सबसे प्रमुख हिस्सा है, उसी तरह आपका मूलभूत अस्तित्व भी आपका सर्वश्रेष्ठ हिस्सा है। सेब का सबसे अंदरूनी हिस्सा सबसे महत्वपूर्ण है क्योंकि अंदरूनी हिस्से में बीज होते हैं, जो उस सेब का भविष्य हैं। अगर आप सेब को बीच से काट दें, तो आप उसके बीज गिन सकते हैं। परंतु आप उन बीजों के भीतर छुपे भविष्य के सेबों को नहीं गिन सकते!

पाइनएपल (अनन्नास) के केंद्र यानी अंदरूनी हिस्से में सबसे मीठा स्वाद पाया जाता है। यही हमारे बारे में भी सच है। ह्रदय केंद्र है, जहाँ हमारे सबसे गहन विचार, भावनायें और विश्वास पाये जाते हैं। अगर आप इस

आंतरिक व्यक्ति का दोहन कर सकें और वहाँ पाये जाने वाले विचारों तथा भावनाओं का उपयोग कर सकें, तो आप अपने "सच्चे विचारों, सपनों, विश्वासों और जीवनमूल्यों" का दोहन करना शुरू कर सकते हैं। यह वे चीज़ें हैं, जो आपसे आपकी इच्छाओं के अनुरूप *काम* करवाती हैं। यही चीज़ें आपको मार्गदर्शन देती हैं, दिशा देती हैं, निर्धारित करती हैं और तय करती हैं कि आप किस तरह अपना जीवन जियेंगे। यहाँ पर आप निर्धारित करते हैं कि आप क्या करेंगे और क्या नहीं करेगें, किस चीज़ के पीछे जायेंगे और किस चीज़ को नज़रअंदाज़ करेंगे, जिस चीज़ की कोशिश करेंगे और किस चीज़ से दूर रहेंगे। जैसा इंसान अपने दिल में, अपने केंद्र में सोचता है, वैसा ही वह होता है। केंद्र, मूलभूत बिंदु, ह्दय ही आपका सच्चा स्वरूप है।

अपनी सोच बदलें

अपनी सोच को बदलने से पहले आपको उन विचारों को बदलना होगा, जो आपके दिमाग़ में जाते हैं। जहाँ आप जा रहे हैं, उसे बदलने के लिये सबसे पहले आपको अपनी सोच बदलनी होगी। आप किस तरह काम करते हैं और आप क्या करेंगे, यह आपके विचारों से तय होता है। अपने वज़न और स्वास्थ्य में परिवर्तन करने के लिये आपको अपने खानपान को बदलना होगा। और यही आपके मस्तिष्क के बारे में भी सच है। आपको अपने मस्तिष्क को सकारात्मक, स्वस्थ, प्रेरणादायी और प्रोत्साहित करने वाले विचारों से भरना होगा तथा उन विचारों से मुक्ति पानी होगी, जो आपके सपनों और आकांक्षाओं की हत्या करते हैं : शंका, डर तथा नकारात्मक चिंतन। जिस तरह आप वही बनते हैं, जो आप खाते हैं, उसी तरह आप बिलकुल वही बनते हैं, जिसके बारे में आप सोचते हैं। याद रखें, आपका आउटपुट हमेशा आपके इनपुट से तय होता है। अपनी सोच बदलें और आपकी ज़िंदगी बदल जायेगी!

महान चिंतक

इतिहास के महान चिंतकों के जीवन दर्शन अलग-अलग रहे हैं, परंतु सब इस बात पर सहमत हैं कि सफलता आपके चिंतन का सीधा परिणाम

है। डॉ. नॉर्मन विन्सेंट पील ने कहा था, "अगर आप नकारात्मक ढंग से सोचेंगे, तो आपको नकारात्मक परिणाम मिलेंगे। परंतु अगर आप सकारात्मक ढंग से सोच सकें, तो आपको सकारात्मक परिणाम मिलेंगे।" रैल्फ़ वॉल्डो इमर्सन का मानना था, "मनुष्य वही बनता है, जो वह दिन भर सोचता रहता है।" महान दार्शनिक और मनोवैज्ञानिक विलियम जेम्स के अनुसार, "इंसानों के बारे में मेरी महानतम खोज यह है कि वे अपने मानसिक नज़रिये को बदलकर अपनी ज़िंदगी बदल सकते हैं।" *गिफ़्टेड हैंड्स* के लेखक और प्रख्यात न्यूरोसर्जन डॉ. बेन कारसन ने कहा है, "बड़ा सोचो, साहसिक सोचो, विस्तृत सोचो, विश्वव्यापी सोचो, क्वांटम लीप सोचो!" अंत में, गैलिली के शिल्पकार और दुनिया के सबसे महानतम सकारात्मक चिंतक ने कहा था, "अगर आप सिर्फ़ विश्वास कर सकें, तो उन लोगों के लिये हर काम संभव है जो विश्वास करते हैं।" मित्रो, अगर आप सोचते हैं कि आप कर सकते हैं, तो आप कर सकते हैं। जैसा इंसान अपने दिल में सोचता है--- वैसा ही वह बनता है! महान विचार सोचें, महान काम करें और महान दिन का आनंद लें!

दिमाग़ पर टैटू

डॉ. नार्मन विन्सेंट पील ने कहा था : "अगर आप नकारात्मक ढंग से सोचेंगे, तो आपको नकारात्मक परिणाम मिलेंगे। परंतु अगर आप सकारात्मक ढंग से सोच सकें, तो आपको सकारात्मक परिणाम मिलेंगे।" उनकी पुस्तक *द पॉवर ऑफ़ पॉज़िटिव थिंकिंग* सकारात्मक चिंतकों की नई पीढ़ी की बाइबल बन गई। दरअसल, जब मैंने नकारात्मक प्रतिक्रियावादी से सकारात्मक सर्जक बनने का संक्रमण काल पार किया, तो यह मेरे द्वारा पढ़ी जाने वाली पहली पुस्तकों में थी। मुझे यह एहसास होना शुरू हुआ कि सकारात्मक मानसिक नज़रिया अपनाकर मैं अपनी परिस्थितियों को सुधार सकता हूँ। मैंने एक बार वह सशक्त कथा सुनी, जो डॉ. पील ने एक टेलीविज़न शो में सुनाई थी। उन्होंने बताया कि वे टैटू की एक दुकान में गये। उन्होंने एक बहुत परेशान आदमी को उस दुकान से बाहर निकलते देखा। उसकी बाँह पर एक नया टैटू लगा था, जिस पर लिखा था : "हारने के लिये पैदा हुआ हूँ!" डॉ- पील ने उस आदमी को

लड़खड़ाते हुए सड़क पर जाते देखा और यह भी कि टैटू कलाकार दुकान से बाहर आकर आदमी को जाते हुए देख रहा है। डॉ॰ पील ने टैटू कलाकार से उस आदमी के बारे में पूछा, जिसने वह टैटू लगवाया था। बूढ़े टैटू कलाकार ने दुख से सिर हिलाते हुए कहा, "मैंने उससे पूछा कि क्या उसे सचमुच यह टैटू चाहिये था, जो यह कहता था कि यह हारने के लिये पैदा हुआ है। वह अड़ गया कि वह ऐसा ही सोचता था।" डॉ॰ पील ने कहा, "क्या यह अजीब नहीं है?" फिर टैटू कलाकार ने कहा, "नहीं, सचमुच नहीं! देखिये, अपनी बाँह पर टैटू लगवाने से पहले, उसके दिमाग़ में यह बात टैटू की तरह लिखी हुई थी!" उसे विश्वास था कि वह सचमुच हारने के लिये पैदा हुआ था और इसलिये वह उसी तरह का व्यवहार करेगा जैसे वह हारने के लिये पैदा हुआ हो। हममें से कोई भी हारने के लिये पैदा नहीं हुआ। हम जीतने के लिये पैदा हुए हैं! परंतु विकल्प चुनना हमारे हाथ में है!

आप घोड़े को पानी तक ले जा सकते हैं, परंतु...

आप घोड़े को पानी तक ले जा सकते हैं, परंतु आप उसे पानी पिलवा नहीं सकते। आप मूर्ख को समझदारी तक तो ले जा सकते हैं, परंतु आप उसे सोचने के लिये विवश नहीं कर सकते। एक व्यक्ति सफलता के रहस्य की तलाश कर रहा था। वह एक समझदार आदमी के पास गया और उससे पूछा, "सफल होने के लिये मुझे क्या करना पड़ेगा?" समझदार आदमी बोला, "आपको अपनी सोच बदलनी होगी और वह काम बदलना होगा, जो आप करते हैं। आपको काम करने का तरीक़ा भी बदलना होगा और अंत में कुछ त्याग करने के लिये तैयार रहना होगा।" युवक ने समझदार आदमी के शब्दों पर कुछ समय तक विचार किया और फिर वह वहाँ से चला गया। वह अपनी सोच नहीं बदलना चाहता था। वह जो काम कर रहा था, वह उसे भी नहीं बदलना चाहता था। वह आवश्यक त्याग नहीं करना चाहता था, क्योंकि ऐसा करने से उसे असुविधा होगी। कई लोग यह सुन चुके हैं कि सफल होने के लिये क्या ज़रूरी है, परंतु वे बदलने से इंकार कर देते हैं और इसलिये

असफल होने का चुनाव करते हैं। देवियों और सज्जनों, यह समय जितनी ही पुरानी बात है। आप वहीं हैं, जिसके बारे में आप सोचते हैं। अपनी सोच बदलें और आपका जीवन बदल जायेगा!

हम वही बनते हैं, जिसके बारे में हम सोचते हैं। आप किस तरह सोचते हैं, उसी से यह तय होता है कि आप क्या करेंगे और किन लक्ष्यों का पीछा करेंगे। जो लोग निश्चित लक्ष्य के बारे में सोचते हैं, उनके लक्ष्य तक पहुँचने की अधिक संभावना है, जबकि जिन लोगों का कोई लक्ष्य नहीं होता, उनमें कुछ नहीं करने की प्रवृत्ति होती है। जो यह नहीं जानते कि वे कहाँ जा रहे हैं, उनके विचार दुविधा, शंका और डर के होते हैं। चूँकि वे इसी बारे में सोचते हैं, इसलिये आम तौर पर उन्हें यही मिलता है : दुविधा, चिंता और शंका से भरा जीवन। अगर आप कुछ नहीं के बारे में सोचेंगे, तो आपमें कुछ नहीं करने की प्रवृत्ति होगी। अगर आप महान कामों के बारे में सोचेंगे, तो आप महान काम करने के लिये प्रेरित होंगे।

ज़हरीला मशरूम

सफल होने के लिये आपको सावधान रहना होगा कि आप अपने मस्तिष्क में प्रवेश करने की अनुमति किसे देते हैं, क्योंकि आपका मस्तिष्क एक बगीचे की तरह है। यहाँ पर जो भी बोया जायेगा, उसमें वृद्धि होगी। अगर आप सकारात्मक बीज बोयेंगे, तो आप सकारात्मक बनेंगे। परंतु अगर आप नकारात्मक बीज बोयेंगे, तो आप नकारात्मक बनेंगे। अगर आप मक्का बोयेंगे, तो उससे मक्का की फ़सल मिलेगी। परंतु अगर आप ज़हरीले मशरूम बोयेंगे, तो वे बढ़ने लगेंगे। दरअसल, खरपतवार और अन्य अनचाहे पौधे ज़्यादा तेज़ी से बढ़ते हैं और दूसरे पौधों की वृद्धि को रोककर उन्हें बर्बाद कर देते हैं। इसलिये आपको सावधान रहना होगा कि आप अपने मस्तिष्क में अंदर आने की अनुमति किसे देते हैं, क्योंकि जो भी अंदर आयेगा, वह बढ़ेगा। जो आप बोयेंगे, वही आप काटेंगे। अगर आप कुछ नहीं सोचेंगे, तो आप कुछ नहीं करेंगे। अगर आप महान काम के बारे में सोचेंगे, तो आप महान काम करेंगे। सकारात्मक सोच से आप सकारात्मक बनेंगे; नकारात्मक सोच से आप नकारात्मक बनेंगे।

इसे विजयी जीवन बनायें

हर दिन एक महान दिन है और अगर यह महान दिन जैसा नहीं लग रहा हो, तो भी आप इसे महान दिन बना सकते हैं। मेरे मित्र वोल्फ़ रिंके *मेक इट ए विनिंग लाइफ़ : सक्सेस स्ट्रेटेजीज़ फ़ॉर लाइफ़, लव एंड बिज़नेस* के लेखक हैं। वे कहते हैं कि जीवन अनिवार्य रूप से वह है, जैसा आप इसे बनाते हैं और इसलिये आप जो घटनायें चाहते हैं, उनके होने की दिशा में आपको भी कोशिश करनी होगी। अगर आप अपने मस्तिष्क की प्रोग्रामिंग इस तरह से करेंगे कि आज का दिन बेहतरीन दिन है, तो आपका हर दिन बेहतरीन बन जायेगा। मनोविश्लेषक बताते हैं कि अधिकांश बीमारियाँ मनोदैहिक होती हैं, जिसका अर्थ यह है कि आपके मस्तिष्क ने उन्हें उत्पन्न किया है। कुछ लोग ऐसे होते हैं, जिन्हें हर तरह की बीमारी हो चुकी है। आप चाहे किसी भी बीमारी का नाम ले लें, उन्हें या तो वह बीमारी हो चुकी है या उसी समय वे उसे झेल रहे हैं। *साइके* यानी आपके मन और *सोमा* यानी आपके शरीर में एक निश्चित संबंध है। जिस तरह आपका मस्तिष्क आपके शरीर में बीमारी की रचना करता है, अध्ययनों से पता चलता है कि अगर आप अपने मस्तिष्क की नकारात्मक के बजाय सकारात्मक प्रोग्रामिंग करते हैं, तो आपका मस्तिष्क हर दिन एक अद्‌भुत और सुखद दिन की रचना भी कर सकता है। हर दिन एक बेहतरीन दिन हो सकता है और आपका जीवन एक विजयी जीवन हो सकता है, बशर्ते आप इसे उस तरह से बनाने के इच्छुक हों! महान विचार सोचें, महान काम करें और इसे एक विजयी दिन बनायें!

पागलपन ?

आप जहाँ हैं, उसे बदलने के लिये आपको अपनी सोच बदलनी होगी। आपकी सोच न सिर्फ़ यह तय करती है कि आप आज कहाँ हैं, बल्कि इससे भी ज़्यादा महत्वपूर्ण बात यह है कि यह तय करती है कि आप कल कहाँ होंगे। अगर आप सफलता चाहते हैं, तो यह अनिवार्य है कि आप अपनी सोच बदलें, क्योंकि “पागलपन” की परिभाषा बिलकुल वही

करते जाना है, जो आप करते रहे हैं और उसी तरीक़े से वही काम करने के बावजूद भिन्न परिणामों की आशा करना है! आपको अपनी सोच बदलनी होगी! *आप जिस तरह सोचते हैं* अगर आप उसे बदल सकें, तो आप यह बदल लेंगे कि *आप किस तरह से काम करते हैं*। और अगर आप अपने *काम के ढंग को बदल सकें*, तो आप वह बदल लेंगे *जो आप करते हैं*। और अगर आप उसे बदल सकें जो *आप करते हैं*, तो आप उसे बदल लेंगे जो *आपको हासिल होता है*। और अगर आप उसे बदल सकें जो *आपको हासिल होता है*, तो आप उसे बदल लेंगे जहाँ *आप जा रहे हैं*। और अगर आप उसे बदल सकें *जहाँ आप जा रहे हैं*, तो आप *अपना जीवन बदल लेंगे*! अपनी सोच को बदलें और आपकी ज़िंदगी बदल जायेगी!

बहाव के साथ चलें?

"अगर यह होना है, तो यह मुझ पर है।" हम सबने यह कहावत सुनी है। परंतु वास्तव में इसका मतलब क्या है? इसका मतलब है कि हमें अपनी सफलता या असफलता की ज़िम्मेदारी लेना होगी। हमें या तो जीवन को अपने हिसाब से ढालना होगा, वरना जीवन हमें अपने हिसाब से ढाल लेगा। हम या तो बहाव के साथ बह सकते हैं, जो हमें किसी पुरानी तयशुदा जगह पर ले जायेगा या फिर हम बहाव की दिशा मोड़ सकते हैं और अपनी मंज़िल ख़ुद तय कर सकते हैं। अगर आप नदी में जाती नावों को देखें, तो आप पायेंगे कि अगर हवा दक्षिण दिशा की ओर बह रही है, तो कुछ नावें बहाव के साथ जायेंगी और दक्षिण की ओर यात्रा करेंगी। बहरहाल कुछ ऐसी भी नावें होंगी, जो उत्तर, पूर्व और पश्चिम दिशाओं में जा रही होंगी। वे बहाव के साथ नहीं जा रही हैं, बल्कि अपनी मनचाही दिशा में जाने के लिये बहाव का प्रयोग कर रही हैं। आप तय करते हैं कि आप जीवन में कहाँ जाना चाहते हैं। जहाँ पहले से कोई रास्ता न बना हो, हो सकता है वहाँ पर जाना आसान न हो, परंतु अगर आप ऐसा करते हैं तो आप रास्ता खोजने वाले बन जायेंगे।

आपकी सोच यह तय करती है कि आप किस तरह काम करते हैं और आप क्या करते हैं। इससे यह तय होता है कि आपको क्या मिलता है और आपको क्या

मिलता है, इससे यह तय होता है कि आप पहुँचेंगे। यह इतना आसान लगता है। परंतु मैं अक्सर सोचता हूँ कि मैंने अपनी सोच पहले क्यों नहीं बदली। और जब मैं अपनी सोच को बदलने में सफल हो गया, तो दूसरे अपनी सोच क्यों नहीं बदलते हैं? इसका कारण यह है कि यह आसान लगता है, परंतु है नहीं। किसी ने कहा है, "आप जहाँ हैं और जो हैं, आपके मस्तिष्क में जाने वाली बातों की वजह से हैं, जो आपकी सोच तय करती हैं।"

मुझे याद है जब मैं संगीतकार था, तो मेरे एक दोस्त ने मुझसे कहा, "बहाव के साथ बहो; उसके साथ चलो जो अच्छा चल रहा हो।" यह इतना लोकप्रिय और आदर्श लगा कि मैंने इसे अपनी फ़िलॉसफ़ी के रूप में स्वीकार कर लिया, हालाँकि जो "अच्छा चल रहा था," वह ऐसा नहीं था, जिसे मैं सचमुच करना चाहता था या जहाँ मैं सचमुच जाना चाहता था। सच तो यह है कि अच्छे जीवन के बारे में मैं जो सोच रहा था, वह दरअसल एक मृगमरीचिका थी। मैं इतना पीछे था कि मैं ख़ुद को सबसे आगे समझ रहा था!

उदाहरण के लिये एक बार मुझे एक ऐसी नौकरी का प्रस्ताव मिला, जो मुझे पसंद नहीं थी। परंतु मैंने सोचा, "जो चल रहा है, उसके साथ चलो; बहाव के साथ बहो" (हालाँकि यह वह नहीं था, जहाँ मैं सचमुच जाना चाहता था)। मैं उस काम से नफ़रत करता था और उससे मुझे सचमुच चिढ़ होती थी, परंतु मैं वह काम करता रहा क्योंकि वहाँ मुझे अच्छी तनख़्वाह मिलती थी। अब मुझे एहसास होता है कि मेरी सोच कितनी पिछड़ी थी। वास्तव में, कई लोग इसी तरह से सोचते हैं। आँकड़े बताते हैं कि अमेरिका के 80 प्रतिशत से ज़्यादा लोग ऐसी नौकरियाँ करते हैं, जिन्हें वे सहन नहीं कर पाते। मैं जानता हूँ कि यह सच है क्योंकि मैं भी उनमें से एक था, एक पिछड़ा चिंतक! आप कह सकते हैं कि मेरे सोचने का तरीक़ा इतना पिछड़ा था कि अगर आप मेरा दिमाग़ निकालकर किसी चिड़िया में लगा देते, तो वह आगे के बजाय पीछे की तरफ़ उड़ने लगती!

जब मैंने अपनी सोच को बदल लिया, तो मैंने दूसरों के बारे में पढ़ना शुरू किया जिन्होंने अपने मनचाहे काम करने का फ़ैसला किया था और उन्होंने बहाव का प्रयोग वहाँ जाने के लिये किया था, जहाँ वे जाना चाहते थे। मैंने दूसरों के बारे में पढ़ा, जिन्हें एहसास हो गया था कि आपको अपना जीवन बदलने के लिये पहले अपनी सोच को बदलना होगा। वरना आप वही बने रहेंगे, उसी जगह पर

बने रहेंगे, वही काम करते रहेंगे और आपको वही परिणाम मिलते रहेंगे। जैसा ज़िग ज़िग्लर कहते हैं, "आपको अपनी सड़ी सोच को बदलना ही होगा!"

छोटी मानसिकता वाला मछुआरा

बड़ी उपलब्धियाँ हासिल करने के लिये आपके पास बड़े सपने और बड़े लक्ष्य होना चाहिये। आपको ख़ुद का वर्तमान परिस्थितियों तक ही सीमित नहीं रखना चाहिये। इसके बजाय आपको ज़्यादा ऊँचाई पर पहुँचने की कोशिश करना चाहिये। एक मछुआरे की कहानी है, जो इतनी आसानी से मछली पकड़ता था कि लोग हैरान हो जाते थे। परंतु मछली पकड़ने के बाद वह एक और अजीब काम करता था - वह छोटी मछलियों को अपने पास रख लेता था और बड़ी मछलियों को वापस पानी में डाल देता था। किसी ने उससे पूछा कि वह ऐसा क्यों करता है, तो उसका जवाब था, "क्योंकि मेरे पास सिर्फ़ एक छोटा बर्तन है!" देवियो और सज्जनो, हमारी पहुँच हमेशा हमारी पकड़ से ज़्यादा होनी चाहिये।

रचनात्मक मानसिकता वाला मछुआरा

हमने इस बारे में बात की है कि कितने सारे लोग अपनी परिस्थितियों और स्थितियों को उसे सीमित करने देते हैं, जो वे हासिल कर सकते हैं। मैंने अल्पदृष्टि वाले मछुआरे की कहानी बताई है, जो छोटी मछलियों को रखकर बड़ी मछलियों को वापस पानी में डाल देता था, क्योंकि उसका बर्तन छोटा था। तो एक क़दम आगे बढ़कर हम यह कह सकते हैं कि वह न सिर्फ़ अल्पदृष्टि वाला था, बल्कि अपनी सीमित दृष्टि और कल्पना के अभाव के कारण वह स्पष्ट अवसरों का लाभ लेने में भी असमर्थ था। उसकी दृष्टि इतनी सीमित थी कि वह अपने लक्ष्य तक पहुँचने के दूसरे विकल्पों के बारे में नहीं सोच सकता था। समस्या उसके बर्तन का आकार नहीं, बल्कि उसकी सोच का आकार था। छोटी सोच से हमेशा छोटे परिणाम मिलते हैं, क्योंकि छोटी सोच हमेशा उपलब्ध संभावनाओं को सीमित कर देती है। मछुआरा बड़ी मछलियाँ पानी में वापस फेंकने के बजाय उनके छोटे-छोटे टुकड़े कर सकता था! हममें से

बहुत से लोग अपनी वर्तमान परिस्थितियों को ख़ुद को रोकने तथा अपनी रचनात्मकता को बंधन में बाँधने देते हैं। अपने सपनों को सच करने के लिये आपको रचनात्मक बनना होगा और अपने मस्तिष्क को आकाश में उड़ने देना होगा, जैसा करने के लिये इसे बनाया गया है। याद रखें, अगर आप सोचते हैं कि आप कर सकते हैं, तो आप सचमुच कर सकते हैं!

बूढ़ा देहाती कुत्ता

अधिकांश लोग अपने सपने नहीं जी पाते, क्योंकि वे डरे होते हैं और कोई जोखिम नहीं उठाना चाहते। वे अपने सपने को जीने के बजाय वहीं पर बैठे रहते हैं, शिकायत करते हैं, अपनी दशा पर दुखी होते रहते हैं। वे जीवन को अपनी मंज़िल तय करने देते हैं। उस पुरानी कहावत की तरह, "अगर आप नहीं जानते कि आप कहाँ जा रहे हैं, तो कोई भी सड़क चलेगी।" अगर आप नहीं जानते कि आप कौन हैं, तो आप किसी भी नाम पर जवाब दे देंगे। क्या आप जानते हैं कि लोगों को सबसे ज़्यादा हार्ट अटैक सोमवार को सुबह 7 से 9 बजे के बीच आते हैं? यही वह समय है, जब लोग जागकर उन नौकरियों पर जाते हैं, जिनसे वे नफ़रत करते हैं। और जिन्हें वे सहन नहीं कर पाते। फिर वे बैठकर पूरे दिन शिकायतें करते हैं। देवियो और सज्जनो, आपको कभी उस चीज़ के बारे में शिकायत नहीं करना चाहिये, जिसे आप होने दे रहे हैं। आपके पास चुनाव का विकल्प है।

यहाँ पर मैं आपको एक कहानी बताना चाहूँगा, जो इस बात को रेखांकित करती है। एक आदमी एक देहाती सड़क पर जा रहा था। वह एक पोर्च के पास से गुज़रा, जहाँ एक बूढ़ा किसान अपनी कुर्सी पर बैठा था। किसान के पास एक कुत्ता था, जो भौंक रहा था और कई तरह की आवाज़ें निकाल रहा था। यह सुनकर वह आदमी बूढ़े किसान के पास गया और बोला, "यह कुत्ता इतना क्यों भौंक रहा है और तरह-तरह की आवाज़ें क्यों निकाल रहा है?" किसान ने कहा, "क्योंकि वह एक कील पर बैठा हुआ है।" उस आदमी ने पूछा, "फिर वह उठ क्यों नहीं जाता?" किसान ने जवाब दिया, "क्योंकि उसे असहनीय कष्ट नहीं हो रहा है!" अगर आप किसी ऐसी नौकरी पर जाते हैं, जिसे आप सहन

नहीं कर सकते और आप वहाँ पर बैठकर सिर्फ़ शिकायत ही करते रहते हैं, तो आप उस बूढ़े कुत्ते से बेहतर नहीं हैं, जो कील पर बैठा हुआ था। आप उस चीज़ के बारे में शिकायत न करें, जिसे आप होने की अनुमति दे रहे हैं। आपके पास विकल्प है। आपको यह चुनना चाहिये कि आप जीवन में कहाँ जाना चाहते हैं। अगर आप ऐसा करना चाहते हैं, तो आप कर सकते हैं! महान बनने का चुनाव करें!

खुश रहने का फ़ैसला करें!

मैंने टेलीविज़न पर एक कार्यक्रम देखा, जिसमें एक बुज़ुर्ग महिला ने कहा कि उसके पास हर सुबह दो विकल्प होते हैं! वह या तो सुखी रहने का चुनाव कर सकती है या फिर दुखी रहने का। उसने कहा कि वह सुखी रहने का विकल्प चुनती है, क्योंकि सुख एक चुनाव है। आप बुरे नज़रिये के साथ जाग सकते हैं या फिर आप अच्छे नज़रिये के साथ जाग सकते हैं। हर दिन एक बिलकुल नया अवसर है और आप इसे किस तरह देखते हैं, यह पूरी तरह आप पर निर्भर करता है। कुछ लोग सकारात्मक नज़रिये और मानसिकता के साथ जागते हैं और कहते हैं, "गुड मॉर्निंग, ईश्वर," जबकि बाक़ी लोग नकारात्मक नज़रिये और मानसिकता के साथ जागते हुए कहते हैं, "हे ईश्वर, फिर सुबह हो गई!" जो भी दृष्टिकोण आप चुनते हैं, वह आप पर निर्भर करता है। मैं सुझाव देता हूँ कि आप जागें और कहें, "गुड मॉर्निंग, ईश्वर," क्योंकि हर दिन जब आप जागते हैं, तो वह सचमुच एक अच्छी सुबह होती है (जैसा ज़िग ज़िग्लर कहते हैं, "अगर आपको इस बात पर यक़ीन न हो--- तो एकाध सुबह छोड़कर देखें")। जब आप जागें, तो अपनी नियामतें गिनें और सुखी रहने का विकल्प चुनें। यह सचमुच आपका चुनाव है।

विकास की पीड़ा

अधिकांश लोग अपने डरों के कारण जीवन को पूरी तरह नहीं जी पाते। वे डर को अपने जीवन और जीवन की ख़ुशियों को लूटने देते हैं। मैं नहीं चाहता कि आप लापरवाह या मूर्ख साबित हों, परंतु मैं चाहता हूँ कि आप

जोखिम लें और ख़ुद को चुनौती दें, क्योंकि अगर आप जोखिम लेने से डरेंगे, तो आप कभी विकास नहीं कर पायेंगे, कभी विस्तार नहीं कर पायेंगे, कभी अपनी संभावना तक नहीं पहुँच पायेंगे। आपको विकास करने, विस्तार करने, ऊपर जाने का इच्छुक रहना चाहिये। कई बार यह पीड़ादायी होगा, परंतु बिना दर्द के बढ़ना संभव नहीं है। इसीलिये मैंने इसे विकास की पीड़ा कहा है।

आप क्या सोचेंगे अगर आपके तीन साल के बच्चे का बचपन से ज़रा भी विकास न हुआ हो? आप भागकर उसे डॉक्टर के पास ले जायेंगे। या मान लें कि बच्चा एक बार गिर जाने के बाद दुबारा चलने की कोशिश करना ही छोड़ दे? आप कहेंगे कि कुछ न कुछ गड़बड़ है, क्योंकि आप जानते हैं कि बिना गिरे बच्चा कभी चलना नहीं सीख पायेगा। हम सिर्फ़ इसलिये कोशिश करना बंद नहीं कर सकते, क्योंकि हम गिर गये या सिर्फ़ इसलिये क्योंकि यह पीड़ादायी है। विकास पीड़ादायी है, परंतु यह आवश्यक है। यह उन अंतरिक्षयात्रियों के परिवारों का कथन है, जो चैलेंजर शटल दुर्घटना में मर गये थे : "जोखिम से न डरें; हर अन्वेषण और हर विकास सुनियोजित होता है। ज़िंदगी चुनौतियों से भरी है। सिर्फ़ वही बढ़ते हैं, जो उन चुनौतियों का पीछा करने के इच्छुक रहते हैं। अगर हम किनारे के पार जाने के इच्छुक हों, तभी हम विजेता बन सकते हैं।" याद रखें, अगर आप सिर्फ़ विश्वास कर सकें, तो सब कुछ संभव है।

हाँ, मैं कर सकता हूँ!

अगर आप सफल होना चाहते हैं, अपने सपनों को सच करना चाहते हैं, तो आपको अपनी सोच बदलनी होगी। आपको अपनी सोच को उस बिंदु तक विकसित करना होगा, जहाँ आप ईमानदारी से विश्वास कर सकें कि आपके लिये असफल होना असंभव है। कुछ साल पहले हाउस्टन ऑइलर्स और बफ़ैलो बिल्स के बीच एक ज़बर्दस्त फ़ुटबॉल मैच खेला जा रहा था। हाउस्टन ऑइलर्स मध्यांतर तक 35-3 से आगे थे और बफ़ैलो का दूसरी क़तार का क्वार्टरबैक अंदर आया था। हर व्यक्ति आशा कर रहा था कि यह मैच जल्दी ख़त्म हो जाये, ताकि बिल्स को उनके दुख

से मुक्ति मिले। परंतु बिल्स को अपनी योग्यता पर संदेह नहीं था। उन्हें इस बारे में कोई शक नहीं था कि वे मैच जीत सकते हैं। वे दूसरे हाफ़ में उतरे और 38 पॉइंट बनाकर वह मैच 41-38 से जीत लिया! यह उदाहरण स्पष्ट रूप से बताता है कि विजेता होने के लिये आपको विजेता की तरह सोचना होगा।

यह कविता एक प्रख्यात मानदंड बन चुकी है, क्योंकि यह समय के इम्तहान में सफल हो चुकी है। इसके कवि अज्ञात हैं, परंतु इसका प्रभाव अत्यधिक है :

अगर आप सोचते हैं कि आप हार गये हैं, तो आप हार गये हैं।
अगर आप सोचते हैं कि आप में हिम्मत नहीं है,
तो आप में हिम्मत नहीं है।
अगर आप जीतना तो चाहते हैं,
परंतु सोचते हैं कि जीत नहीं पायेंगे,
तो यह लगभग तय है कि आप नहीं जीत पायेंगे।
अगर आप सोचते हैं कि आप हारेंगे, तो आप हार चुके हैं।
क्योंकि इस दुनिया में आप यह पक्का जान लें
सफलता किसी व्यक्ति की इच्छा का परिणाम है,
यह पूरी तरह मानसिक स्थिति का परिणाम है।
बड़ा सोचें और आपके कर्म बड़े होंगे,
छोटा सोचें और आप पीछे रह जायेंगे।
यह सोचें कि आप कर सकते हैं और आप कर लेंगे,
यह सब मानसिक स्थिति पर निर्भर करता है।
अगर आप सोचते हैं कि आप पीछे रह गये हैं, तो आप पीछे हैं,
ऊपर उठने के लिये आपको बड़ा सोचना होगा,
इससे पहले कि आप पुरस्कार जीतें,
आपको खुद पर भरोसा करना होगा।

ज़िंदगी के युद्ध हमेशा
सबसे शक्तिशाली व्यक्ति नहीं जीतता;
देर से या जल्दी, जीतता वही है,
जो सोचता है कि वह जीत सकता है!

इससे फ़र्क़ नहीं पड़ता!

प्रसिद्ध कुकी हस्ती वैली एमॉस ने मुझसे यह कहा कि अधिकांश लोग छोटी-छोटी बातों पर बहुत ज़्यादा ध्यान देते हैं और बड़ी-बड़ी बातों पर बहुत कम। वे ऐसी चीज़ों पर ध्यान केंद्रित करते हैं, जिनसे फ़र्क़ नहीं पड़ता। वे कहते हैं कि जब आप अख़बार में श्रद्धांजलि वाला कॉलम पढ़ते हैं, तो आप वह साल देखते हैं जब वह व्यक्ति पैदा हुआ था और फिर वह साल देखते हैं जब वह मरा। और इन दोनों के बीच एक डैश होता है, जैसे 1900-1996। अधिकांश लोग इस बात पर ध्यान देते हैं कि व्यक्ति कब पैदा हुआ और कब मरा। परंतु यह उतना महत्वपूर्ण नहीं है, जितना यह कि उसने बीच में क्या किया, यानी कि उसने उस डैश में क्या किया! डैश में क्या है? मित्रो, इससे फ़र्क़ नहीं पड़ता कि आपके पास कितना पैसा है। इससे फ़र्क़ नहीं पड़ता कि आप पुरुष हैं या महिला, या आपकी त्वचा का रंग क्या है। क्योंकि अंत में आपका नज़रिया ही आपको विजयी बनाता है! अगर आप सोचते हैं कि आप कर सकते हैं, तो आप सचमुच कर सकते हैं! *आपके* डैश में क्या जायेगा?

सी.डी.आई. (कैन डू इट)

कुछ समय पहले मैंने सी॰डी॰आई॰ क्लब शुरू किया, जिसका मतलब है "कैन डू इट" (कर सकते हैं) क्लब। हम यह मानसिक नज़रिया विकसित करने में लोगों की मदद करते हैं कि वे सब कुछ कर सकते हैं, चाहे वे कुछ भी हासिल करने की कोशिश कर रहे हों। सबसे पहले तो उन्हें यह सोचना होगा कि वे इसे कर सकते हैं। सी॰डी॰आई॰ के सदस्यों का इस तथ्य में प्रबल विश्वास है कि अगर वे इसे पहली बार में नहीं कर पाते, तो वे कोशिश करना जारी रखेंगे क्योंकि--- वे इसे कर सकते हैं!

आप भी इसे कर सकते हैं!
आप भी इसे सीख सकते हैं, इसे अर्जित कर सकते हैं,
इसकी चाह रख सकते हैं, इसकी इच्छा कर सकते हैं,
इसका सामना कर सकते हैं, इसे हरा सकते हैं,
इसकी रचना कर सकते हैं, इसका निर्माण कर सकते हैं,
इसे बना सकते हैं, इसे ढाल सकते हैं,
इसे पकड़ सकते हैं, इसे थाम सकते हैं,
इसकी कल्पना कर सकते हैं, इसे हासिल कर सकते हैं,
इसका विश्वास कर सकते हैं, इसे प्राप्त कर सकते हैं!
आप इसे कर सकते हैं... सी.डी.आई., आप इसे कर सकते हैं!

ज़िंदगी का सौदा एक सिक्के के बदले में

एक और बेहतरीन दिन। यह सही है, एक और बेहतरीन दिन! यह एक और बेहतरीन दिन इसलिये है क्योंकि आप यह तय करते हैं कि आपका दिन बेहतरीन होगा या बदतर। आप तय करते हैं कि आप सफल होंगे या असफल। आप तय करते हैं कि आप जीवन से वही निकाल पायेंगे, जो आप इसमें भरेंगे। अधिकांश लोग इसलिये हासिल नहीं कर पाते, क्योंकि वे न तो माँगते हैं और न ही विश्वास करते हैं। अधिकांश लोग उन बचे-खुचे टुकड़ों से ही संतुष्ट हो जाते हैं जो जीवन उन्हें देता है, बजाय इसके कि वे बाहर निकलें और जीवन की सफलताओं की दावत का आनंद लें। यह कविता इस बात को रेखांकित करती है :

मैंने जीवन के साथ एक पैसे के बदले में सौदा किया,
और जीवन मुझे इससे ज़्यादा देने को तैयार नहीं है,
चाहे मैं शाम को कितना ही आग्रह करूँ,
जब मैं अपना ख़ाली स्टोर देखता हूँ।
क्योंकि जीवन एक न्यायपूर्ण नियोक्ता है,
और आपको वही देता है जो आप माँगते हैं,

परंतु एक बार जब आप अपनी तनख़्वाह तय कर लेते हैं,
तो फिर आपको ज़िम्मेदारी लेना होती है।
मैंने एक छोटे सेवक के रूप में काम किया,
और बाद में यह जानकर निराश हुआ
कि जीवन ने मुझे ख़ुशी-ख़ुशी वह वेतन दिया होता,
जो मैंने इससे माँगा होता।

- अज्ञात

मित्रो, जब आपको डॉलर मिल सकते हैं, तो सिक्कों से ही संतुष्ट न रहें। बड़े सपने देखें, बड़े विचार सोचें और अपने दिल की इच्छा पूरी कर लें।

बचे हुए से संतुष्टि

मैंने कहा कि किस तरह अधिकांश लोग जीवन में उन बचे-खुचे टुकड़ों से संतुष्ट हो जाते हैं जो जीवन उन्हें देता है, बजाय इसके कि वे ख़ुद के लिये दावत की मेज़ सजायें। वे छोटे सपने देखते हैं, छोटे विचार सोचते हैं और नतीजा यह होता है कि उन्हें छोटे परिणाम मिलते हैं। क्यों? क्योंकि अधिकांश यह नहीं सोचते कि वे इससे बेहतर कर सकते हैं। वे उत्कृष्टता की ओर अतिरिक्त क़दम चलकर जाने के बजाय औसत दर्जे से ही संतुष्ट हो जाते हैं। वे यह नहीं सोचते कि वे ऐसा कर सकते हैं। और अगर आप सोचते हैं कि आप ऐसा कर सकते हैं, या सोचते हैं कि आप नहीं कर सकते, तो आप शायद दोनों ही तरह से सही हैं। आप वह हासिल करते हैं, जो आप सोचते हैं कि आप हासिल कर सकते हैं। अगर आप सोचते हैं कि आप कर सकते हैं, तो आप कर सकते हैं। और अगर आप सोचते हैं कि आप नहीं कर सकते, तो शायद आप नहीं कर पायेंगे। अधिकांश लोग तो कोशिश भी नहीं करते! वे अपनी क़ब्र में चले जाते हैं और उनका सपना तब भी उनके भीतर ही दफ़न रहता है। अमेरिका में असफलता के लिये कोई बहाना नहीं है। आप दुनिया के महानतम देशों में से एक में रह रहे हैं। इस देश में अविश्वसनीय अवसर भरे पड़े हैं, और हममें से अधिकांश उस व्यक्ति की तरह व्यवहार करते हैं, जिसे एक बैंक

के अंदर जाकर जितना चाहे, उतना धन उठाकर लाने के लिये कहा गया। उसने एक सिक्का उठाया और चला आया, क्योंकि उसे नहीं लगता था कि वह इससे ज़्यादा धन सँभाल पायेगा! उसने सोचा कि दौलत को रखना बहुत कठिन होगा। हम वही हैं, जैसा हम सोचते हैं। बड़ा सोचें!

इससे फ़र्क़ नहीं पड़ता कि आप कहाँ से आये हैं

मैंने अभी उस व्यक्ति की कहानी बताई थी, जिससे कहा गया था कि वह बैंक में जाकर जितना चाहे उतना धन ले सकता है, परंतु उसने सिर्फ़ एक सिक्का ही लिया, क्योंकि उसे नहीं लगता था कि वह इससे ज़्यादा धन सँभाल पायेगा। अमेरिका में रहना और अवसरों का लाभ न लेना इसी तरह का इंसान होना है। क्या आप जानते हैं कि अमेरिका में पैदा हुए लोगों की तुलना में दूसरे देशों से आये व्यक्ति यहाँ पाँच गुना ज़्यादा तेज़ी से मिलियनेअर बनते हैं? क्यों? क्योंकि उनकी इच्छा ज़्यादा प्रबल होती है! कई तो सीमित अवसरों वाले देशों से आते हैं, जहाँ शायद वे एक सप्ताह में पाँच डॉलर ही कमाते थे। फिर वे अमेरिका में आते हैं, जहाँ वे एक घंटे में पाँच डॉलर कमा सकते हैं और वे अक्सर दो, तीन या चार नौकरियाँ करते हैं। वे हर वह काम करते हैं, जो उनके सपने सच करने के लिये ज़रूरी है। अप्रवासी इस देश में आते हैं, अवसरों को देखते हैं और फिर सफलता हासिल कर लेते हैं, जबकि हममें से कई अब भी बैठकर चीख़ रहे हैं, चिल्ला रहे हैं और शिकायतें कर रहे हैं। धन की कोई कमी नहीं है। सिर्फ़ विचारों और इच्छा की कमी है। बड़े सपने देखें, बड़े विचार सोचें, अपने दिन को बेहतरीन दिन बनायें और अपने जीवन को बेहतरीन जीवन बनायें।

अप्रवासी नज़रिया!

अप्रवासी नज़रिया क्या है? यह एक ऐसा नज़रिया है, जिसे मैंने मुश्किलों से सीखा। अभी इस बात को ज़्यादा समय नहीं हुआ, जब मैंने लेस ब्राउन

और ग्लैडिस नाइट के साथ वीकएंड बिताया। उन्होंने मुझे अपने साथ टेनिस का मैच खेलने का आमंत्रण दिया। वहाँ पहले से ही चार खिलाड़ी थे, परंतु उस समूह में पाँचवाँ व्यक्ति भी था, जिसे उन्होंने मेरे साथ खेलने को कहा। वह व्यक्ति लगभग पैंसठ वर्ष का होगा। उसके बाल सफ़ेद थे और वह लँगड़ा रहा था, जो पूर्व के हृदयाघात का परिणाम लग रहा था। थोड़ी देर अभ्यास करने के बाद उसने मुझसे पूछा कि क्या मैं मैच शुरू करना चाहता हूँ। मैंने सहमति दे दी, परंतु मेरी मेहनत से खेलने की कोई योजना नहीं थी, क्योंकि वह एक बूढ़ा आदमी था, जिसका पैर ठीक नहीं था।

हम खेलने लगे और जल्दी ही उस स्थिति में पहुँच गये, जहाँ हम दोनों ने चार गेम जीत लिये थे और सेट को ख़त्म करने के लिये सिर्फ़ दो गेम बचे थे। मैंने सोचा कि शायद उसने लंबे समय से कोई मैच नहीं खेला होगा, इसलिये मैंने उसे जीतने दिया। मैंने सोचा कि अब खेल ख़त्म हो जायेगा और वह जाने के लिये तैयार हो जायेगा। परंतु उसने कहा कि वह दूसरा सेट भी जीतना चाहता है, इसलिये वह पूरा मैच खेलेगा। क्या? वह दूसरा सेट भी जीतना चाहता था? मैंने उसे जीतने दिया और अब वह पूरा मैच खेलना चाहता था? हर्गिज़ नहीं! मैंने फ़ैसला किया कि अब मूर्खता बंद करनी चाहिये और सचमुच खेलना चाहिये। बहुत जल्दी मैंने पाँच गेम लगातार जीत लिये और जब हम पाला बदल रहे थे, तो बूढ़ा आदमी बोला, "नौजवान, मैच जीतने के लिये तुम्हें सिर्फ़ एक गेम और जीतना है, परंतु जीत मेरी ही होगी! देखो, मैं एक अप्रवासी हूँ और यही वह स्थिति है, जिसमें होना मुझे पसंद है।" मैंने हँसते हुए उससे कहा कि वह निश्चित रूप से सपने देख रहा है। एक घंटे बाद हम टेनिस कोर्ट से लौटे--- और बूढ़ा आदमी जीत गया था!

जब मैंने यह क़िस्सा लेस को सुनाया, तो वह हँसा। मैंने यह देखा है कि हम आम तौर पर सफलता के बजाय असफलता से ज़्यादा सीखते हैं। मैंने उस दिन टेनिस कोर्ट पर एक बेशक़ीमती सबक़ सीखा। मैंने अप्रवासी नज़रिये के बारे में सीखा। अप्रवासी इस देश में एक अलग तरह के नज़रिये के साथ आते हैं। वे आसन्न पराजय की अंडरडॉग वाली स्थिति को पसंद करते हैं और उन्हें सचमुच विश्वास होता है कि जीत उन्हीं की होगी। वे इसे अवसरों के देश के रूप में देखते हैं और वे

अमेरिकावासियों को ऐसे लोग मानते हैं, जो आम तौर पर इन अवसरों का लाभ नहीं लेते।

उस अनुभव के बाद मैंने ठान लिया कि मैं अप्रवासी नज़रिया विकसित करूँगा! मैंने ठान लिया कि मैं विषम परिस्थितियों के बावजूद जीतूँगा और उन अवसरों का लाभ उठाऊँगा, जो इस देश में प्रचुरता से उपलब्ध हैं। मैं कहता हूँ कि आपको भी इसी तरह का नज़रिया विकसित करना चाहिये, चाहे आप अमेरिका में पैदा हुए हों, या नहीं। अप्रवासी नज़रिया विकसित करें और जीतने का फ़ैसला कर लें!

मिलियनेअर्स की कमी नहीं है

मिलियनेअर, मिलियनेअर, हम यह शब्द बहुत बार सुनते हैं, परंतु मिलियनेअर्स के बारे में हमारी धारणा ग़लत है। मैंने आपको बताया है कि अमेरिका में धन की कोई कमी नहीं है, सिर्फ़ विचारों, सपनों और इच्छा की कमी है। यह बात तब तक आपके भीतर नहीं बैठेगी, जब तक आपको यह एहसास न हो कि धन की कोई कमी नहीं है। आँकड़े बताते हैं कि अमेरिका में हर अट्ठावन मिनट में एक व्यक्ति मिलियनेअर बनता है। हर अट्ठावन मिनट में! धन की कोई कमी नहीं है, सिर्फ़ विचारों की कमी है, सिर्फ़ इच्छा की कमी है, अपने सपनों के पीछे जाने की वास्तविक इच्छा की कमी है। मित्रो, हमें अपने सपनों का पीछा करना है और अपने मन में ठान लेना है कि हम तब तक नहीं रुकेंगे, जब तक कि हम अपने लक्ष्य तक न पहुँच जायें। हमारे सपने और लक्ष्य हमेशा हमारी पहुँच से बड़े होने चाहिये। हमें अपने बारे में अपनी दृष्टि को विस्तृत करना होगा, स्वयं को देखने के नज़रिये को व्यापक बनाना होगा। हमें विकास करना होगा, अपने आराम के दायरे को छोड़ना होगा और उन सपनों को सच करना होगा।

अगर आप सोचते हैं, तो आप कर सकते हैं

अगर आप सोचते हैं कि आप कर सकते हैं या सोचते हैं कि आप नहीं कर सकते--- तो संभवतः आप सही हैं। यह एक पुरानी कहावत है, परंतु

यह एक शाश्वत उक्ति है, जिसकी सच्चाई कभी कम नहीं होती। मैं व्यक्तिगत अनुभव से यह बात जानता हूँ। मैंने पाया है कि जब मैं सोचता हूँ कि मैं कर सकता हूँ, तो मेरी सफलता की दर ज़्यादा ऊँची होती है बजाय उस स्थिति के, जब मैं सोचता हूँ कि मैं नहीं कर सकता। क्यों? क्योंकि जब मैं सोचता हूँ कि मैं कर सकता हूँ, तो मैं कम से कम कोशिश तो करूँगा। जब मैंने अपने जीवन को बदलने का मन बनाया, तो मैंने यह सचेतन निर्णय लिया कि मैं यह काम कर सकता था और जीवन को बदलना संभव था। सबसे पहले तो मैंने ख़ुद को विश्वास दिलाया कि मैं बदल सकता था। फिर मैंने ख़ुद को अपने नये जीवन के लिये तैयार करना शुरू किया। कैसे? मैंने पढ़ने के प्रति प्रेम विकसित किया। मैंने ज़्यादा पुस्तकें - ख़ास तौर पर आत्म-विकास तथा आत्म-सहायता की पुस्तकें और जीवनियाँ - पढ़ने की आदत डाली। मैंने दूसरे लोगों के बारे में पढ़ा और इस तरह अपने मस्तिष्क की दुबारा प्रोग्रामिंग की। मैंने वह मानसिकता विकसित की, जो कहती थी, "अगर वे ऐसा कर सकते हैं, तो मैं भी कर सकता हूँ।" यह सिर्फ़ इस बात पर निर्भर करता था कि मैं इसे कितनी शिद्दत से चाहता था। मैंने उन लोगों के संपर्क में आना शुरू किया, जिन्होंने बाधायें पार की थीं और अपनी मुश्किल परिस्थितियों को जीतने का सचेतन प्रयास किया था। मैंने महसूस किया कि मुझमें ऐसी क्षमतायें थीं, जिनका मैं प्रयोग ही नहीं कर रहा था, क्योंकि मैं सोचता था कि मैं ऐसा नहीं कर सकता था। मैं छोटी उपलब्धियों से बड़ी उपलब्धियों तक गया, फिर और बड़ी, उससे भी बड़ी और लगातार बड़ी उपलब्धियों तक चलता गया, क्योंकि मैंने न सिर्फ़ यह सोचना शुरू कर दिया था कि मैं कर सकता था, बल्कि ज़्यादा महत्वपूर्ण यह था कि मैं इसमें सचमुच विश्वास करने लगा था। और मैंने यह पाया है कि अगर आप सिर्फ़ विश्वास कर सकें, तो सचमुच सब कुछ संभव है!

अगर वे कर सकते हैं, तो मैं भी कर सकता हूँ!

हम वही हैं, जिसके बारे में हम सोचते हैं। इतिहास में हमने उन लोगों के असंख्य उदाहरण देखे हैं, जिन्होंने अपनी सोच को बदलकर अपने जीवन और परिस्थितियों को बदला है। हमने उन लोगों के बारे में सुना है;

जिन्होंने अपने मस्तिष्क की प्रोग्रामिंग करके यह विश्वास किया है कि वे कर सकते हैं, जबकि उनके चारों तरफ़ के लोग कह रहे थे कि वे नहीं कर सकते थे। उन्होंने असंभव स्थितियों को जीतने की आस्था विकसित की, क्योंकि उन्होंने अपने मस्तिष्क में यह बात बिठा ली कि असफल होना असंभव था। उनमें से हैं मैरी मैकलियॉड बेथून, जिन्होंने सिर्फ़ छह डॉलर के साथ कॉलेज शुरू किया; जेसी ओवेन्स, जिन्होंने चार स्वर्ण पदक जीते जबकि हिटलर ने कहा था कि यह असंभव है; हेलन केलर, जो जन्म से बधिर और दृष्टिहीन थीं; डेव थॉमस, जो अनाथ और हाई स्कूल अधूरा छोड़ने वाले विद्यार्थी थे, परंतु उन्होंने वेंडी के रेस्तराँ शुरू किये; सूची अनंत है। हम वही हैं, जिसके बारे में हम सोचते हैं। महान विचार सोचें और महान काम करें।

भौंरे की तरह उड़ें

न कोई डर, न कोई शंका। यही सफलता है, बाहर की तरफ़ देखें! सफलता एक अद्‌भुत रोमांचक यात्रा है। यह सपना होने और फिर पूरे दिल से उस सपने का पीछा करने की प्रक्रिया है। यह उस बिंदु तक पहुँचना है, जहाँ आप विश्वास करते हैं कि असफल होना असंभव है। मुझे मैरी के- कॉस्मेटिक्स की संस्थापक और प्रेसिडेंट मैरी के- ऐश से मिलने का अवसर मिला था। मैरी के- ऐश एक असाधारण महिला हैं। उनका एक सपना था, जिसे दूसरे लोगों ने असंभव कहा था। उन्होंने ना कहने वालों की बात सुनने से इंकार कर दिया और एक ऐसा बिज़नेस खड़ा किया, जो आज दुनिया की सबसे बड़ी कॉस्मेटिक कंपनियों में से एक है। उनकी कंपनी का प्रतीक भौंरा है, जो असंभव काम को करने की योग्यता का प्रतिनिधित्व करता है। क्यों? क्योंकि वैज्ञानिक और प्राणी विशेषज्ञ ज़ोर देकर कहते हैं कि भौंरे के लिये उड़ना संभव नहीं है, क्योंकि उसके पंख छोटे और शरीर बड़ा है। परंतु भौंरा यह नहीं जानता कि उसके लिये उड़ना असंभव है, इसलिये वह इसके बावजूद उड़ता है! मित्रो, अंततः वह इकलौता व्यक्ति जो आपको महान बनने से रोकता है, आप ही हैं और आपके सीमाबद्ध करने वाले विश्वास हैं। ख़ुद से यह कहना बंद करें कि आप नहीं कर सकते। इसके बजाय यह कहना शुरू

करें, "असफल होना मेरे लिये असंभव है।" इसके बाद आप भी अविश्वसनीय काम कर सकेंगे।

हैन्निबाल, बाधाओं को जीतना

हैन्निबाल एक महान अफ़्रीकी सेनापति और राजनेता था। उसने महान बाधाओं को पार करके असंभव को संभव बनाया, क्योंकि वह सोचता था कि वह ऐसा कर सकता था। उसे एहसास था कि जीवन में सिर्फ़ वही सीमायें वास्तविक होती हैं, जिन्हें हम ख़ुद पर लादते हैं। हैन्निबाल कारथेज शहर से आया था, जिसके रोमवासी प्रबल शत्रु थे। 220 ईसा पूर्व में रोम और कारथेज के बीच एक युद्ध हुआ। हैन्निबाल की सेना से रोम की सेना बहुत विशाल थी और उनके पास महान रोमन सेना की तुलना में हथियार तथा रसद भी बहुत कम थी। इसके बाद भी हैन्निबाल को यह विश्वास था कि वह जीत सकता है है और उसने इस विश्वास पर काम किया। उसने रोमन सेना को हराने की एक साहसिक योजना बनाई। वह जानता था कि आमने-सामने के आक्रमण में वह नहीं जीत सकता था, इसलिये उसने एक असंभव काम को करने का फ़ैसला किया। उसने उनके पीछे से यानी आल्पस पर्वत के पार से हमला करने का फ़ैसला किया। यह असंभव माना जाता था, क्योंकि आल्पस पर्वत पार नहीं किया जा सकता था। उसने अफ़्रीकी हाथियों द्वारा आल्पस को पार करने की रणनीति बनाई। उसने अपनी सेना को इकट्ठा किया तथा वे अजेय समझे जाने वाले आल्पस पर्वत पर चढ़ने लगे, और उन्होंने सफलतापूर्वक रोमन सेना को हरा दिया। वह आगे चलकर विश्व के महानतम सेनापतियों और नेताओं में गिना जाने लगा। हम अब भी उसके एक अद्‌भुत कथन को दोहराते हैं : "या तो रास्ता खोजें--- या फिर रास्ता बना लें!" मैं आपसे आग्रह करता हूँ कि आप अपने सपनों का पीछा करें, उनका भी जिनके बारे में लोग कहते हैं कि वे असंभव हैं। अगर कोई रास्ता नहीं है, तो रास्ता बना लें! अगर कोई पथ नहीं है, तो पथ तैयार करें और नया रास्ता बनाने वाले बन जायें। जो भी आप सोचते हैं कि आप कर सकते हैं, वह सच हो सकता है।

मेरी सोच बदलने की प्रक्रिया आसान नहीं थी, परंतु मुझे एहसास था कि मैं अपनी क्षमता के अनुरूप नहीं जी रहा था। मैं और ज़्यादा कर सकता था, और ऐसा करना मेरे हाथ में था। मैंने काफ़ी लंबे समय तक इस बात का इंतज़ार कर लिया था कि जीवन सफलता को मेरी झोली में टपका देगा, परंतु ऐसा नहीं हुआ था। मैं इस तरह जी रहा था, जैसे मेरे पास जीने के लिये एक हज़ार साल हों। हर मिनट क़ीमती है और यह मुझ पर है कि मैं यहाँ पर अपने समय का अधिकाधिक उपयोग करूँ। किसी ने पूछा था : "जो आप कर सकते थे, अगर आप वह हासिल न कर पायें या उसे हासिल करने की कोशिश किये बिना ही आप इस दुनिया से चले जायें, तो आपको किस बात का अफ़सोस होगा?" मैं बहाव के साथ गया हूँ और मुझे वह जगह पसंद नहीं थी, जहाँ बहाव मुझे ले जा रहा था। मैं दिवालिया, बर्बाद और दुखी होते-होते थक चुका था, मैं परिस्थितियों का गुलाम बनते-बनते थक चुका था। इसलिये मैंने बदलने का फ़ैसला कर लिया। मुझे महसूस हुआ कि मुझे जीवन को अपने हिसाब से ढालना होगा, वरना जीवन मुझे अपने हिसाब से ढाल लेगा!

आत्म-विकास

आप किस तरह अपने आपको बेहतर, अधिक उत्पादक और अधिक प्रभावी बनाते हैं? इसकी कुंजी है आत्म-विकास! जिस तरह एक बॉडीबिल्डर अपने शरीर को सुगठित तथा शक्तिशाली बनाने के लिये जिम जाता है, उसी तरह आपके मस्तिष्क और आपकी आंतरिक शक्ति के लिये भी ऐसा करना आवश्यक है। आपको ख़ुद पर मेहनत करके स्वयं को विकसित करना होगा। मेरा मतलब यह नहीं है कि आप व्यायाम करके अपने बाहरी स्वरूप को विकसित करें। हालाँकि यह भी महत्वपूर्ण है, परंतु आपको अपने अंदरूनी स्वरूप और अपने मस्तिष्क को भी विकसित करना होगा। क्या आप अपने मस्तिष्क को भी अपने शरीर की तरह ही विकसित करते हैं? क्या आप पुस्तकें, टेप या एनसाइक्लोपीडिया उठाकर ऐसा कर सकते हैं? नहीं, रास्ता है उन पुस्तकों को पढ़ना, उन पन्नों को सुनना और अपने मस्तिष्क को जानकारी से भरना। अपने मस्तिष्क में पवित्र, सशक्त व सकारात्मक विचार ही भरें और सफलता के लिये इसकी प्रोग्रामिंग करें। आप अपने मस्तिष्क को सफलता के लिये

प्रोग्राम कर सकते हैं या फिर दूसरों से इसे असफलता के लिये प्रोग्राम करवा सकते हैं। कुंजी है पढ़कर और सकारात्मक जानकारी से अपने दिमाग़ को पूरी तरह भरकर ख़ुद की प्रोग्रामिंग करने का निर्णय लेना। अपना नया रूप तैयार करें। न सिर्फ़ अपने चेहरे और बालों को नया बनायें, बल्कि अपने मस्तिष्क और आत्मा को भी नवीन रूप दें। जिस तरह आप अपने शरीर को भोजन से नया बनाते हैं और उसे पानी से नियमित रूप से साफ़ करते हैं, उसी तरह आपको नियमित रूप से अपने मस्तिष्क को नया बनाना चाहिये और अपनी आत्मा को साफ़ करना चाहिये। अधिक सकारात्मक पुस्तकें पढ़ें, अधिक सकारात्मक विचार सोचें, सकारात्मक संगीत सुनें। अच्छाई पर विचार करने और प्रार्थना करने का समय निकालें। स्वयं को सकारात्मक छवियों का नियमित आहार दें और एक नया स्वरूप विकसित करें, क्योंकि दौलत बनाने का सर्वश्रेष्ठ तरीक़ा पहले स्वयं को तैयार करना है!

असफलता की कुंजी!

"मैं सफलता की कुंजी नहीं जानता, परंतु मैं असफलता की कुंजी अवश्य जानता हूँ! यह हर एक को ख़ुश करने की कोशिश करना है।" बिल कॉसबी के इस कथन में सच्चाई है। सफलता की खोज के लिये आपको एक स्वतंत्र चिंतक होना चाहिये। कुछ लोग यह कोशिश करेंगे कि आपके विचारों का विरोध करके आपको उनसे दूर ले जायें। कुछ लोग आपको हतोत्साहित करने की कोशिश करेंगे। इसका एक उदाहरण उस वक्ता की कहानी है, जिसने देखा कि उसका एक श्रोता उसके भाषण को पसंद नहीं कर रहा है। इसके बाद उसने अन्य श्रोताओं को नज़रअंदाज़ करते हुए अपनी सारी शक्ति उस व्यक्ति पर केंद्रित कर ली। भाषण के अंत तक वह वक्ता उस श्रोता के विचारों को नहीं बदल पाया। अलबत्ता, उसने बाक़ी श्रोताओं को ख़ुद से दूर कर दिया, क्योंकि उसने उन्हें नज़रअंदाज़ कर दिया था! जब आप स्वतंत्र चिंतक बनने की दिशा में आगे बढ़ते हैं, तो आपको यह एहसास होगा कि हर व्यक्ति आपके विचारों को पसंद नहीं करेगा, परंतु आपको अपने सपनों में विश्वास करना तथा जानना होगा कि आप या तो अपने सपनों के हिसाब से

जियेंगे या फिर आपको किसी और के सपनों के हिसाब से जीना पड़ेगा। अपने विचारों के बारे में सकारात्मक तरीक़े से सोचना सीखें और अपने आपको इतना पसंद करना सीखें कि जब आप ख़ुद को ख़ुश करें, तो आपको अच्छा महसूस हो। दूसरों को यह अवसर न दें कि वे आपको हतोत्साहित करें। सबको ख़ुश करने की कोशिश न करें। अगर आपको अपने विचारों से प्रेम है और आप उनकी तरफ़ उमंग तथा जोश से आगे बढ़ते हैं, तो आपको कई ऐसे लोग भी मिलेंगे, जो उनसे प्रेम करेंगे। हर एक को ख़ुश करने की कोशिश न करें। स्वतंत्र चिंतक बनें!

अपने मस्तिष्क में निवेश करें

क्या आप जानते हैं कि औसत अमेरिकी एक साल में एक पुस्तक पढ़ता है, जबकि औसत स्वनिर्मित मिलियनेअर हर महीने एक पुस्तक पढ़ता है? औसत अमेरिकी हर दिन छह घंटे टी॰वी॰ देखता है, जबकि औसत स्वनिर्मित मिलियनेअर दो घंटे से भी कम टी॰वी॰ देखता है। अपनी सोच बदलने के लिये आपके मस्तिष्क में जाने वाली चीज़ों को बदलना अनिवार्य है। इतिहास गवाह है कि पढ़ने वाले ही लीडर बनते हैं। लीडर्स आम तौर पर ऐसे लोग होते हैं, जिन्होंने अधिक पुस्तकें पढ़ी हैं। रीडर्स (पढ़ने वाले लोग) लीडर्स होते हैं। बेंजामिन फ्रैंकलिन ने एक बार कहा था, "अगर कोई आदमी अपना धन अपने दिमाग़ में रखता है, तो कोई भी उसे नहीं छीन सकता। ज्ञान में निवेश करने से हमेशा सर्वश्रेष्ठ ब्याज मिलता है।" मैं आपसे आग्रह करता हूँ कि आप आत्म-विकास की यात्रा पर जायें। अधिक पुस्तकें पढ़ें और अधिक सकारात्मक व प्रेरणादायक टेप सुनें। फिर आप इस जानकारी से अपने मस्तिष्क की प्रोग्रामिंग करें कि आपकी सफलता संभव है। आपका मस्तिष्क समय के साथ इस पर प्रतिक्रिया करेगा।

मानसिक अवरोधों को तोड़ना

अगर आप यह देखने के लिये अपने मस्तिष्क की नये सिरे से प्रोग्रामिंग करें कि सपनों को साकार करना संभव है, तो आपका मस्तिष्क नई

जानकारी पर प्रतिक्रिया करेगा और उन सपनों को सच करने में जुट जायेगा। सबसे पहले तो आपको यह सोचना होगा कि यह संभव है; फिर आपको यह विश्वास करना होगा कि यह संभव है; अंत में आपको कर्म करना होगा! इसका उदाहरण देखें। बरसों तक कहा जाता था कि चार मिनट से कम समय में एक मील दौड़ना इंसान के लिये संभव नहीं है। यह नहीं किया जा सकता। तभी 1954 में रॉजर बैनिस्टर नामक युवक ने इस धारणा को नज़रअंदाज़ किया और विश्वास किया कि यह संभव था। उसने ख़ुद को तैयार किया और अंततः एक मील को 3 मिनट 59 सेकंड में पूरा कर लिया। उसने समय का अवरोध तो तोड़ा ही, उसने मानसिक अवरोध भी तोड़ दिया! 1964 में जिम र्यून नामक एक युवा हाई स्कूल धावक ने चार मिनट से कम समय में एक मील की दौड़ पूरी की और अब बहुत से लोग चार मिनट से कम समय में एक मील दौड़ लेते हैं और यह रिकॉर्ड लगातार तोड़ा जा रहा है। क्यों? क्योंकि लोगों को यह मालूम हो गया कि यह संभव है; यह किया जा सकता है। अब उनकी मानसिकता बदल गई थी और अब उनका मस्तिष्क उस लक्ष्य का पीछा करने के लिये स्वयं को सक्षम मान रहा था, जिसे पहले असंभव समझा जाता था। अगर आप सोचते हैं कि आप कर सकते हैं या सोचते हैं कि आप नहीं कर सकते--- तो संभवतः आप सही हैं! अपने मस्तिष्क की दुबारा प्रोग्रामिंग करें, अपने सपनों का पीछा करें और मैं जानता हूँ कि आप अपनी प्रगति की राह के कुछ अवरोधों को तोड़ना शुरू करेंगे। आपको एक बेहतरीन दिन की सौग़ात मिले!

एकर्स ऑफ़ डायमंड्स

यह कहा जाता है कि बागड़ के पार घास हमेशा ज़्यादा हरी दिखती है। या फिर यह भी हो सकता है कि वे लोग अपनी घास पर आपसे ज़्यादा समय व प्रयास लगाते हों? मैं एक मित्र से बातचीत कर रहा था जो निराश था, क्योंकि उसे अपने वर्तमान पद से बेहतर पद नहीं मिला था, हालाँकि उसके वर्तमान पद में प्रगति की बहुत संभावना थी। मैंने उसे एक कहानी सुनाई, जो अफ्रीका के एक किसान के बारे में थी। यह किसान हीरों का व्यापार करने के लिये लालायित था। वह अमीर बनने के लिये

इतना व्याकुल था कि उसने अपने खेत बेचने और प्रचुर दौलत की खोज में विदेश जाने का फ़ैसला कर लिया। उसने अपने खेत को उस आदमी को बेच दिया, जो सबसे पहले सामने आया। उसने भाव-ताव नहीं किया और उतने ही पैसे में खेत बेच दिया, जितने वह आदमी दे सकता था। इसके बाद वह अमीरी की खोज में चला गया। कई निराशाजनक वर्षों के बाद जब उसे हीरे नहीं मिले, तो उसने आख़िरकार हार मान ली और एक चट्टान से कूदकर जान दे दी। इधर खेत पर नया मालिक जब एक दिन नदी पार कर रहा था, तो उसे एक बड़ी चमकदार शिला दिखी। वह उसे उठाकर घर ले आया और उसे ड्रॉइंग रूम में सजा दिया। एक दिन उसका एक मित्र शहर से आया। शिला को देखकर वह भौंचक्का रह गया। उसने कहा, "अरे! यह तो हीरा है! मैंने अब तक जितने हीरे देखे हैं, शायद यह उनमें सबसे बड़ा है! यह तुम्हें कहाँ मिला?" उस आदमी ने कहा, "यह मुझे नदी में मिला, परंतु, ठहरो, यहाँ पर तो बहुत सारे हीरे हैं। वे इस जगह हर तरफ़ बिखरे पड़े हैं।" खेत का नाम "एकर्स ऑफ़ डायमंड्स" पड़ गया। मित्रो, आपके अपने आँगन में बहुत से हीरे हैं। आपके चारों तरफ़ हीरे हैं। दरअसल, आपके अंदर भी एक हीरा है! आपको सिर्फ़ उसे देखना भर है! बागड़ के इस तरफ़ आपकी घास भी उतनी ही हरी हो सकती है और शायद ज़्यादा हरी भी। अपनी घास को पानी दें, खाद दें और यह भी सुंदर हो जायेगी!

क्या हम दुनिया बदल सकते हैं? जवाब है, हाँ!

कई लोग दुनिया के हालात के बारे में चिंतित रहते हैं और हताश हो जाते हैं, क्योंकि वे नहीं जानते कि एक व्यक्ति से फ़र्क़ पड़ सकता है। दरअसल, एक व्यक्ति दुनिया बदल सकता है। किसी अज्ञात लेखक का यह विचार दर्शाता है कि हममें से हर एक अंतर पैदा कर सकता है : "जब मैं छोटा था, तो मेरी कल्पना की कोई सीमा नहीं थी। मैं दुनिया बदलने के सपने देखा करता था। जब मैं थोड़ा बड़ा और समझदार हुआ, तो मैंने पाया कि दुनिया नहीं बदल पायेगी, इसलिये मैंने अपनी दृष्टि को थोड़ा सीमित कर लिया और सिर्फ़ अपने देश को बदलने का फ़ैसला

किया। परंतु वह भी टस से मस नहीं हुआ। जब मैं बुढ़ापे में आया, तो मैंने अंतिम निराशाजनक प्रयास किया कि मैं अपने परिवार को ही बदल लूँ, जो मेरे सबसे क़रीब था। परंतु वे भी सुनने को तैयार नहीं थे। और जब मैं अपनी मृत्युशैया पर था, तो मुझे यह एहसास हुआ कि मुझे सबसे पहले सिर्फ़ ख़ुद को बदलना था, फिर अपना उदाहरण सामने रखकर मैं अपने परिवार को बदल सकता था! उनकी प्रेरणा और उत्साह से वे समुदाय को बदल सकते थे, जो दूसरे समुदायों को बदल सकता था और इस तरह देश बदल सकता था। और देश के बदलने के बाद दुनिया भी बदल सकती थी।" दुनिया को बदलने की कुंजी सबसे पहले ख़ुद को बदलने का निर्णय लेना था!

आप कितनी प्रबलता से यह काम करना चाहते हैं? क्या आप वह करने के इच्छुक हैं, जो कष्टकारी है, परंतु आगे बढ़ने के लिये आवश्यक है? क्या आप कुछ मुश्किलों का सामना करने के इच्छुक हैं? क्या आप विस्तार करने के लिये आत्म-विकास की यात्रा शुरू करने के इच्छुक हैं? क्या आप अपने नये स्वरूप के लिये अतिरिक्त मील दौड़ने के इच्छुक हैं? क्या आप इसे इतनी प्रबलता से चाहते हैं कि परंपरागत ढंग की सोच के विपरीत जाकर एक नई मानसिकता विकसित करें, ताकि न सिर्फ़ आप यह सोचें कि आप कर सकते हैं, बल्कि आप अपने दिल की गहराइयों में यह विश्वास भी करें कि आप कर सकते हैं और करेंगे? अतीत में जाकर सोचें और उस छोटी छुक-छुक ट्रेन को याद करें, जो पहाड़ी पर तमाम बाधाओं के बाद भी ऊपर जा रही थी और कह रही थी, "मैं सोचती हूँ मैं कर सकती हूँ, मैं सोचती हूँ मैं कर सकती हूँ, दरअसल मैं जानती हूँ मैं कर सकती हूँ।" जल्दी ही आपको यह एहसास होगा कि यह छोटी कहानी सिर्फ़ बच्चों के लिये नहीं है, बल्कि हम सबके लिये है। जैसा हम अपने दिल में सोचते हैं, वैसे ही हम बनते हैं!

❋ ❋ ❋

अध्याय पाँच

नज़रिया ही सब कुछ है!

अपने गीत "नज़रिया ही सब कुछ है" में पैट्टी लाबेले ने यह बताया है कि उन्होंने किस तरह अपना व्यक्तित्व निखारा और अपनी दिशा बदली। यह दुनिया को देखने के तरीके में हुए उनके आंतरिक परिवर्तन की बाह्य अभिव्यक्ति थी। उनका दृष्टिकोण बदल गया था। उनके सोचने और काम करने का तरीक़ा बदल गया। उनके पास अब एक नया नज़रिया था! कई बार इसके लिये नये हैट, कोट, सूट या ड्रेस की ज़रूरत होती है, परंतु हमें याद रखना चाहिये कि असली परिवर्तन अंदर से बाहर की तरफ़ आता है। आप अपने भीतर जैसा अनुभव करते हैं, अंततः उसी से तय होता है कि आप बाहर कैसा व्यवहार करते हैं। अपने बाहरी व्यक्तित्व को बदलना आपको अच्छा लगेगा, परंतु दूरगामी परिवर्तन के लिये आपको अपना आंतरिक व्यक्तित्व भी बदलना होगा।

हम जानते हैं कि जीवन में अपनी दशा सुधारने के लिये हमें बड़े सपने देखने होंगे और बड़े विचार सोचने होंगे। हमें सचेतन रूप से अपनी सोच को विजेता की तरह रखना होगा। फिर हमें अपनी यात्रा जारी रखनी होगी और यह महसूस करना होगा कि हमें एक नया नज़रिया अपनाना है - एक नया दृष्टिकोण, दुनिया को देखने का एक नया अंदाज़, नई मानसिकता। आपका नज़रिया आपकी सोच, आपकी भावनाओं, आसपास की घटनाओं और परिस्थितियों को देखने के तरीक़े और दृष्टिकोण से मिलकर बनता है। आप जो करते हैं और जीवन में होने वाली घटनाओं के प्रति जैसी प्रतिक्रिया करते हैं, उसी से आपका नज़रिया बनता है।

इसमें कोई शक नहीं है कि नज़रिया हमारी सफलता या असफलता में निर्णायक तत्व है। नज़रिया उन परिणामों को प्राप्त करने में महत्वपूर्ण तत्व है, जो आप जीवन में अपने लिये चाहते हैं। यह वह कुंजी है, जो आपकी अद्‌भुत मशीन को चालू करती है और इसे सक्रिय बनाती है। जैसा डॉ. कार्ल मेनिंजर कहते हैं, "नज़रिये तथ्यों से बहुत ज़्यादा महत्वपूर्ण हैं," और वे सही हैं। नज़रिये सफलता और असफलता के बीच का अंतर हैं!

यह सब नज़रिये के बारे में है

आपका नज़रिया तथ्यों से ज़्यादा महत्वपूर्ण है। कई बार हम ऐसी समस्याओं का सामना करते हैं, जो अजेय दिखती हैं या हमारे जीवन में कुछ ऐसी परिस्थितियाँ होती हैं, जिन्हें हम नहीं बदल सकते। बहरहाल, हमारे नज़रिये तथ्यों की तुलना में बहुत ज़्यादा महत्वपूर्ण हैं। तथ्य यह है कि स्टेवी वंडर दृष्टिहीन पैदा हुए थे, परंतु उनका नज़रिया था, "तो इससे क्या फ़र्क़ पड़ता है? मैं इस बात को महान बनने की राह में बाधा नहीं बनने दूँगा।" स्पड वेब नाटे थे, परंतु उनका नज़रिया यह था कि जहाँ वे जा रहे थे, वहाँ तक जाने में वे अपने क़द को बाधा नहीं बनने देंगे। उन्होंने नेशनल बास्केटबॉल एसोसियेशन की डंक प्रतियोगिता जीती। हेलन केलर जन्म से नेत्रहीन और बधिर थीं। उस ज़माने में विकलांग बच्चों को संस्थाओं में भेज दिया जाता था, परंतु वे महान बनीं। मित्रो, आपके जीवन में कुछ तथ्य ऐसे होते हैं जिन्हें बदला नहीं जा सकता, परंतु आपका नज़रिया उन तथ्यों को पार कर सकता है। आप महान काम कर सकते हैं।

नज़रिया सब कुछ है!

कीथ हैरेल नेशनल स्पीकर्स एसोसियेशन के मेरे मित्र हैं और उन्होंने मेरे साथ एक पुस्तक लिखी है, जिसका शीर्षक है *ओनली द बेस्ट ऑन सक्सेस*। कीथ एक अद्‌भुत वक्ता हैं, जिनका मुख्य संदेश है "नज़रिया ही सब कुछ है।" दुनिया में खरबों लोग हैं, जिन सबके पास एक चीज़ होती है और वह है नज़रिया। कुछ के पास हाथ, पैर, आँखें, कान हो

सकते हैं और कुछ के पास नहीं हो सकते, परंतु हर एक के पास नज़रिया अवश्य होता है। अच्छी ख़बर यह है कि आपको इसे ख़रीदना नहीं पड़ता, यह मुफ़्त में मिलता है! परंतु अगर आप एक ऐसा नज़रिया चाहते हैं जो आपके लिये काम करे, आपके जीवन की गुणवत्ता सुधारे और आपको अपने सपने हासिल करने में समर्थ बनाये, तो आपको इसके लिये काम करना पड़ेगा। यह कोई ऐसी चीज़ नहीं है, जिसका आप हाथ पर हाथ रखकर इंतज़ार करें। सकारात्मक नज़रिया हासिल करने के लिये आपको एक निर्णय लेना होगा। आपको यह एहसास करना होगा कि हो सकता है *आप अपने आसपास* या *अपने साथ* होने वाली घटनाओं को नियंत्रित करने में सक्षम न हों, परंतु आप उस चीज़ को नियंत्रित अवश्य कर सकते हैं, जो "*आपके अंदर*" होती है। नज़रिया सब कुछ है! अच्छा, सकारात्मक और सफल नज़रिया रखने का निर्णय लें, हर दिन। याद रखें, यह आप पर निर्भर करता है!

एक और बेहतरीन दिन

यह एक और बेहतरीन दिन है। मैं आज के बारे में रोमांचित हूँ, जैसा मैं हर दिन रहता हूँ। क्यों? क्योंकि यह एक और बेहतरीन दिन है! ऐसा लगता है जैसे यह शब्दों की बाज़ीगरी है, परंतु सच तो यह है कि ऐसी बहुत सी चीज़ें हैं, जिन पर हमारा कोई नियंत्रण नहीं होता, जैसे मौसम। परंतु हम जीवन के प्रति अपने नज़रिये को नियंत्रित कर सकते हैं। और हम हर दिन को एक बेहतरीन दिन के रूप में ले सकते हैं। कुछ सप्ताह पहले हमारे यहाँ ज़बर्दस्त तूफ़ान आया। तेज़ हवा के साथ मूसलाधार बारिश हुई। एक जगह पर मेरा भाषण था और जब मैं अंदर गया, तो किसी ने पूछा, "क्या आपने कभी इस बारिश जैसी कोई चीज़ देखी? आप इस बारे में क्या सोचते हैं?" मैंने जवाब दिया, "ज़बर्दस्त बारिश है और बुरा तूफ़ान है, परंतु यह एक बेहतरीन दिन है।" उसने कहा, "आप पागल तो नहीं हो गये हैं?" मैंने कहा, "नहीं, मैं पागल नहीं हुआ हूँ। जब मैं आज सुबह उठा और मैंने बाहर देखा, तो मुझे बारिश तथा तूफ़ान दिखा और मैंने कहा, 'वाह! एक और बेहतरीन दिन!' उसने कहा, 'क्या?' मैंने कहा, 'हाँ, यह सही है! एक और बेहतरीन दिन! क्यों?

क्योंकि जब मैं उठा और मैंने बारिश देखी तो मैं ख़ुश था कि मैं बारिश "देख" सकता था। कई लोगों ने उन कामों की एक लंबी सूची बनाई थी, जिन्हें वे आज करने वाले थे; उन स्थानों की सूची बनाई थी, जहाँ वे जाने वाले थे; उन बैठकों की, जिनमें भाग लेने की उनकी योजना थी; और उन मित्रों की, जिनके घर वे जाने वाले थे... परंतु वे लोग नहीं जाग पाये! वे बारिश नहीं देख सकते। मैं जब सोकर उठता हूँ, तो मैं हर दिन कृतज्ञ होता हूँ, क्योंकि मुझे कुछ राक्षसों को मारने तथा फ़र्क़ पैदा करने का एक और अवसर मिलता है। और चूँकि मेरे पास वह अवसर है, इसलिये यह एक बेहतरीन दिन है।" मित्रो, अगर आपको जीवन पर एक और निशाना साधने का मौक़ा मिलता है, तो हर दिन एक बेहतरीन दिन है। लेस ब्राउन कहते हैं, "हर दिन, जब आप अपने शरीर के चारों ओर चॉक के गोल निशान के बगैर उठते हैं, एक बेहतरीन दिन होता है!" जीवन का आनंद लें! जीवन को पूरी तरह जियें क्योंकि "यह एक और बेहतरीन दिन है!"

ईश्वर का आशीर्वाद है!

जब आप हर दिन सुबह जागते हैं, तो आप किस तरह दूसरों का अभिवादन करते हैं और किस तरह उनके अभिवादनों का जवाब देते हैं? जब लोग आपसे पूछते हैं कि आप कैसे हैं, तो क्या आप कहते हैं, "अच्छा," "ठीक-ठाक," "सही," "बुरा नहीं," "पटरी पर आने की कोशिश कर रहा हूँ" या "जीवन बुरा है?" क्या आप जोश और उत्साह के साथ जवाब देते हैं या सिर्फ़ वही कहते हैं जो हर कोई कहता है, बिना सोचे-समझे और बिना जोश के? आप किस तरह प्रतिक्रिया करते हैं? अध्ययनों से पता चलता है कि जीवन उसी तरह आप पर प्रतिक्रिया करता है, जिस तरह आप जीवन पर प्रतिक्रिया करते हैं? ज़िग ज़िग्लर कहते हैं, "बेहतरीन! और बेहतर बनते हुए।" लेस ब्राउन कहते हैं, "अच्छे से बेहतर और ज़्यादातर से बेहतर!" मेरा बेटा विलियम कहता है, "बेहतरीन!" और बरसों तक मैं कहता था, "शानदार! मैंने इससे बेहतर दिन नहीं देखा... मैं जाग गया!" फिर एक दिन मैं शिकागो में डब्ल्यू.एल.एस. रेडियो के प्रेसिडेंट जेमिरा जोन्स से मिला, जो आज मेरे

सर्वश्रेष्ठ मित्रों में से एक हैं। जब मैं उनसे पहली बार मिला और मैंने उनसे पूछा, "आप आज कैसे हैं?" तो उनका जवाब था, "मुझ पर ईश्वर का आशीर्वाद और वरदहस्त है।" मैंने पूछा, "क्या? आपने क्या कहा?" उन्होंने कहा, "ईश्वर का आशीर्वाद और वरदहस्त।" मैंने कहा, "वाह! कितना बढ़िया अभिवादन है। क्या मैं इसका प्रयोग कर सकता हूँ?" उन्होंने कहा, "ज़रूर! और इसे बहुत से लोगों को बतायें, क्योंकि उन्हें अभिवादन की शक्ति के बारे में जानने की ज़रूरत है। उन्हें यह भी जानने की ज़रूरत है कि किस तरह सकारात्मक बातें और शक्तिदायी वाक्य कहे जायें।" आप किस तरह दूसरों का अभिवादन करते हैं और उनसे मिलते हैं, उससे काफ़ी हद तक यह तय होता है कि जीवन नियमित रूप से आपका अभिवादन किस तरह करता है और आपसे किस तरह मिलता है। न सिर्फ़ यह उन लोगों को प्रभावित करता है, जिनसे आप यह कहते हैं, बल्कि इससे भी ज़्यादा महत्वपूर्ण बात यह है कि यह आपको भी प्रभावित करता है। "मुझ पर ईश्वर का आशीर्वाद और वरदहस्त है," यह कहना न सिर्फ़ यह बताता है कि आप कैसा महसूस करते हैं, बल्कि यह आपके जीवन के बारे में भी बताता है। आप यह व्यक्त करते हैं कि आप इस समय कैसा महसूस करते हैं और आप बाद में कैसा महसूस करने वाले हैं। आप यह भी व्यक्त करते हैं कि आपके जीवन में क्या हो रहा है और आप जीवन में क्या घटते देखना चाहते हैं। आप उन चीज़ों को पुकारते हैं, जो वहाँ नहीं हैं; परंतु आप यह मान लेते हैं कि वे वहाँ पर हैं! जब आप अच्छा महसूस करते हैं और जब आप अच्छा महसूस नहीं करते, दोनों ही स्थितियों में आप पर ईश्वर का आशीर्वाद और वरदहस्त बना रहता है। जब आपकी जेब में पैसा होता है तब भी और जब आप दिवालिया होते हैं, तब भी आप पर ईश्वर का आशीर्वाद और वरदहस्त रहता है। जब चीज़ें अच्छी होती हैं और जब चुनौतियाँ आती हैं, दोनों ही स्थितियों में आप पर ईश्वर का आशीर्वाद और वरदहस्त बना रहता है। इसलिये क्योंकि आप अपनी आस्था व्यक्त कर रहे हैं कि चीज़ें बेहतर होने जा रही हैं! ईश्वर का आशीर्वाद और वरदहस्त! यह मेरे स्टाफ़, परिवार और मित्रों का सूत्रवाक्य बन गया है। मैंने इसे इतने सारे श्रोताओं को बताया है कि हमें "ईश्वर का आशीर्वाद और वरदहस्त क्लब" (ब्लेस्ड एंड हाइली फ़ेवर्ड क्लब) खोलना पड़ा, जिसमें एक न्यूज़लेटर और

दैनिक सकारात्मक संदेश की निःशुल्क पंक्ति शामिल है। जब आप जीवन का अभिवादन जोश, उत्साह और महान आशाओं से करेंगे, इससे इसी अंदाज़ में मिलेंगे, तो जीवन भी इसी तरह की प्रतिक्रिया करेगा। मित्रो, यह "एक और बेहतरीन दिन" है और "हाँ! मुझ पर ईश्वर का आशीर्वाद और वरदहस्त है!"

आशावादिता

सफल होने के लिये आपको सकारात्मक मानसिक नज़रिया विकसित करने की आवश्यकता है। हर दिन आपको सकारात्मक नज़रिया और सकारात्मक आशा विकसित करने की आवश्यकता है। सकारात्मक नज़रिये का मतलब है स्थितियों में बुराई के बजाय अच्छाई की तलाश करना। सकारात्मक नज़रिया बारिश को देखकर रोमांचित होना है, क्योंकि आप जानते हैं कि पौधों को बढ़ने के लिये तथा फूलों को खिलने के लिये बारिश की ज़रूरत होती है और बिना बारिश के हम रेगिस्तान में रह रहे होते। सकारात्मक आशावादिता महान चीज़ों की आशा करना है। एक पुरानी कहावत है कि चमत्कार आम तौर पर उन्हीं लोगों के जीवन में होते हैं, जो उनकी आशा करते हैं और उनका स्वागत करते हैं। महान चीज़ों की उम्मीद करें, सकारात्मक मानसिक नज़रिया विकसित करें, तभी आप महान काम कर पायेंगे। सकारात्मक मानसिक नज़रिये की मदद से आप किसी भी तूफ़ान को पार कर जायेंगे और यह जान जायेंगे कि हर आशीर्वाद के साथ एक बोझ होता है और हर बोझ के साथ एक आशीर्वाद। आशीर्वाद का लक्ष्य बनायें! एक बेहतरीन दिन मुबारक हो!

अक्सर जब लोग "नज़रिये" की बात करते हैं, तो उनका इशारा किसी व्यक्ति के व्यवहार, स्वभाव, या व्यक्तित्व के बारे में होता है। हम ऐसे लोगों को जानते हैं, जिनका "नज़रिया" होता है, जिसका मतलब आम तौर पर "बुरा नज़रिया" होता है। बुरा नज़रिया न सिर्फ़ बुरे स्वभाव की ओर संकेत करता है, बल्कि यह ख़राब मानसिकता तथा दुनिया को देखने के नकारात्मक अंदाज़ का भी परिचायक है। यह वह तरीक़ा है, जिसमें आप हर स्थिति के नकारात्मक पहलुओं को ही देखते हैं... गिलास आधा भरा होने के बजाय आपको आधा ख़ाली दिखता है। यह दुनिया को

निराशावादी दृष्टि से देखना है। मैंने एक बार पढ़ा था कि निराशावादी की परिभाषा यह है कि जब अवसर उसके दरवाज़े पर दस्तक देता है, तब भी वह शोर होने की शिकायत करता है!

अगर "बुरे नज़रिये" जैसी कोई चीज़ है, तो "अच्छे नज़रिये" जैसी भी चीज़ होगी - सकारात्मक दृष्टिकोण और आशावादी दृष्टि! सकारात्मक मानसिक नज़रिया नकारात्मक नज़रिये और पहलू के बजाय आशावाद और सकारात्मक आशाओं की रचना करता है। जैसा मेरे अच्छे मित्र लैरी विंगेट कहते हैं, "इससे कोई फ़र्क़ नहीं पड़ता कि आप जीवन में क्या करते हैं, आप उस काम को नकारात्मक मानसिक नज़रिये के बजाय सकारात्मक मानसिक नज़रिये के साथ ज़्यादा अच्छी तरह से कर सकेंगे।"

आशावादी

जब आप सकारात्मक मानसिक नज़रिया विकसित कर लेते हैं, तो आप आशावाद भी विकसित कर लेंगे। आशावाद वह नज़रिया है, जो अच्छी चीज़ों के होने की आशा करता है। इसमें यह विश्वास करने की क्षमता होती है कि आपके कार्यों के परिणामस्वरूप सकारात्मक चीज़ें होने वाली हैं। अगर आप आशावादी हैं, तो आप आशावादिता का एहसास जगा लेते हैं, जो चीज़ों में बुराई के बजाय अच्छाई को देखता है। जब आप सकारात्मक मानसिक नज़रिया विकसित करें, तो आशावादी बने रहने का ध्यान रखें। इंद्रधनुष की तलाश करें और यह जान लें कि जब तक बारिश नहीं होती, तब तक इंद्रधनुष नहीं खिल सकता! मैं एक वाक्य का प्रयोग पसंद करता हूँ, जो मैंने सुना है : "मैं इतना आशावादी हूँ कि मैं मोबी डिक की तलाश में जब नाव में मछली पकड़ने जाता हूँ, तो मैं अपने साथ टार्टर सॉस लेकर जाता हूँ।" सकारात्मक बने रहें और याद रखें कि सकारात्मक चिंतक ही अदृश्य को देखता है, अमूर्त का अनुभव करता है और असंभव को हासिल करता है!

आँकड़े दर्शाते हैं कि नज़रिये से फ़र्क़ पड़ता है, न सिर्फ़ उपलब्धि में बल्कि शारीरिक सेहत पर भी। सकारात्मक नज़रिये वाले लोग कम बीमार पड़ते हैं और जब वे बीमार पड़ते हैं, तो ज़्यादा जल्दी ठीक हो जाते हैं।

जियें... जब तक मौन न आ जाये

आपका नज़रिया तथ्यों से बहुत ज़्यादा महत्वपूर्ण है। जब मैं वरिष्ठ नागरिकों के समूह के सामने बोल रहा था, तो एक महिला ने मुझे बीच में रोका। उसने कहा कि वह हताश थी, क्योंकि उसे लगता था कि अब उसकी कोई उपयोगिता नहीं रह गई है। मैंने उससे पूछा कि क्या उसे इस बात का एहसास है कि कर्नल सैंडर्स ने केंटुकी फ्राइड चिकन को 65 साल की उम्र तक शुरू नहीं किया था? क्लारा पेलर ने अस्सी साल की उम्र तक यह नहीं कहा था "बीफ़ कहाँ है" और इसके बाद ही वे एक लोकप्रिय टी.वी. स्टार बन पाई थीं। जॉर्ज बर्न्स ने अस्सी साल की उम्र के बाद ऑस्कर जीता था और नब्बे साल की उम्र में उन्होंने दस वर्ष के अभिनय अनुबंध पर हस्ताक्षर किये थे! वरिष्ठ नागरिक मैराथन दौड़ रहे हैं, बिज़नेस खोल रहे हैं, पहाड़ चढ़ रहे हैं और सब तरह के आश्चर्यजनक काम कर रहे हैं। वे जानते हैं कि वे बूढ़े हो रहे हैं, परंतु उनका नज़रिया रहता है, मैं ज़ंग लगने के बजाय थककर मरना पसंद करूँगा!" जॉर्ज बर्न्स कहा करते थे कि सफलता की उनकी दैनिक कुंजी यह थी कि वे सुबह उठकर अख़बारों में श्रद्धांजलि वाले कॉलम पढ़ते थे। अगर उनका नाम मरने वालों की सूची में नहीं होता था, तो वे व्यस्त हो जाते थे। वे सौ साल तक जिये! वे उन लोगों में से नहीं थे, जो 65 साल की उम्र में ज़िंदगी से रिटायर हो जाते हैं और सालों बाद क़ब्र में दफ़नाये जाते हैं। मैं आपसे आग्रह करता हूँ ज़िंदगी जीना तब तक बंद न करें, जब तक कि आप मर न जायें! साठ की उम्र के बाद भी पिचिंग करने वाले महान नीग्रो लीग बेसबॉल खिलाड़ी सैचेल पेज ने कहा था, "उम्र शरीर पर मस्तिष्क के प्रभाव से संबंधित है; अगर आपको परवाह नहीं है... तो कोई फ़र्क़ नहीं पड़ता!" मित्रो, जीवन का आनंद लें... जीवन भर!

मैडम सी.जे. वॉकर

मैडम सी.जे. वॉकर एक ऊर्जावान महिला थीं, जिन्होंने अपनी शुरुआती परिस्थितियों को महानता हासिल करने की राह में बाधा नहीं बनने दिया। वे ज़्यादा शिक्षित नहीं थीं, परंतु उनके पास महान सकारात्मक मानसिक

नज़रिया था। अपने नज़रिये की बदौलत ही वे ज़्यादा योग्य तथा शिक्षित लोगों से ऊपर उठने में सफल हुईं, अविश्वसनीय ऊँचाई तक पहुँच पाईं और उन्होंने कई मिलियन डॉलर कमाये। मैडम सी.जे. वॉकर अमेरिका में मिलियनेअर बनने वाली पहली अश्वेत महिला थीं। उन्हें यह एहसास था कि योग्यता नहीं, बल्कि नज़रिया आपकी ऊँचाई तय करता है! सकारात्मक मानसिक नज़रिया विकसित करें और आप भी शिखर पर पहुँच सकते हैं!

मेरे एक मित्र ने मुझे दो छोटे बच्चों की कहानी सुनाई। एक आशावादी था और दूसरा निराशावादी। शोधकर्ताओं के एक समूह ने सकारात्मक और नकारात्मक मानसिक नज़रिये पर एक अध्ययन किया और इन बच्चों को प्रयोग में शामिल किया। सबसे पहले उन्होंने नकारात्मक नज़रिये वाले बच्चे को एक ऐसे कमरे में रख दिया, जिसमें नये रोमांचकारी खिलौने और वीडियो गेम्स रखे थे। वहाँ पर हर तरह के खिलौने, गेम और मशीनें थीं, जिन्हें दुनिया भर के बच्चों ने सर्वश्रेष्ठ खिलौनों के रूप में चुना था। उन्होंने उसे कमरे में अकेला छोड़ दिया और कहा, "अच्छी तरह समय गुज़ारो।" आशावादी बच्चे को एक ऐसे कमरे में रखा गया, जहाँ घोड़े की लीद भरी थी।

शोधकर्ता दोनों बच्चों को दोतरफ़ा शीशों के माध्यम से देखते रहे और उन्होंने जो देखा, उससे वे हैरान रह गये। निराशावादी बच्चा बस कमरे के बीच में बैठा रहा और रोता रहा, जबकि आशावादी बच्चा हँसता रहा, मुस्कराता रहा और कूदता रहा, क्योंकि उसे बहुत मज़ा आ रहा था। जब शोधकर्ता निराशावादी बच्चे के कमरे में गये और उन्होंने पूछा कि वह इतने अद्भुत खिलौनों के बावजूद क्यों रो रहा है, तो बच्चे ने कहा कि वह इन खिलौनों का आनंद लेने में इसलिये डर रहा था, क्योंकि उसे यक़ीन था कि कोई इन्हें छीन लेगा, वे टूट जायेंगे या उनके साथ कोई न कोई गड़बड़ हो जायेगी। फिर वे उस कमरे में गये, जहाँ आशावादी बच्चा अब भी कूद रहा था और मज़े कर रहा था, जबकि उसके आसपास घोड़े की लीद कमर की ऊँचाई तक थी। उन्होंने उससे पूछा कि वह इतना खुश क्यों है, तो उसने जवाब दिया, "आप मुझे मूर्ख नहीं बना सकते। जब इतनी सारी लीद यहाँ है, तो घोड़े का बच्चा भी यहीं कहीं पर होगा!"

मित्रो, जीवन इतना छोटा है कि इसे आधा-अधूरा नहीं जीना चाहिये।

आपको यह फ़ैसला कर लेना चाहिये कि आप अपने जीवन को पूरी तरह जियेंगे और हर पल का आनंद लेंगे। जीवन का आनंद लें। क्या यह शर्म की बात नहीं है कि लोग आत्महत्या कर लेते हैं और अपना जीवन अपने ही हाथों नष्ट कर लेते हैं? यह भी शर्म की बात है कि आप अपने जीवन को थोड़ा-थोड़ा करके बर्बाद करें यानी अपनी क्षमताओं के हिसाब से न जी पायें। चाहे आप इसे एक साथ करें या थोड़ा-थोड़ा करके, अंतिम परिणाम वही रहता है : आप जीवन को पूरी तरह से नहीं जीते हैं और इसलिये इसके कई असली सुखों से वंचित रह जाते हैं। **हमेशा, जीवन को पूरी तरह जियें!**

असाधारण विचार असाधारण व्यक्ति की रचना करता है

महान बनने के लिये असाधारण विचार सोचना, असाधारण काम करना और असाधारण लक्ष्यों का पीछा करना आवश्यक है। *मैन्स सर्च फ़ॉर हिमसेल्फ़* के लेखक और महान मनोवैज्ञानिक रोलो मे के अनुसार, "साहस का विलोम शब्द कायरता नहीं, बल्कि दूसरों के हिसाब से ढलना है।" दूसरों के हिसाब से ढलने का परिणाम यह हो रहा है कि हर जगह लोग दूसरों की नक़ल कर रहे हैं। वे यह नहीं जानते कि वे कहाँ जा रहे हैं और क्यों जा रहे हैं; वे बस नक़ल कर रहे हैं। अपनी अलग पहचान बनाने के बजाय हम मुख्य धारा में विलीन हो जाते हैं। हम बहाव को दिशा देने के बजाय उसके साथ बह जाते हैं। राष्ट्रपति थियोडोर रूज़वेल्ट की एक फ़िलॉसफ़ी थी, जिसने उन्हें भीड़ से अलग किया। उनका कहना था, "मैं आम आदमी बनने का चुनाव नहीं करता। अगर मैं असाधारण बन सकता हूँ, तो यह मेरा अधिकार है। मैं सुरक्षा नहीं, अवसर खोजूँगा। मैं यह नहीं चाहता कि राज्य मेरी देखभाल करे और मैं ग़रीबी का नीरस जीवन जियूँ। मैं सपने देखने और उन्हें साकार करने का सुनियोजित जोखिम लेना चाहता हूँ। मैं असफल या सफल होने का जोखिम लेना चाहता हूँ। मैं ग़रीबी का जीवन जीने से इंकार करता हूँ। मैं गारंटीशुदा अस्तित्व के बजाय जीवन की चुनौतियों को ज़्यादा पसंद करूँगा, आदर्श राज्य की बासी शांति के बजाय संतुष्टि के रोमांच को ज़्यादा पसंद करूँगा। मैं किसी मालिक के सामने कभी नहीं काँपूँगा, न ही किसी मित्र के आगे झुकूँगा। यह मेरी

विरासत है कि मैं तनकर खड़ा रहूँ, गर्व से और बिना डरे, अपने लिये सोचूँ और कार्य करूँ तथा दुनिया के सामने बहादुरी से कहूँ, "मैंने यह किया है।" जैसा फ्रैंक सिनात्रा ने अपने एक गीत में कहा है, "मैंने यह अपने तरीक़े से किया है!" मित्रो, मैं आपसे कहता हूँ, आप भी इसे अपने तरीक़े से करें! असाधारण विचार सोचें, असाधारण काम करें और जैसा हेनरी डेविड थोरो कहते थे, "अगर कोई विश्वासपूर्वक अपने सपनों की दिशा में आगे बढ़ता है और उस तरह का जीवन जीने का प्रयास करता है, जिसकी उसने कल्पना की है, तो उसे ऐसी सफलता मिलेगी, जो असाधारण और अनपेक्षित होगी।"

अपने जीवन का उद्देश्य खोजें

मैं आज आपको एक कहानी सुनाना चाहता हूँ, जो मुझे *थिंक एंड ग्रो रिच - ए ब्लैक चॉइस* के लेखक डेनिस किंबरो ने सुनाई थी। डेनिस ने मैल्कम एक्स के बारे में एक कहानी बताई, जो उन्होंने मैनहेटन बोरो के प्रेसिडेंट पर्सी सटन से सुनी थी। एक युवा वकील के रूप में पर्सी सटन एक अदालती प्रकरण में मैल्कम एक्स के वकील थे। जीतने की आशा न होते हुए भी वे जीत गये। मैल्कम और उनके विरोधियों के बीच यह एक बहुत तनावपूर्ण अदालती युद्ध था। जब वे अदालत से बाहर निकल रहे थे, तो मैल्कम के समर्थक एक तरफ़ थे और उनके विरोधी दूसरी तरफ़। मैल्कम और पर्सी सटन जब लंबी काली लिमोज़ीन की तरफ़ बढ़ रहे थे, तो कई बॉडीगार्ड्स उन्हें घेरे थे। पर्सी सटन इतने डरे हुए थे कि उनके मुँह से शब्द नहीं निकल रहे थे, जबकि मैल्कम एकदम शांत और अविचलित थे। पर्सी ने उनसे पूछा, "आप इतने ख़तरे के बीच भी इतने शांत कैसे रह सकते हैं, जहाँ किसी भी पल आपकी जान जा सकती है?" मैल्कम ने शांति से जवाब दिया, "मुझे ख़तरा दिखाई ही नहीं दिया। मेरा मस्तिष्क दूसरी चीज़ों के बारे में सोच रहा है, ऐसी चीज़ें जिनका मेरी मृत्यु से कोई संबंध नहीं है। मैं इस वजह से चिंतित नहीं हूँ क्योंकि मैंने एक कहानी सुनी थी, जिसने मुझे जीवन के बारे में एक नया दृष्टिकोण सिखाया। भाई पर्सी, बरसों पहले मैंने यह कहानी सुनी थी। उमर नाम के एक बूढ़े कर्मचारी ने एक सपना देखा और उसमें उसे मौत

का चेहरा दिखा। वह जागा, भागकर अपने मालिक के पास गया और उनसे पूछा कि क्या वह उनका सबसे तेज़ घोड़ा ले जा सकता है, क्योंकि वह मौत से बचना चाहता है। मालिक ने उसे अपना सबसे तेज़ घोड़ा दे दिया। उमर तीन दिन तक बिना रुके उस घोड़े पर सवारी करता रहा। वह खाने या सोने या सामान लेने के लिये भी नहीं रुका। वह जितनी तेज़ जा सकता था, गया। तीन दिन के बाद वह सतरस्ते पर पहुँचा, जहाँ उसके सामने सात राहें थीं। उसने सबसे दाहिनी सड़क को चुना, परंतु तत्काल अपना मन बदल लिया। उसने सबसे बाईं सड़क को चुना, फिर मन बदल लिया और सड़क चुनने को लेकर सोच-विचार करता रहा, और इस तरह बाक़ी सभी सड़कों पर जाकर मन बदलने के बाद उसके पास सिर्फ़ एक ही सड़क बची। उसने वह सड़क चुन ली और उस पर तेज़ी से घोड़े को सरपट भगा दिया। जब वह 500 फ़ुट आगे पहुँच गया, तो मौत का चेहरा नज़र आया और वह बोली, 'उमर, उमर, तुमने मुझे तीन दिनों तक इंतज़ार क्यों करवाया?'" मैल्कम एक्स ने सटन की तरफ़ मुड़कर कहा, "इस कहानी का संदेश यह है कि आप कितना ही दौड़ लें, कितना ही छुप लें, कितना ही घूम लें, कितनी ही कोशिश कर लें, यानी कि आप कुछ भी कर लें, आप इस ज़िंदगी से ज़िंदा बाहर नहीं निकल सकते।" इसलिये जब आप यहाँ पर हैं, तो बेहतर यही होगा कि आप अपने जीवन का उद्देश्य खोज लें, जीवन को पूरी तरह जियें, उत्कृष्टता का लक्ष्य बनायें और अपने सपने को जियें, क्योंकि आप इस ज़िंदगी से ज़िंदा बाहर नहीं निकल सकते!

आपको कौन चलाता है!

एक स्कूल में मेरा भाषण ख़त्म होने के बाद एक युवती मेरे पास आई। वह बहुत रोमांचित थी। उसने कहा कि उसे मेरा भाषण पसंद आया था और इसमें दी गई जानकारी भी। परंतु वह जानना चाहती थी कि क्या इनसे सचमुच लाभ होता है। "क्या ये सिद्धांत सचमुच काम करते हैं?" फिर उसने मुझसे एक सवाल पूछा, ताकि उसे यह निर्णय लेने में मदद मिले कि क्या ये सिद्धांत सचमुच काम करते थे। उसने पूछा, "मिस्टर जॉली, आपके पास कौन सी कार है?" इससे मैं हैरान रह गया और एक

पल के लिये तो हक्का-बक्का रह गया, क्योंकि मैं कार को सफलता के प्रतीक के रूप में नहीं देखता। मैंने उसकी आँखों में देखा और कहा, "आप जानती हैं, दरअसल इस बात से कोई फ़र्क़ नहीं पड़ता कि मैं इस समय कौन सी कार चलाता हूँ। कुंजी यह है कि मुझे कौन चलाता है! अगर मैं अपने लक्ष्य की ओर चल रहा हूँ और उत्कृष्टता से चल रहा हूँ, तो मैं जो कार चाहूँ, ख़रीद सकता हूँ और चला सकता हूँ!" जीवन में यह महत्वपूर्ण नहीं है कि आप क्या चलाते हैं; महत्वपूर्ण तो यह है कि आपको कौन चलाता है! उत्कृष्टता का पीछा करें और अपने सर्वश्रेष्ठ स्वरूप को चलायें!

उत्कृष्टता बनाम पूर्णता

वेब्स्टर ने उत्कृष्टता को परिभाषित करते हुए लिखा है, "जो उच्च गुणवत्ता की हो; जो पहले दर्जे की गुणवत्ता प्रदर्शित करती हो।" *पूर्णता* को परिभाषित करते हुए लिखा गया है, "पूर्ण होने की अवस्था, बगैर दोष या ख़ामी के," और इसका अर्थ यह है कि पूर्णता से कम कोई भी चीज़ स्वीकार नहीं की जायेगी। कई लोग कहते हैं कि वे पूर्णतावादी हैं और वे सिर्फ़ पूर्ण या आदर्श परिणाम चाहते हैं। वे कहते हैं कि "अभ्यास पूर्ण बनाता है!" परंतु सच तो यह है कि "अभ्यास सुधार करता है।" मेरा लक्ष्य पूर्णता नहीं, बल्कि उत्कृष्टता है। मैं सतत और अनंत सुधार करना चाहता हूँ और लगातार अपने सर्वश्रेष्ठ से बेहतर प्रदर्शन करने की कोशिश में रहता हूँ। मेरा लक्ष्य यह है कि मैं कल जितना अच्छा था, आज उससे अच्छा रहूँ और आज जितना अच्छा हूँ, आने वाले कल में उससे भी बेहतर बनूँ।

हैंक आरोन ने जितने होम रन बनाये, उसने दुगने स्ट्राइक आउट किये, परंतु इसके बावजूद उन्होंने किसी अन्य खिलाड़ी की तुलना में अधिक होम रन बनाये! वे पूर्ण या आदर्श नहीं थे, परंतु वे उत्कृष्ट थे। मैं कहता हूँ कि आपको पूर्णता का नहीं, बल्कि उत्कृष्टता का पीछा करना चाहिये, क्योंकि उत्कृष्टता आपको अपने सर्वश्रेष्ठ प्रदर्शन को लगातार बेहतर करने की अनुमति देती है। ए.एल. विलियम्स ने इसे बहुत अच्छी तरह यूँ कहा था, "आप बस उतना ही कर सकते हैं, जितना कि आप

कर सकते हैं और आप कुल जितना कर सकते हैं, वह पर्याप्त है। सिर्फ़ यह सुनिश्चित कर लें कि आप कुल जितना कर सकते हों, वह बिलकुल उतना ही हो, जितना कि आप कर सकते हैं!" मार्टिन लूथर किंग, जूनियर ने इसे इस तरह सुंदरता से कहा, "अगर किसी व्यक्ति को सड़क की सफ़ाई का काम दिया जाये, तो उसे उसी तरह से सड़कें झाड़ना चाहिये, जिस तरह माइकल एंजेलो तस्वीरें बनाते थे, बीथोवन संगीत रचते थे या शेक्सपियर कविता लिखते थे। उसे सड़कों को इतना साफ़ झाड़ना चाहिये कि धरती और स्वर्ग के सभी निवासी ठहरें और कहें, 'यहाँ पर एक महान सड़क साफ़ करने वाला रहता था, जो अपना काम अच्छी तरह करता था।' " पूर्णता का नहीं, बल्कि उत्कृष्टता का पीछा करें और हमेशा अपने सर्वश्रेष्ठ प्रदर्शन को बेहतर बनाने का प्रयास करते रहें!

उत्कृष्ट... थोड़ा अतिरिक्त!

जब हम उत्कृष्टता के बारे में बात करते हैं, तो कई लोग सोचते हैं कि यह काम इतना कठिन होगा, इतनी ज़्यादा माँग करने वाला होगा कि इसे करना संभव नहीं होगा। और इसलिये वे कोशिश ही नहीं करते। परंतु उत्कृष्टता का अर्थ छोटी-छोटी चीज़ों को करना है, अतिरिक्त मील चलना है, थोड़ी ज़्यादा कोशिश करना है और हर दिन थोड़ा ज़्यादा देना है। देखिये, जब आपको अपना सर्वश्रेष्ठ देने की आदत पड़ जाती है, तो परिणाम दिखने लगते हैं। जॉन हेस ने कहा था, "रेस का जो घोड़ा एक मील की दूरी अन्य घोड़ों से कुछ सेकंड जल्दी दौड़ सकता हो, दुगने मूल्य का होगा क्योंकि थोड़ा सा फ़र्क़ बहुत बड़ा साबित होता है।" एक कविता है, जो बताती है कि साधारण (ordinary) और असाधारण (extraordinary) के बीच फ़र्क़ सिर्फ़ छोटे से "अतिरिक्त" (extra) का ही है। प्रयास बहुत बड़ा फ़र्क़ पैदा कर सकता है। हर दिन थोड़ा अतिरिक्त दें और आपको महसूस होगा कि उत्कृष्टता सचमुच सर्वश्रेष्ठ लाभ देती है!

हाएसिन्थ मॉर्गन

हाएसिन्थ मॉर्गन से मैं तब मिला, जब मैं एक कॉलेज में बोल रहा था। उनकी कहानी से मैं प्रेरित हुआ। बीस साल की उम्र में वे अमेरिका आईं और उस वक़्त वे सिर्फ़ छठवीं कक्षा तक पढ़ी थीं। वे ठीक से अँग्रेज़ी नहीं बोल पाती थीं, परंतु उनमें सफल होने की प्रबल इच्छा थी। उन्होंने हाउसकीपर के रूप में काम शुरू किया और अपनी अँग्रेज़ी सुधारना शुरू किया। पाँच साल तक काम करने के बाद उन्होंने इतना धन बचा लिया कि वापस जाकर अपने दो बच्चों को ले आयें, जिन्हें वे छोटै पैतृक टापू पर अपनी माँ के पास छोड़ आई थीं। जब वे अपने बच्चों को लेने के लिये अपने देश लौटीं, तो उन्हें टैक्स चुकाना पड़े, जिसमें उनकी सारी जमापूँजी ख़र्च हो गई। उन्होंने तीन साल तक और काम किया, बचत की तथा अपने बच्चों को अमेरिका ले आईं। उन्होंने पाँच साल तक घरेलू सहायक के रूप में काम किया, परंतु साथ ही वे अपने जी.ई.डी. पर भी काम करती रहीं। आख़िरकार उन्होंने डिप्लोमा हासिल कर लिया और एक स्थानीय सामुदायिक कॉलेज में नाम लिखाने की कोशिश की, क्योंकि उनका सपना डॉक्टर बनने का था। उन्हें बताया गया कि उनकी सीमित शैक्षणिक पृष्ठभूमि की वजह से यह संभव नहीं था। परंतु एक बार फिर, सफल होने की उनकी इच्छा प्रबल थी। उन्होंने सारे ए ग्रेड हासिल किये और वे कॉलेज में डॉक्टरी पढ़ने के लिये उत्सुक थीं। बहरहाल, उन्हें देश के हर कॉलेज ने रिजेक्ट कर दिया क्योंकि उनकी उम्र ज़्यादा थी, चालीस से भी अधिक। परंतु हाएसिन्थ ने हार नहीं मानी। वे कोशिश करती रहीं और फिर एक दिन बाल्टीमोर की जॉन्स हॉपकिन्स युनिवर्सिटी के अधिकारियों ने आख़िरकार उनके अंक देखे, उनकी कहानी सुनी और पूरी स्कॉलरशिप के साथ उन्हें अपने प्रि-मेडिकल प्रोग्राम में स्वीकार कर लिया। मित्रो, यह संकल्प और प्रेरणा की सच्ची कहानी है, जो यह साबित करती है कि यदि आप किसी काम का सपना देख सकते हैं, तो आप उसे कर सकते हैं। सपने के साथ आस्था, विश्वास, संकल्प और लगन हो, तो यह अधूरा रह ही नहीं सकता। याद रखें, अगर आपमें विश्वास हो, तो सब कुछ संभव है!

बोलने वाली चिड़िया

मेरी एक प्रिय कहानी है। यह उस बोलने वाली दुर्लभ चिड़िया के बारे में है, जो पाँच भाषायें बोल सकती थी। एक आदमी ने इस बोलने वाली दुर्लभ चिड़िया के बारे में सुना और इसकी तलाश में पूरी दुनिया छान मारी। थका देने वाली खोज के बाद वह पालतू पक्षियों की एक दुकान में गया और उसने इसके बारे में पूछा। यहाँ पर उसे चिड़िया मिल गई! उसने मालिक को बताया कि वह कुछ दिनों के लिये बाहर जा रहा है, इसलिये वह दो दिन में चिड़िया को उसके घर पर भिजवा दे। जब वह दो दिन बाद घर आया, तो उसने अपनी पत्नी से पूछा कि क्या चिड़िया आ गई थी। पत्नी ने जवाब दिया, "हाँ।" उसने पूछा, "चिड़िया कहाँ है?" पत्नी ने कहा, "ओवन में।" "क्या? वह अपनी तरह की इकलौती चिड़िया थी, जो पाँच भाषायें बोल सकती थी!" इस पर उसकी पत्नी ने कहा, "तो फिर उसने कुछ बोला क्यों नहीं?" हममें से अधिकांश उस चिड़िया की तरह होते हैं। हममें ऐसी योग्यतायें और क्षमतायें होती हैं, जो हमारी ज़िंदगी बदल सकती हैं, परंतु हम बोलते नहीं हैं; हम दुनिया को दिखाते नहीं हैं कि हमारे पास देने के लिये क्या है! मित्रो, दूसरों को अपनी योग्यताओं और क्षमताओं के बारे में जानने दें। उन्हें जानने दें कि आप दुर्लभ हैं। कोई भी पूरी तरह आप सा नहीं है। कोई भी नहीं!

बोलें

अगर आप जीवन में कुछ बनना चाहते हैं, तो आपको बोलने का इच्छुक होना होगा और लोगों को यह बताना होगा कि आप क्या चाहते हैं। हमने अभी उस चिड़िया के बारे में बात की है, जो बोली नहीं और इसलिये उसकी जान चली गई। यही अधिकांश लोगों के बारे में सच है : वे बोलते नहीं हैं। बाइबल कहती है, "माँगिये और आपको मिल जायेगा।" इसका उलटा भी उतना ही सच है : अगर आप माँगेंगे नहीं, तो शायद आपको कुछ नहीं मिलेगा। अधिकांश लोगों को इसलिये कुछ नहीं मिलता, क्योंकि वे माँगते नहीं हैं। जैसा विन सेमिनार वाले मेरे मित्र लैरी विंजेट कहते हैं, "अगर आप जीवन से ज़्यादा चाहते हैं, तो आपको जीवन से

ज़्यादा माँगना होगा!" माँगिये और आपको मिल जायेगा। अगर आप माँगेंगे नहीं, तो आपको जीवन में सिर्फ़ वही मिलेगा, जो जीवन आपकी ओर उछालेगा और वह नहीं मिलेगा, जो आप चाहते हैं, अगर आप पाना चाहते हैं, तो आपको माँगना होगा।

बोलना शुरू करने के बाद आपको उस आंतरिक चर्चा के बारे में भी सावधान रहना होगा, जिसका हम सभी अनुभव करते हैं। हमारी आंतरिक चर्चा वह चर्चा है, जो हम या तो मन में सोचते हैं या दूसरों के सामने शब्दों में व्यक्त करते हैं। हो सकता है आंतरिक चर्चा हानिरहित या महत्वहीन दिखे, परंतु यह दरअसल बहुत महत्वपूर्ण है क्योंकि इसका हमारे कार्यों और नज़रियों पर बहुत प्रभाव पड़ता है। हमारा नज़रिया न सिर्फ़ हमारे कार्यों को निर्धारित करता है, बल्कि यह हमारी आंतरिक चर्चा के साथ भी जुड़ा हुआ है, जो यह प्रभावित करती है कि हम क्या करेंगे और क्या नहीं करेंगे। हमें अपनी आंतरिक चर्चा को नियंत्रित करना सीखना होगा।

अब, चुप हो जायें

क्या कभी आपके जीवन में ऐसे दिन आये हैं, जब आप बिस्तर से बाहर नहीं निकलना चाहते हों? इसलिये नहीं क्योंकि आपको अब भी नींद आ रही है, बल्कि इसलिये क्योंकि आप समस्याओं से तंग आ चुके हैं, उनका सामना करते-करते थक चुके हैं और इसलिये आप बिस्तर से उठना नहीं चाहते? हर एक के जीवन में ऐसे दिन आते हैं। इन दिनों से मुक्ति पाने का उपाय यह है कि आप अपनी आंतरिक चर्चा को बदल लें। जब आपका मन आपसे कहे कि आपके पास उठने की कोई वजह नहीं है, तो आपको यह जवाब देना सीखना होगा, चुप रहो! यह सही है, सिर्फ़ इतना कहें, चुप रहो और फिर ख़ुद से कहें कि उठो और काम में जुट जाओ, व्यस्त हो जाओ! क्योंकि आपके सिवाय कोई भी आपके लिये यह नहीं कर सकता। डिप्रेशन आम तौर पर नकारात्मक आंतरिक चर्चा का परिणाम है। उठें, कुछ सकारात्मक सुनें (जैसे मोटिवेशनल मिनट) या कुछ सकारात्मक पढ़ें (जैसे *आपकी ज़िंदगी सिर्फ़ एक मिनट में बदल सकती है*)। ऐसे सकारात्मक वाक्यों की सूची बना लें, जिन्हें आप हर दिन दोहरा सकें। इस तरह की बातें बोलें, "आज का दिन बहुत बढ़िया

रहेगा, क्योंकि मैंने यह फ़ैसला कर लिया है कि यह बहुत बढ़िया होगा। कोई भी दो पत्तियाँ एक सी नहीं होतीं, कोई भी दो हिमकण एक से नहीं होते और दो लोगों की उँगलियों की छाप एक सी नहीं होती। कोई भी वह करने के लिये इस दुनिया में नहीं आया, जिसे करने के लिये मैं इस दुनिया में आया हूँ।" जागो, उठो, ताकि आप ऊपर उठ सकें! अपने दिन को बेहतरीन दिन बनाने का निर्णय लें!

बोयें और काटें

अगर आप जीवन से अधिक चाहते हैं, तो आपको जीवन में अधिक भरना होगा। यह आसान लगता है। आप जितना अधिक देते हैं, आपको उतना ही अधिक मिलता है। जितना अधिक आप बेचते हैं, आप उतना ही अधिक धन कमाते हैं। जितने अधिक बीज आप बोते हैं, आप उतनी ही अधिक फ़सल काटते हैं। अधिकांश लोग अपने जहाज़ों के आने का इंतज़ार करते हैं, जबकि उन्होंने अपने जहाज़ कहीं बाहर भेजे ही नहीं हैं! वे चाहते हैं कि उनके पौधे बड़े हो जायें, जबकि उन्होंने बीज बोये ही नहीं हैं। देखिये, किसान यह नहीं करता कि वह खेत में जाकर दस बीज बोये और सौ पौधों की आशा करे। नहीं, वह बहुत से बीज बोता है और जानता है कि कुछ शायद न उगें, परंतु वह जितने अधिक बीज बोयेगा, उसे उतनी ही अधिक फ़सल मिलेगी। यह सिद्धांत उतना ही पुराना है, जितना कि समय : आप जैसा बोयेंगे, आप वैसा ही काटेंगे। इसका मतलब यह है कि आपको व्यस्त होना होगा। आपको इसे करके दिखाना होगा! अगर आप जीवन से ज़्यादा हासिल करना चाहते हैं, तो आपको जीवन में अधिक भरना होगा। अगर आपको विश्वास है, तो आप अपने लक्ष्य तक पहुँच सकते हैं!

रचनात्मक जूते चमकाने वाला

सफल होने के लिये आपको अपने सामने वाली कुछ बाधाओं को पार करने के रचनात्मक तरीक़े खोजने होंगे, आपको रचनात्मक बनना होगा। लेस ब्राउन एक व्यस्त बिज़नेसमैन की कहानी बताते हैं, जो एक मीटिंग में जा रहा था। जैसे ही वह ऑफ़िस से निकला, उसके पास एक जूते

चमकाने वाला आया, जिसने कहा, "देखिये, आपके जूते गंदे दिख रहे हैं। क्यों न आप मुझसे पॉलिश करवा लें?" बिज़नेसमैन ने कहा, "नहीं... मेरे पास समय नहीं है।" अगली छह इमारतों में उसे छह पॉलिश करने वाले मिले, जिन्होंने उससे यही आग्रह किया और उसने वही जवाब दिया, "नहीं... मेरे पास पॉलिश करवाने का समय नहीं है।" परंतु सातवीं इमारत के सामने वह एक पॉलिश की दुकान के सामने से गुज़रा और वहाँ बैठा व्यक्ति गिन रहा था : "97, 98, 99, 100"। फिर वह बोला, "मित्र, आप व्यस्त दिख रहे हैं, इसलिये मैं बाधा पहुँचाने के लिये क्षमा चाहता हूँ। परंतु आज मेरा जन्मदिन है और मैंने ख़ुद से यह वादा किया था कि मैं अपनी दुकान के सामने से गुज़रने वाले सौवें आदमी के जूतों की मुफ़्त पॉलिश करूँगा। कृपया मुझे अवसर दें कि मैं आपके जूते चमकाकर अपना वादा पूरा कर सकूँ।" यह सुनकर बिज़नेसमैन बैठ गया। पॉलिश करने वाला काम में जुट गया। वह मेहनत से जूते चमकाने लगा। उसने कपड़े से जूते इतनी तेज़ी से रगड़े कि उसके माथे से पसीना टपकने लगा। उसने व्यस्त बिज़नेसमैन के जूतों को बेहतरीन तरीक़े से चमका दिया। दरअसल उसके जूते अब ऐसे दिख रहे थे, जैसे वे बिलकुल नये हों। जब वह बिज़नेसमैन जाने को तैयार हुआ, तो उसने पूछा, "तुम आम तौर पर कितने पैसे लेते हो?" जूते चमकाने वाले ने कहा, "पाँच डॉलर, सर।" बिज़नेसमैन ने उसे दस डॉलर का नोट देते हुए कहा, "जन्मदिन मुबारक़ हो।" जूते चमकाने वाला कुछ मिनट तक खड़ा रहा और इसके बाद वह फिर बोलने लगा, "97, 98, 99..." मित्रो, यह कहानी सिर्फ़ यह बताती है कि हमें रचनात्मक होना चाहिये और अपनी बुद्धि का प्रयोग करना चाहिये, क्योंकि कई बार सिर्फ़ यही तरीक़ा काम आता है। रचनात्मक बनें!

जीवन कोई वादे नहीं करता, सिवाय इसके कि यह चुनौतीपूर्ण होगा। ऐसा लगता है, जैसे यह नियम का हिस्सा है कि जीवन कठिन है। परंतु मुझे विश्वास है कि अगर आप अपने दिन के बारे में नकारात्मक नज़रिये के बजाय सकारात्मक नज़रिया लेकर चलें, तो यह बहुत आनंददायक और आसान बन जाता है।

अपने सपने का पीछा करते समय आपको रचनात्मक बनना होगा, आपको यह विश्वास करना होगा कि आप अपने लक्ष्य हासिल कर सकते हैं। और

आपको ऐसी मानसिकता रखनी होगी जो आपको लगातार बताये कि "यह संभव है," और लगातार कहें, "हाँ, मैं कर सकता हूँ," "हाँ, मैं कर सकता हूँ," "हाँ, मैं कर सकता हूँ!" आपको चाहिये ***"मैं कर सकता हूँ"*** का नज़रिया, ***"हाँ"*** का नज़रिया, एक ऐसा नज़रिया जो फ़र्क़ पैदा करता है। चार्ल्स स्विनडॉल ने कहा था, "मुझे विश्वास है कि जीवन का सिर्फ़ दस प्रतिशत मेरे साथ घटित होता है और 90 प्रतिशत इस पर निर्भर करता है कि मैं इस पर कैसी प्रतिक्रिया करता हूँ।" और यही आपके साथ होता है। हम अपने नज़रियों के मालिक हैं! हर दिन को महान दिन बनाने का फ़ैसला करें। एक ***नया नजरिया*** अपनाने का फ़ैसला करें!

❋ ❋ ❋

अध्याय छह

हाथ-पैर चलाते रहें - हार न मानें!

अगर सपने सफलता के बीज हैं, तो सफलता की कुंजी क्या है? जवाब है लगन! आप अपने सपने को छोड़ नहीं सकते! सपने का पीछा करते समय आपके सामने कुछ चुनौतियाँ आयेंगी, कुछ रास्ते बंद मिलेंगे, परंतु आपको जुटे रहना होगा। आपको रचनात्मक बनना होगा और जीवन की बाधाओं को पार करने के लिये अपनी तमाम क्षमताओं का प्रयोग करना होगा। हमें जीवन में अवसरों की तलाश करनी होगी और अगर अवसर न हों, तो उन्हें बनाना होगा। हमें नींबुओं को लेना होगा और अपने सपने पर लोगों की ठंडे पानी जैसी आलोचना से नींबू का शर्बत बनाना होगा! हमें खुद पर भरोसा करना होगा और निष्ठा से जुटे रहना होगा, कभी हार न मानने के लिये! दूसरे शब्दों में, "मैं कर सकता हूँ" का नज़रिया विकसित होने के बाद हमें "मैं कर सकता हूँ" की क्षमता भी विकसित करनी होगी। हमें सतत और लगनशील कर्म करने का संकल्प लेना होगा। *आप अपने हाथ-पैर लगातार चलाते रहें, कभी हार न मानें!*

दो मेंढक

एक बार की बात है, दो मेंढक एक देहाती सड़क पर जा रहे थे। एक भयानक तूफ़ान आया और वे घबरा गये। हवा इतनी तेज़ चल रही थी कि वे बिछड़ गये और भटक गये। दुविधा में पहला मेंढक दूध की पतीली

में गिर गया। उसने अपने चारों तरफ़ देखा, ग़ुस्से में जीवन और इसकी अनिश्चितताओं को कोसने लगा। वह रोते हुए समस्या के बारे में शिकायतें करने लगा और कहने लगा कि जीवन कितना बुरा है। वह रोता रहा, कोसता रहा, उसने अपनी सारी शक्ति को समस्या पर केंद्रित कर लिया। उसने जल्दी ही हार मान ली और वह मर गया। दूसरा मेंढक भी दूध की एक पतीली में ही गिरा, परंतु उसका नज़रिया अलग था, उसका दृष्टिकोण भिन्न था, उसका दृष्टिकोण सकारात्मक था। उसे दूध में गिरना अच्छा नहीं लगा था। उसे वे कठोर झटके पसंद नहीं थे, जो जीवन ने उसे दिये थे, पर उसने अपनी शक्ति को समस्या के बजाय समाधान की ओर लगाया। वह उछलता रहा और हाथ-पैर चलाता रहा। उसने हार नहीं मानी। उसने महसूस किया कि यह महत्वपूर्ण नहीं है कि आपके साथ क्या होता है, असली महत्व की बात यह है कि आप इसके बारे में क्या करते हैं। इसलिये वह हाथ-पैर चलाता रहा, लगातार चलाता रहा। वह तब तक हाथ-पैर चलाता रहा, जब तक कि दूध मलाई में नहीं बदल गया। वह लगातार हाथ-पैर मारता रहा। वह तब तक हाथ-पैर मारता रहा, जब तक कि मलाई मक्खन में नहीं बदल गई और अंततः वह बाहर निकल गया। मित्रो, कई बार जीवन खेल को निष्पक्षता से नहीं खेलता। ऐसे भी समय होंगे, जब जीवन आपकी तरफ़ एक मुश्किल गेंद उछालेगा, और आपकी सफलता या असफलता अंततः इस बात पर निर्भर करेगी कि आप जीवन या समस्या को लेकर ग़ुस्सा होकर बैठे रहते हैं और इसके अन्यायपूर्ण होने पर ध्यान लगाते हैं या फिर आप समस्या के समाधान पर ध्यान लगाते हैं। मैंने यह पाया है और मुझे इसमें ज़रा भी संदेह नहीं है कि सफलता की कुंजी यह नहीं है कि आपके साथ क्या होता है, बल्कि यह है कि आप अपने साथ होने वाली घटनाओं के बारे में क्या करते हैं।

हाथ-पैर मारते रहें

विली जॉली का गीत

आप जानते हैं, हर एक के जीवन में कुछ पानी तो बरसेगा ही,
हर एक के घर में मुश्किल कभी-कभार मेहमान बनकर आयेगी ही,
परंतु जब ऐसा हो, तो हो सकता है कि आप सिर्फ़ वहाँ बैठे रहें और रोते रहें
या फिर यह हो सकता है कि आप अपना मन बना लें खड़े होने और लड़ने का।

लोगो, मेरी बात ध्यान से सुनो,
जीवन में सफलता कभी संयोग से नहीं, बल्कि चुनाव से मिलती है।
आप आगे बढ़ने का विकल्प चुनें, तूफ़ान से गुज़रने का।
या जब चीज़ें गड़बड़ होने लगें, तो आप चुनें हार मानने और
घुटने टेक देने का विकल्प।

आप जीतते हैं या हारते हैं, यह आप पर है।
अगर आप शिखर पर पहुँचना चाहते हैं,
तो आपको अपने दिल की गहराइयों में विश्वास करना होगा।
इसमें अपना सब कुछ झोंक दें, वह सब कुछ जो आपके पास है,
और कभी भी, कभी भी न रुकें!

आपको हाथ-पैर चलाना होंगे, लगातार चलाना होंगे,
आपको कोशिश करनी होगी, लगातार करनी होगी।

मैं जानता हूँ आप यह नियंत्रित नहीं कर सकते कि हवा का रुख़
किस तरफ़ होगा,
परंतु आप यह तय कर सकते हैं कि आपकी नाव किस दिशा में जायेगी।
अगर हवा उत्तर में बह रही है,
परंतु दक्षिण आपकी चुनी हुई दिशा है,
तो आपको बहाव का प्रयोग करना होगा
और इसके सहारे जहाँ आप जाना चाहते हैं, वहाँ पहुँचना होगा।

जीवन की दौड़ सबसे तेज़ या शक्तिशाली मनुष्य नहीं जीतता,
बल्कि वह जीतता है जो सिर्फ़ लगातार आगे बढ़ता रहता है।

चाहे दौड़ कितनी ही मुश्किल क्यों न हो जाये, विजेता का कप वही उठाता है, जो हाथ-पैर चलाता रहता है और कभी हार नहीं मानता!

यह गीत मैंने लिखा है। इसमें बताया गया है कि सफलता का मतलब है कभी हार न मानना। आँकड़े इस बात की पुष्टि करते हैं। आपको बस कोशिश करते रहना होगा। आपको लगन से जुटे रहना होगा। एक नया नज़रिया विकसित करने के बाद एक नई मानसिकता, एक नया संकल्प और दुनिया को देखने की एक नई दृष्टि विकसित करने के बाद अभी कुछ और भी है, जो आपको करना है। आपके पास सपना है, आपके पास लक्ष्य है, आपके पास नया नज़रिया है, आपको इस संभावना पर यक़ीन है कि आप सचमुच अपने लक्ष्य को हासिल कर सकते हैं, फिर आप अपने लक्ष्य की ओर बढ़ना शुरू कर देते हैं और समस्यायें व चुनौतियाँ नज़र आने लगती हैं। आपके वहाँ पहुँचते ही दरवाज़े बंद हो जाते हैं। लोग आपके विचार सुनते ही कह उठते हैं, "नहीं!" आपके रास्ते में पहाड़ आकर खड़े हो जाते हैं। अब आप क्या करेंगे? क्या आप हार मान लेंगे? *नहीं!*

आपको लगातार चलते रहने का अटल निर्णय लेना होगा। अगर आप सफलता चाहते हैं और अपने लक्ष्य तक पहुँचना चाहते हैं, तो आपको यह फ़ैसला करना होगा कि आप कभी मैदान नहीं छोड़ेंगे, कभी भी नहीं। आपको लगन से काम करने का फ़ैसला लेना होगा। लगन या कभी हार न मानने की आदत, सकारात्मक मानसिक नज़रिये का सीधा परिणाम है। यह कर्म की वह सीढ़ी है, जो हर सफलता की कुंजी है।

लगन की मेरी एक प्रिय कहानी डब्ल्यू. मिशेल के बारे में है। जब मैंने आत्म-विकास का अपना सफ़र शुरू किया, तो मैं ज़िग ज़िग्लर, एंथनी रॉबिन्स और हमारे युग के अन्य महान वक्ताओं के टेपों में डब्ल्यू. मिशेल का नाम लगातार सुनता था। मैं इस व्यक्ति की लगन और संकल्प की कहानी सुनकर हैरान था, जिसने हार मानने से इंकार कर दिया, तब भी जब उसके जीवन में बहुत भयानक परिस्थितियाँ और बाधायें आईं।

कुछ साल पहले मैं मिशेल से मिला। वे मुझसे इतने प्रेम और गर्मजोशी से मिले, जैसे हम बरसों से एक-दूसरे को जानते हों। तब से हम अच्छे दोस्त बन चुके हैं। मैंने उनसे उनकी कहानी सुनी है, जो सिर्फ़ वही सुना सकते हैं। यह मुझे लगातार याद दिलाती है कि इस बात से सचमुच कोई फ़र्क़ नहीं पड़ता कि जीवन

में आपके साथ क्या होता है, फ़र्क़ सिर्फ़ इससे पड़ता है कि आप इस बारे में क्या करते हैं।

डब्ल्यू. मिशेल, जिसने मरने से इंकार कर दिया!

डब्ल्यू. मिशेल ऐसे इंसान हैं, जो जीवन की बाधाओं पर विजय पाने के प्रत्यक्ष उदाहरण हैं। उन्हें सम्मान से "मरने से इंकार करने वाला इंसान" कहा जाता है, क्योंकि वे कभी हार नहीं मानते। बीस साल पहले मिशेल विद्यार्थी थे और सैन फ़्रांसिस्को में केबल ऑपरेटर के पद पर पार्ट टाइम काम करते थे। स्कूल और नौकरी के बीच आनंद के लिये वे अपनी नई हार्ले-डेविडसन मोटरसाइकल चलाने का समय निकाल लेते थे। वे ऐसे समय के लिये जीते थे, जब वे अपनी बाइक पर बाहर निकल सकें और अपने चेहरे पर लगती स्फूर्तिदायक हवा को महसूस कर सकें। एक दिन मोटरसाइकल चलाते समय वे एक चौराहा पार कर रहे थे। तभी अचानक उन्होंने देखा कि लाल बत्ती के बावजूद एक ट्रक चला आ रहा है। ट्रक आकर मिशेल से टकरा गया। वे ज़मीन पर गिर गये और वहाँ पर कराहते हुए उन्हें पेट्रोल की बदबू आई। उन्हें यह एहसास हुआ कि वे पेट्रोल में नहा चुके थे। तभी अचानक एक विस्फोट हुआ और मोटरसाइकल में आग लग गई। फिर आग फैली और इसने मिशेल को भी अपनी चपेट में ले लिया। वे एक मानव-मशाल बन गये और सिर से पैर तक पूरी तरह से जल गये। उनके हाथ-पैर की उँगलियाँ काट देनी पड़ीं और उनका हुलिया अब पूरी तरह बदल चुका था। महीनों तक पीड़ादायी सर्जरी चलती रही, इलाज चलता रहा परंतु उन्होंने हार नहीं मानी। उन्होंने अपनी शिक्षा पूरी की और एक बिज़नेस शुरू किया, जो जल्दी ही बहुत सफल हुआ। दरअसल, वे एक निजी हवाई जहाज़ ख़रीदने में कामयाब हुए, जिसे वे ख़ुद चलाते थे। हवाई जहाज़ उड़ाना उनका प्रमुख शौक़ बन गया और वे ख़ाली समय में उसे उड़ाने लगे। एक रात हवा में उड़ते समय हवाई जहाज़ के इंजन में गड़बड़ हो गई। उन्होंने हवाई जहाज़ ज़मीन पर उतारने की कोशिश की, परंतु वे नियंत्रण नहीं रख पाये और हवाई जहाज़ गिर गया। जब महीनों तक कोमा में रहने के

बाद उन्हें होश आया, तो उन्होंने पाया कि उन्हें कमर के नीचे लक़वा मार गया था! उन्होंने बैठकर जब ख़ुद को देखा, तो उन्हें एक जला हुआ आदमी दिखा, जिसे अब लक़वा मार चुका था और जिसे अब बची हुई ज़िंदगी व्हीलचेयर पर गुज़ारने के लिये विवश होना पड़ेगा। लोग सोच रहे थे कि वे हार मान लेंगे, परंतु मिशेल ने हार मानने से इंकार कर दिया। उन्होंने कहा, "पहले ऐसे दस हज़ार काम थे, जिन्हें मैं कर सकता था; अब ऐसे नौ हज़ार काम हैं।" बाद में उन्होंने अपनी कहानी बाक़ी लोगों को सुनाई और वे दुनिया के शीर्षस्थ प्रेरणादायक वक्ताओं में से एक बन गये। उनके कॉलोरेडो, कैलिफ़ोर्निया और हवाई में घर हैं। वे सचमुच जीवन को पूरी तरह से जीते हैं। वे जीवन को उसी तरीक़े से जीते हैं, जिस तरह वे इसके बारे में बोलते हैं। आपके साथ क्या होता है, यह महत्वपूर्ण नहीं हैं; महत्वपूर्ण तो वह है, जो आप उसके बारे में करते हैं।

कभी हार न मानें!

बहुत से लोगों ने मुझसे पूछा है कि जब जीवन आपकी तरफ़ एक मुश्किल गेंद उछाल दे, जब मर्फ़ी का नियम लागू हो जाये, तो क्या किया जाये। मर्फ़ी का नियम क्या है? मर्फ़ी का नियम है, "जो भी चीज़ गड़बड़ हो सकती है, सबसे बुरे समय में गड़बड़ होगी।" मैंने एक बार किसी को यह कहते सुना था कि जीवन में या तो आपके पास कोई समस्या है या आप अभी किसी समस्या से निकलकर आ रहे हैं या फिर आप किसी समस्या की तरफ़ जा रहे हैं। परंतु मर्फ़ी के नियम के बाद भी आपकी सफलता की कुंजी हार न मानना है : कभी हार न मानें। यह एक बहुत लोकप्रिय कविता "कभी मैदान न छोड़ें" का हिस्सा है। लेखक अज्ञात है, परंतु इसका अर्थ बहुत स्पष्ट है :

जब चीज़ें गड़बड़ हों, जैसी वे कई बार होंगी,
जब आप जिस सड़क पर चल रहे हों, उसमें चढ़ाई ही चढ़ाई दिखे,
जब पैसे कम हों और क़र्ज़ बहुत ज़्यादा,
जब आप मुस्कराना चाहते हों, परंतु आपके पास सिर्फ़ दर्द भरी आहें हों,
जब चिंता आपको दबाये दे रही हो,

तो अगर आराम करना पड़े तो सुस्ता लें, परंतु मैदान न छोड़ें।
ज़िंदगी अजीब है, इसमें घुमावदार रास्ते और मोड़ हैं,
जैसा हम सभी कई बार सीखते हैं,
और बहुत सी असफलतायें सफलताओं में बदल सकती थीं,
और आप जीत सकते थे, बशर्ते आप थोड़ी देर और जुटे रहते।
हालाँकि गति धीमी दिख सकती है, परंतु कभी हार न मानें,
आप एक और प्रहार से सफल हो सकते हैं।
मित्रो, चाहे जो हो जाये, मैदान न छोड़ें।
अपना मन बना लें कि आप कभी हार नहीं मानेंगे।

कभी मैदान न छोड़ें!

मुश्किलें जीवन का हिस्सा हैं! जब तक हमें इस धरती पर रहने का सौभाग्य मिला है, हमें उन बाधाओं और चुनौतियों के साथ लगातार जूझने की क़ीमत चुकानी होगी, जो ज़िंदगी हमारे सामने पेश करती है। बहरहाल, अगर हम सिर्फ़ लगन से काम करें, तो हम जीत सकते हैं। कभी हार न मानें! यह "कभी मैदान न छोड़ें भाग 2" है।

अक्सर लक्ष्य उससे अधिक क़रीब होता है,
जो अशक्त और लड़खड़ाते आदमी को नज़र आता है।
अक्सर संघर्ष करने वाला व्यक्ति हार मान लेता है,
जब वह विजेता का कप जीत सकता था।
और उसे यह बहुत देर बाद पता चलता है,
कि वह सोने के ताज के कितने क़रीब था।
सफलता विफलता का ही उलटा रूप है,
शंका के बादलों की सुनहरी किनारी है,
और आप कभी नहीं बता सकते कि आप कितने क़रीब हैं,
जब यह दूर दिखती है तो यह पास हो सकती है
इसलिये जब आपाको सबसे ज़्यादा चोट पहुँचे, तो जूझते रहें,
जब चीज़ें ख़राब दिख रही हों, तो कभी मैदान न छोड़ें!

एक पुरानी कहावत है कि "विजेता कभी मैदान नहीं छोड़ते और मैदान छोड़ने वाले कभी नहीं जीतते!" महान बनने के लिये आपको लगनशील बनना होगा और अपने सपनों को साकार करने की राह में कभी हार नहीं माननी होगी। याद रखें जब आप हारते हैं, तो जीवन ख़त्म नहीं होता। जीवन तब ख़त्म होता है, जब आप मैदान छोड़ देते हैं! याद रखें अगर आप किसी काम का सपना देख सकते हैं, तो आप उसे कर सकते हैं। आपको एक बेहतरीन दिन मुबारक़ हो!

मैंने पाया है कि महानता की सच्ची परिभाषा है : जब साधारण लोग असाधारण काम करें, लगातार जुटे रहें और हार मानने से इंकार कर दें। लगन हर कमी और सीमा की भरपाई कर देती है, जो आम तौर पर लोगों को अपने सपनों का पीछा करने से रोकती है। लगन वह पूँजी है, कर्म का वह क़दम है, जो आपके सपनों को हक़ीक़त में बदलता है। संकल्प एक नज़रिया है, परंतु लगन एक कर्म है, कभी हार न मानने का कर्म!

लगन

अगर आप अपने सपनों को साकार करना चाहते हैं, तो यह नितांत आवश्यक है कि आपमें लगन हो। विजेता बनाने वाले सारे गुणों में सबसे महत्वपूर्ण है लगन। आपको लगातार कोशिश करते रहना होगा, कोशिश करते रहना होगा कि आप कभी हार नहीं मानेंगे। कभी नहीं! लगन प्रतिरोध को नष्ट कर देती है। जीवन कहेगा, नहीं! लोग कहेंगे, नहीं! परंतु अगर आप जुटे रहेंगे, तो जीवन अंत में कहेगा, हाँ! यह एक नियम है। गुरुत्वाकर्षण के नियम की तरह, जो कहता है कि आप जो भी ऊपर फेंकेंगे, वह लौटकर नीचे अवश्य आयेगा। औसत का नियम कहता है कि अगर आप पर्याप्त लंबे समय तक पूछते रहेंगे, तो आपको "हाँ" सुनने को मिलेगा। ऐसा होकर रहेगा! पूर्व राष्ट्रपति कैल्विन कूलिज ने कहा था : "जूटे रहें। कोई भी चीज़ लगन की जगह नहीं ले सकती। योग्यता भी नहीं; दुनिया ऐसे असफल लोगों से भरी पड़ी है, जिनमें योग्यता है। प्रतिभा भी नहीं; प्रतिभा का अपर्याप्त प्रतिदान एक कहावत बन चुकी है। सिर्फ़ शिक्षा भी नहीं; दुनिया शिक्षित युवकों से भरी पड़ी है। लगन और संकल्प ही सर्वशक्तिमान हैं।" जैसा मैं अपने सेमिनारों में कहना पसंद

करता हूँ, "आपको खटखटाते रहना होगा, खटखटाते रहना होगा, जब तक कि आप इसे खुलवा न लें या इसे तोड़कर नीचे न गिरा दें!" नदी की धारा और चट्टान के संघर्ष में नदी की धारा हमेशा जीतती है - इसलिये नहीं क्योंकि इसमें ज़्यादा ताक़त होती है, बल्कि इसलिये क्योंकि यह लगन तथा धैर्य के साथ लगातार संघर्ष करती है।

असफलता का डर

एक बहुत बड़ी समस्या है, जिसकी वजह से लोग उनके सपने का पीछा करने से इंकार कर देते हैं। वह समस्या है असफलता का डर। लोग असफलता से इसलिये डरते हैं क्योंकि उन्हें यह एहसास ही नहीं होता कि यह सफलता का ही एक हिस्सा है। हर सफल व्यक्ति को कुछ असफलताओं को झेलना पड़ता है। परंतु वे असफलता का उपयोग करते हैं, असफलता से सीखते हैं। वे असफलता को अपना गुरु बनाते हैं, न कि अपनी क़ब्र खोदने वाला। बिजली के बल्ब के आविष्कार के दौरान थॉमस एडिसन 10,000 से ज़्यादा बार असफल हुए, परंतु उन्होंने हार नहीं मानी। जब उनसे पूछा गया कि उन्होंने हार क्यों नहीं मानी, तो उनका जवाब था, "मैं असफल नहीं हुआ था। मैंने तो एक और तरीक़ा खोजा था, जिससे बिजली के बल्ब का आविष्कार नहीं हो सकता था!" विलियम शेक्सपियर ने कहा है, "हमारी शंकायें दग़ाबाज़ हैं और हमें उन अच्छे कामों को करने से रोकती हैं, जिन्हें हम अक्सर कर सकते थे; इसलिये क्योंकि हम कोशिश करने में ही डरते हैं।" असफल होने से न डरें। दरअसल, असफलता की राह देखें, क्योंकि अगर आप असफल होने के बाद अपनी असफलता से सीखते हैं, तो आप अपने लक्ष्य के क़रीब पहुँचते हैं। यह उस आदमी की कहानी है, जो 21 साल की उम्र में बिज़नेस में असफल हुआ, 22 साल की उम्र में चुनाव की दौड़ में हारा, 24 साल की उम्र में एक बार फिर बिज़नेस में असफल हुआ, 26 साल की उम्र में उसकी प्रियतमा की मृत्यु हो गई। 27 साल की उम्र में उसे नर्वस ब्रेकडाउन हो गया। 34 साल की उम्र में वह संसद के चुनाव में हारा, 36 साल की उम्र में एक बार फिर हारा, 45 साल की उम्र में सीनेटर बनने की दौड़ में हारा, 49 वर्ष की उम्र में एक बार फिर सीनेटर

बनने से वंचित रहा और 52 वर्ष की उम्र में वह अमेरिका का राष्ट्रपति चुन लिया गया! उसका नाम अब्राहम लिंकन था! मित्रो, आप कभी हार न मानें! असफलता को ख़ुद को नीचे गिराने का मौक़ा न दें। यह सफलता का हिस्सा है। अपनी असफलताओं से सीखें। असफलता को अपना गुरु बनायें, न कि अपनी क़ब्र खोदने वाला! सिर्फ़ इतना याद रखें कि लोग तब ख़त्म नहीं होते, जब वे हारते हैं; वे तब ख़त्म होते हैं, जब वे मैदान छोड़ देते हैं!

ज़िद = लगन

लगन के बारे में मेरी एक प्रिय कहानी ल्यूक की पुस्तक के ग्यारहवें अध्याय में है, जहाँ जीसस यह नीतिकथा बताते हैं, "मान लीजिये आप किसी मित्र के घर आधी रात को जायें और तीन रोटियाँ उधार माँगें। आप उससे चिल्लाकर कहेंगे, 'मेरा एक दोस्त अभी मिलने के लिये आया है और मेरे पास घर में बिलकुल भोजन नहीं है। क्या आप मुझे रोटियाँ दे सकते हैं?' वह अपने शयनकक्ष से चिल्लाकर कहेगा, 'कृपया मुझसे उठने के लिये न कहें। रात को दरवाज़े पर ताला लग चुका है और हम सब बिस्तर में हैं। मैं इस समय आपकी मदद नहीं कर सकता।' हालाँकि वह मित्र के रूप में नहीं उठेगा, परंतु अगर आप लंबे समय तक उसका दरवाज़ा खटखटाते रहेंगे, तो वह उठेगा और आपको वह हर चीज़ दे देगा, जिसकी आपको ज़रूरत है, सिर्फ़ इसलिये क्योंकि आपमें ज़िद (लगन) है।"

सफलता की खोज में फ़र्क़ पैदा करने वाले सारे गुणों में लगन निश्चित रूप से आपके लक्ष्यों को हासिल करने की कुंजी है। कल्पना करें कि आप पिछली रात बाहर चले गये थे और इतने व्यस्त थे कि आपने भोजन नहीं किया। जब आप आख़िरकार घर लौटे, तो इतने थके थे कि आपने खाना नहीं खाया, इसलिये आप सीधे बिस्तर पर लुढ़क गये। अगली सुबह आप भयानक भूख के साथ उठते हैं। आपका पेट गरज रहा है और हर तरह की आवाज़ें निकाल रहा है। आपको ज़ोरदार भूख लग रही है। आप किचन में जाते हैं, अपना फ्रिज खोलते हैं और वह पूरी तरह से ख़ाली है, उसमें कुछ भी नहीं है। फिर आप अलमारी की तरफ़ जाते हैं, उसे खोलते हैं और वह भी पूरी तरह ख़ाली मिलती है। वहाँ

बिस्किट तक नहीं है! आपका पेट गरज रहा है, आप भूख से छटपटा रहे हैं और आपके पास भोजन नहीं है। आपको खाने के लिये कुछ चाहिये। ***अब आप क्या करेंगे?*** क्या आप स्टोर जायेंगे? 7-इलेवन जायेंगे? मैक्डॉनल्ड्स जायेंगे? किसी मित्र के घर जायेंगे? अब आप क्या करेंगे?

आप किराने की दुकान की तरफ़ भागते हैं, परंतु वहाँ दरवाज़े पर एक बोर्ड टँगा है, जिस पर लिखा है, "हीटिंग सिस्टम की समस्या के कारण स्टोर अस्थायी रूप से बंद है।" आप सड़क पर दूसरी तरफ़ भागते हुए फ़ास्ट-फ़ूड स्टोर पहुँचते हैं और जब आप वहाँ पहुँचते हैं, तो वहाँ ताला लगा हुआ है। बोर्ड पर लिखा है कि कर्मचारी हड़ताल पर हैं और शाम तक ही उनकी जगह पर दूसरे कर्मचारी उपलब्ध हो सकेंगे। आप पागलों की तरह दूसरे फ़ास्ट-फ़ूड रेस्तराँ की तरफ़ भागते हैं, परंतु वह भी बंद है, क्योंकि उसके वॉटर पाइप टूट गये हैं। आप भूख से छटपटा रहे हैं! अब आप क्या करेंगे? क्या आप किसी मित्र के घर जायेंगे, किसी रेस्तराँ जायेंगे या किराने की किसी दूसरी दुकान में जायेंगे? आप क्या करेंगे? आप क्या करेंगे?

मित्रो, मैं आपसे कहता हूँ कि एक भी व्यक्ति, हाँ, एक भी व्यक्ति यह नहीं कहेगा, "मैं हार मान लूँगा।" आप इस बारे में सोचते ही नहीं हैं। क्यों? क्योंकि जब आप भूखे होते हैं, जब आपको भोजन की ज़रूरत होती है, तो आप तब तक कोशिश करते रहेंगे, जब तक आपकी भूख शांत न हो जाये।

यही आपकी सफलता के बारे में भी सही है। आपको अपने सपनों का पीछा करते रहना होगा। आपको जुटे रहना होगा। आप कभी, कभी भी हार न मानें, चाहे कितने ही दरवाज़े आपके सामने बंद हो जायें! चाहे कितने ही पहाड़ और बाधायें आपकी राह में आयें, आपको यह नज़रिया विकसित करना होगा कि मैं मैदान नहीं छोड़ूँगा। कभी भी हार न मानें, कभी भी मैदान न छोड़ें! जुटे रहें!

अगर आप चींटी की तरफ़ ग़ौर से देखें, तो आप पायेंगे कि यह एक अविश्वसनीय जीव है, क्योंकि यह कभी हार नहीं मानती। अगर आप चींटी को इसकी राह पर चलते देखें और इसके रास्ते में एक पत्ती, छड़ी, ईंट या कोई और चीज़ रख दें, तो यह इसके ऊपर से चढ़कर निकल जायेगी, इसके नीचे से निकल जायेगी, इसके चारों तरफ़ चक्कर लगाकर निकल जायेगी या कुछ न

कुछ ऐसा करेगी जिससे यह अपने लक्ष्य तक पहुँच जाये। यह कभी नहीं रुकती। यह कभी हार नहीं मानती। यह कोशिश करती रहती है, आगे बढ़ती रहती हे, अपने लक्ष्य का पीछा करती रहती है। सच तो यह है कि चींटी सिर्फ़ तभी कोशिश करना छोड़ती है, जब वह मर जाती है। न सिर्फ़ चींटी कभी हार नहीं मानती, बल्कि यह जाड़े या बुरे दिनों की तैयारी भी करती है। उस टिड्डे की तरह नहीं, जो सिर्फ़ आज के बारे में ही सोचता है। टिड्डा गर्मियों के बारे में पूरी गर्मी सोचता है, जबकि चींटी पूरी गर्मी ठंड के बारे में सोचती है। जब ठंड आती है, तो चींटी आराम से रह सकती है, जबकि टिड्डा कष्ट में जीवन गुज़ारता है। सबक़ यह है कि चींटी भविष्य में आने वाले कष्टकारी समय के लिये मेहनत से तैयारी करती है, क्योंकि जल्दी या देर से... ऐसा समय आयेगा।

हम सभी को चींटी से एक सीख लेनी चाहिये। हमें हर दिन मेहनत से काम करना चाहिये और लक्ष्य बनाने तथा उनका पीछा करने के लिये समर्पित होना चाहिये। हमें आने वाले कल के लिये योजना बनानी चाहिये। तब हम कभी हार नहीं मानेंगे, चाहे हमारी राह में कितनी ही बाधायें आ जायें, चाहे कितनी ही समस्यायें हम पर हावी हो जायें, चाहे हम अपने आपको कितनी ही मुश्किल परिस्थितियों में पायें। हमें अपने सपनों का लगातार पीछा करना होगा और अपने लक्ष्यों तक पहुँचने का निरंतर प्रयास करना होगा। हमें हमेशा भविष्य की तैयारी करनी चाहिये। हमें बारिश के दिन (वक़्त-ज़रूरत) के लिये कुछ अलग निकालकर रख लेना चाहिये। क्योंकि जिस तरह से सूरज की रोशनी है, उसी तरह से बारिश होगी और जिस तरह से गर्मी है, उसी तरह से जाड़ा भी होगा। कड़ी मेहनत, करें, मुश्किल समय की तैयारी करें और सबसे बड़ी बात यह... **कभी हार न मानें!**

❋ ❋ ❋

अध्याय सात

इसका प्रेम से क्या लेना-देना है? ...सब कुछ!

टीना टर्नर ने यह सवाल पूछा था, "इसका प्रेम से क्या लेना-देना है?" परंतु उन्होंने इसका जवाब नहीं दिया था। कई लोग सवाल पूछेंगे, "ज़िंदगी सँवारने का प्रेम से क्या लेना-देना है, सफलता से प्रेम का क्या लेना-देना है?" जवाब है... सब कुछ! प्रेम का इससे बहुत गहरा नाता है, क्योंकि प्रेम संसार का सबसे शक्तिशाली भाव है। प्रेम में इलाज करने, मरहम लगाने, सृजन करने, दुबारा स्थापित करने, नया करने, सुधारने, रूपांतरित करने और परिवर्तित करने की क्षमता है। प्रेम सभी चीज़ों की आशा करता है, सभी चीज़ों को सहन करता है, सभी चीज़ों में विश्वास करता है। प्रेम सबको जीत लेता है... और प्रेम कभी असफल नहीं होता!

मार्गरेट वॉकर ने लिखा है कि प्रेम आपके दिल को विस्तार देता है और आपको अंदर से बड़ा बनाता है। ड्यूक एलिंगटन ने कहा है कि प्रेम का सिर्फ़ इतना मतलब नहीं है कि मैं आपके साथ हूँ, बल्कि यह भी है कि मैं आपके लिये हूँ, पूरे रास्ते! और मार्टिन लूथर किंग, जूनियर ने कहा था : "नफ़रत और कटुता डर की बीमारी का कभी इलाज नहीं कर सकती। सिर्फ़ प्रेम से ही यह संभव है। नफ़रत जीवन को अपाहिज बना देती है, प्रेम इसे मुक्त करता है। नफ़रत जीवन में दुविधा भरती है, प्रेम इसमें सामंजस्य लाता है। नफ़रत से जीवन में अँधेरा फैलता है, प्रेम जीवन में रोशनी भरता है। मैंने प्रेम के पक्ष में रहने का फ़ैसला किया है, क्योंकि नफ़रत का बोझ इतना भारी है कि इसे ज़िंदगी भर उठाना संभव नहीं है!"

देखिये, आपके जीवन को बदलने वाली किसी दूसरी चीज़ की तरह ही प्रेम करना भी एक निर्णय है। प्रेम एक चुनाव है, जो विकल्पों की रचना करता है। नफ़रत भी एक चुनाव है, परंतु यह विकल्प चुनने का अवसर नहीं देती।

अपनी पुस्तक ***द ग्रेटेस्ट सीक्रेट इन द वर्ल्ड*** में ऑग मैन्डिनो ने बताया है कि दूरगामी सफलता के लिये मूलभूत तत्व यह है कि आप अपने दिल में प्रेम भरकर हर दिन शुरू करें सूर्य की उस रोशनी से प्रेम करो, जो आत्मा को शुद्ध करती है। उस रोशनी से प्रेम करो, जो राह दिखाती है; परंतु साथ ही उस अँधेरे से भी प्रेम करो, जो हमें सितारे दिखाता है। दूसरों से प्रेम करो, अपने शत्रुओं से भी, इतना कि उनके पास बदले में प्रेम करना सीखने के अलावा और कोई विकल्प ही न बचे, क्योंकि प्रेम सारी दीवारें गिरा देता है और सेतु का निर्माण करता है। अपने से मिलने वाले सभी लोगों का प्रेम से अभिवादन करें, उनके साथ प्रेम से व्यवहार करें और देखें कि यह **आपको** किस तरह बदल डालता है! आपको यह महसूस हो जायेगा कि आप समय को नियंत्रित नहीं कर सकते, आप मौसम को नियंत्रित नहीं कर सकते... आप सिर्फ़ एक ही चीज़ को नियंत्रित कर सकते हैं - स्वयं को। इसके बाद आप किसी भी व्यक्ति या वस्तु से प्रेम करने का विकल्प चुन सकते हैं। याद रखें, प्रेम कभी असफल नहीं होता!

प्रेम : पहाड़ हटाना

लोगों ने कहा था कि यह नहीं किया जा सकता! लोगों ने कहा था कि यह असंभव है, परंतु महात्मा गाँधी और मार्टिन लूथर किंग, जूनियर ऐसे लोग थे, जिन्हें विश्वास था कि यह किया जा सकता था। उन्हें यह एहसास था कि प्रेम कभी असफल नहीं होता। महात्मा गाँधी ने प्रेम की प्रबल शक्ति का दोहन किया और इसका उपयोग पहाड़ हटाने तथा इतिहास को नई दिशा देने में किया। यही वजह है कि उन्हें महात्मा कहा जाता है, जिसका अर्थ है "महान आत्मा"। उन्होंने भारत को ब्रिटिश शासन से मुक्त करने के लिये महान आत्मबल का प्रयोग किया। उन्होंने भारतीयों को सिखाया कि अँग्रेज़ों की बंदूकें और हिंसक रणनीतियाँ प्रेम की प्रबल शक्ति को नहीं हरा सकतीं। उन्होंने प्रेम पर आधारित अहिंसक आंदोलन चलाया, जिसने करोड़ों लोगों के दिलोदिमाग़ को आंदोलित

कर दिया। क्षीण संभावना के बावजूद उन्होंने लोगों को संघर्ष करने के लिये प्रेरित किया और वह हासिल कर दिखाया, जिसे दूसरों ने असंभव कहा था। उन्होंने निरस्त्र जनता का नेतृत्व किया, ताकि वे सशस्त्र और अधिक शक्तिशाली अँग्रेज़ों के ख़िलाफ़ स्वाधीनता संग्राम जीत सकें और उन्होंने ऐसा प्रेम से किया। 1947 में भारत ने अँग्रेजों से पूर्ण स्वतंत्रता हासिल की।

कुछ साल बाद इन्हीं तकनीकों का प्रयोग एक युवा पादरी ने किया, जिनका नाम था मार्टिन लूथर किंग, जूनियर। उन्होंने उस प्रबल आत्मबल का प्रयोग किया, जिसे प्रेम कहते हैं। उन्होंने गाँधी के दर्शन को अमेरिका के अनुरूप ढाला। कइयों ने उनसे कहा कि यह काम नहीं करेगा कि आग का मुक़ाबला करने का इकलौता तरीक़ा आग उगलना था, परंतु वे इस बात पर अडिग रहे कि प्रेम कभी असफल नहीं होता। बाद में समय ने साबित किया कि वे सही थे! मार्टिन लूथर किंग, जूनियर ने अपने अहिंसक अभियान में यह बताया कि प्रेम दुनिया की सबसे प्रबल शक्ति है। दुनिया की सार बंदूकें, कुत्ते और आग की दमकलें प्रेम की प्रबल शक्ति से संपन्न लोगों को नहीं हरा सकतीं। गाँधी और किंग ने साबित किया कि कोई भी चीज़, हाँ कोई भी चीज़, प्रेम की प्रबल शक्ति की बराबरी नहीं कर सकती! प्रेम कभी नहीं हारता! प्रेम को आज़माकर देखें!

प्रेम को आज़मायें!

विली जॉली और जेराल्ड पैटरसन

अगर आपने हर चीज़ आज़मा ली है और हर चीज़ नाकामयाब हुई है,
तो इन शब्दों में एक संदेश है जो मैं बताता हूँ :

आपको बंदूकों या युद्ध की ज़रूरत नहीं है;
एक समाधान है, जो नष्ट करने के बजाय निर्माण करेगा।

प्रेम को आज़मायें! प्रेम ही हर चीज़ का जवाब है!
प्रेम को आज़मायें! प्रेम ही हर चीज़ का जवाब है!

आप हर जगह गये हैं, पूरी दुनिया में
लोगों में विश्वास करते हुए, जबकि उन्हें दरअसल आपकी परवाह नहीं थी;

फिर भी, हार न मानें, हौसला न हारें,
यीशु में आस्था रखें और वह आपके टूटे हुए दिल को जोड़ देगा

प्रेम को आज़मायें! प्रेम ही हर चीज़ का जवाब है।
प्रेम को आज़मायें! प्रेम ही हर चीज़ का जवाब है।

प्रभावी रूप से प्रेम करने के लिये आपको सबसे पहले ख़ुद से प्रेम करना सीखना होगा। कोई भी क़दम उठाने से पहले यह आवश्यक है कि आप ख़ुद से प्रेम करने का संकल्प लें, क्योंकि अगर आप ख़ुद से प्रेम नहीं करते, तो आप ख़ुद का दुरुपयोग करने लगेंगे। अध्ययनों ने यह साबित किया है कि आत्म-सम्मान लंबी सफलता हासिल करने के लिये आवश्यक तत्व है। अगर आप ख़ुद से प्रेम नहीं करते, तो आप ख़ुद को अपमानित करने के लिये किसी दूसरे व्यक्ति का इंतज़ार नहीं करेंगे। आप यह काम ख़ुद कर देंगे। या आप ऐसे लोगों को लगातार खोजेंगे, जो आपका अपमान करें या आपको उतना सम्मान न दें, जिसके आप हक़दार हैं। आप ख़ुद को छोटा करेंगे, अपना मूल्य कम आँकेंगे और स्वयं को यह विश्वास दिला देंगे कि आप वह नहीं बन पायेंगे, जो आप सचमुच बन सकते हैं। कोई और काम करने से पहले आपको ख़ुद से प्रेम करना, ख़ुद का मूल्य समझना और अपने बारे में अच्छा महसूस करना सीखना होगा। कुछ लोग इस प्रक्रिया को सकारात्मक आत्मछवि या आत्म-सम्मान विकसित करना कहते हैं, परंतु दरअसल यह ख़ुद से प्रेम करना और ख़ुद को मूल्यवान समझना सीखना है।

स्वयं से प्रेम करना सीखें

आँकड़े बताते हैं कि जो लोग सफल होते हैं, वे कभी किसी को यह अनुभव नहीं होने देते कि वे बुरे हैं। वे स्वयं से प्रेम करना और ख़ुद को महत्व देना सीखते हैं, क्योंकि वे जानते हैं कि उनकी उपलब्धियाँ उनके आत्म-स्वाभिमान से सीधे प्रभावित होती हैं। डॉ. कार्टर जी. वुडसन कहते हैं, "अगर आप किसी व्यक्ति के सोचने के तरीक़े को निर्धारित कर सकते हैं, तो आपको इस बारे में चिंता करने की ज़रूरत नहीं पड़ेगी कि वह क्या करेगा। आपको उसे पिछले दरवाज़े से निकलने के लिये कहने की ज़रूरत नहीं होगी। वह बिना बताये चला जायेगा और अगर पीछे की तरफ़ दरवाज़ा नहीं होगा, तो वह अपने विशेष लाभ के लिये एक दरवाज़ा

बना लेगा!" मित्रो, आप इस वाक्य को अपनी दिनचर्या का एक हिस्सा बना लें और हर दिन ख़ुद से कहें, "मैं ख़ुद को पसंद करता हूँ, मैं ख़ुद से प्रेम करता हूँ। दो पत्तियाँ एक सी नहीं होतीं, दो हिमकण एक से नहीं होते और दो उँगलियों की छाप एक सी नहीं रहती। मैं जो काम करने के लिये पैदा हुआ हूँ, उसे करने के लिये कोई दूसरा पैदा नहीं हुआ है। मैं एक अद्‌भुत व्यक्ति हूँ, जिसे ईश्वर ने एक ख़ास मक़सद के लिये बनाया है और मैं जानता हूँ कि ईश्वर की रचना ख़राब नहीं होती!" ख़ुद से प्रेम करने का संकल्प लें!

आपको ख़ुद से प्रेम करना सीखना होगा, ख़ुद के बारे में अच्छा महसूस करना सीखना होगा, क्योंकि अगर आप अपने बारे में अच्छा महसूस नहीं करेंगे, तो आप हर चीज़ और व्यक्ति को यह मौक़ा दे देंगे कि वह आपको अपने सपने का पीछा करने से हतोत्साहित कर दे, आपको अपने लक्ष्य से भटका दे और आपके जीवन के मक़सद से आपको दूर कर दे। जॉर्ज बेनसन ने एक गीत गाया था, "महानतम प्रेम", जिसमें यह बताया गया था कि महानतम प्रेम हमारे भीतर होता है। ख़ुद से प्रेम करना दुनिया का महानतम प्रेम है। परंतु बहुत से लोग कभी ख़ुद से प्रेम करना नहीं सीख पाते। क्या आपने कभी उन लोगों को देखा है, जो अकेले रहना बर्दाश्त नहीं कर पाते, इसलिये नहीं क्योंकि वे अकेलेपन से डरते हैं, बल्कि इसलिये क्योंकि वे उस व्यक्ति को पसंद नहीं करते, जिसके साथ वे अकेले में रहते हैं... *अपने आपको*! आपको स्वयं से प्रेम करना सीखना होगा। बारबरा डे ऐंजेलिस ने लिखा है कि अगर आप ख़ुद से प्रेम नहीं करते हैं, तो आपके लिये किसी से प्रेम करना भी मुश्किल होगा।

अब कई लोग पूछेंगे कि आप ख़ुद से प्रेम करना किस तरह सीख सकते हैं। अच्छा, यह बतायें, आपमें से कितनों ने कोई ऐसा गीत सुना है, जिसे आपने पहली बार में पसंद न किया हो? परंतु आप इसे हर दिन लगातार सुनते रहें, और कुछ समय बाद आप भी साथ में गुनगुनाने लगें और क़दमों से ताल देने लगें। आपने इससे प्रेम करना "सीख लिया।" आप किसी भी चीज़ से प्रेम करना सीख सकते हैं। कुछ लोगों का विवाह ऐसे लोगों से होता है, जिनसे प्रेम करना उन्हें सीखना पड़ता है! जिस तरीक़े से हम ख़ुद को प्रेम करना सीखते हैं, वह यह है कि हमें ख़ुद से अच्छी बातें करने को अपनी नियमित दिनचर्या का हिस्सा बनाना होगा। हमें अपने बारे में "मीठी-मीठी बातें" बोलनी होंगी।

आँकड़े बताते हैं कि अधिकांश लोगों की 80 प्रतिशत चर्चायें नकारात्मक और आत्म-पराजय की होती हैं। उनका आंतरिक संप्रेषण सीमित और आत्म-पराजय का होता है और उनका अधिकांश बाह्य संप्रेषण नकारात्मक होता है। हमें खुद से प्रेम करना सीखना होगा। अगर हम ऐसा नहीं करेंगे, तो हम ऐसे काम करेंगे जो हमारी सफलता की संभावना को नष्ट कर देंगे। प्रेम का इससे क्या लेना-देना है? सब कुछ!

जब हम प्रेम के बारे में सोचते हैं, तो आम तौर पर हम रोमांस की भावनात्मक अवधारणा के बारे में सोचने लगते हैं। परंतु प्रेम उससे अधिक व्यापक है। प्रेम एक व्यापक अवधारणा है, जिसके कई रूप हैं। हम अपने मित्रों से प्रेम करते हैं, हालाँकि हम उन्हें उस तरीक़े से प्रेम नहीं करते, जिस तरह से हम अपने जीवनसाथी से प्रेम करते हैं। प्रेम कई रूपों में आता है। इसके तीन प्रमुख रूप हैं : इरॉस, फ़िलियॉस और अगेप।

इरॉस प्रेम रोमांटिक प्रेम है, जिसके बारे में हम आम तौर पर प्रेम गीतों में सुनते हैं। जब हम प्रेम के बारे में बातें करते हैं, तो हम आम तौर पर इसी क़िस्म के प्रेम की बात करते हैं। यह एक पुरुष और एक महिला के बीच का प्रेम है। इसमें प्रबल भावना है, अतीव इच्छा है, आकांक्षा है, मिलन की उत्कृष्टता है। फ़िलियॉस प्रेम वह है, जिसे हम सामान्य तौर पर भ्रातृत्व भाव कहते हैं। दरअसल इसीलिये फ़िलाडेल्फ़िया को भ्रातृत्व प्रेम का शहर कहा जाता है। इसे फ़िलियॉस शब्द से लिया गया है। अंत में, अगेप प्रेम आता है, जो ईश्वर के प्रति प्रेम है। अगेप विशुद्ध प्रेम है, जो ईश्वर का हमारे प्रति और हमारा ईश्वर के प्रति है।

इरॉस प्रेम!

यह प्रेम का वह रोमांटिक रूप है, जिससे हम सबसे ज़्यादा परिचित हैं। यह वह प्रेम है, जिसके बारे में हम प्रेमगीतों में सुनते हैं। यह वह प्रेम है, जिसके बारे में हम रोमांटिक उपन्यासों में पढ़ते हैं। यह वह प्रेम है, जो एक पुरुष और एक महिला को एक होने तथा दूसरे इंसानों की रचना के लिये प्रेरित करता है।

एक गीत है, जिसे मैंने अपनी पत्नी के प्रति प्रेम व्यक्त करने के लिये लिखा है, जिसका शीर्षक है, "कोई नहीं सिर्फ़ तुम।" यह बताता है कि मैं अपनी

पत्नी से इतना अधिक प्रेम करता हूँ, "कि मैं टूटे काँच के टुकड़ों पर रेंगकर भी उस तक पहुँच जाऊँगा!"

कोई नहीं सिर्फ़ तुम

विली जॉली का गीत

क्या आप कभी किसी भीड़ में रहे हैं, परंतु आपको अकेलेपन का
एहसास हुआ है?
क्या आप किसी ऐसे मकान में रहे हैं, जो घर नहीं था?
क्या आप कभी तेज़ दौड़े हैं, परंतु कहीं नहीं पहुँच पाये हैं?
कभी सोचा होगा कि आप प्रेम में थे, परंतु आप जानते थे कि आपको
परवाह नहीं थी?

कई सालों तक मैं भी इसी तरह का था,
मैं बाहर से मुस्कराता था,
परंतु मेरे भीतर आँसू थे।
उस दिन तक, जब मैं तुमसे मिला,
और उस दिन मेरे सारे सपने सच हो गये।

तुम, और कोई नहीं सिर्फ़ तुम,
मुझे उस तरह से महसूस कराती हो, जिस तरह से तुम महसूस कराती हो।
तुम, और कोई नहीं सिर्फ़ तुम,
मैं अपने सारे प्रेम को गिरवी रखता हूँ, अपने सारे प्रेम को!

मेरे मित्रों ने कहा था कि यह बस कुछ समय का दौर है :
आसक्ति है, सिर्फ़ एक अस्थायी दौर है!
परंतु वे नहीं जानते थे कि मेरा जीवन बदल चुका था
और मैं कभी भी, कभी भी पहले जैसा नहीं रह पाऊँगा!

जिस पल मैंने तुम्हें देखा, मुझे कुछ हो गया।
मैं शुरू से जानता था कि ऐसा होना ही था!
मैंने कसमें खाईं और मैं खुशी-खुशी यह काम दुबारा करूँगा
बार-बार, बार-बार, हर बार!

फिर उन्होंने मुझसे पूछा कि तुम्हारे बारे मैं कैसा महसूस करता हूँ।
मैं तुम्हें बता दूँ कि मैं कैसा महसूस करता हूँ।
हर दिन मैं अपने घुटने टेककर प्रार्थना करता हूँ :
क्योंकि मैं तुम्हारे प्रेम के लिये इतना कृतज्ञ हूँ।
तुम्हारे प्रेम के लिये कृतज्ञ!

तुम, और कोई नहीं सिर्फ़ तुम,
मुझे उस तरह से महसूस कराती हो, जिस तरह से तुम महसूस कराती हो।
तुम, और कोई नहीं सिर्फ़ तुम,
मैं अपने सारे प्रेम को गिरवी रखता हूँ, अपने सारे प्रेम को!

फिर उन्होंने मुझसे पूछा कि मैं तुम्हारे बारे में कैसा महसूस करता हूँ।
मैं दुनिया को बता दूँ कि मैं कैसा महसूस करता हूँ।
इस दुनिया का पूरा धन भी
तुम्हारे मूल्य की बराबरी नहीं कर सकता!
कितना ही धन मिल जाये, वह मुझे प्रेम करने से नहीं रोक सकता
*...**तुमसे!***

नहीं, नहीं, कभी नहीं, नहीं, नहीं!
कभी नहीं, कभी भी,
कभी भी तुमसे प्रेम करना नहीं छोड़ूँगा!
कभी नहीं, कभी भी
कभी भी तुमसे प्रेम करना नहीं छोड़ूँगा!
मैं अपना सारा प्रेम तुम्हारे पास गिरवी रखता हूँ!
और कोई नहीं, सिर्फ़ तुम!

धन की कोई मात्रा उसकी बराबरी नहीं कर सकती, जो मैं तुम्हारे बारे में महसूस करता हूँ।
और मैं जानता हूँ कि इस बार, इस बार यह सच्चा प्रेम है।
इसलिये मैं वही करूँगा जो मुझे करना पड़ेगा।
मैं पहाड़ों पर चढ़ूँगा।
मैं सबसे गहरे समुद्र में तैरूँगा।
मैं तूफ़ानों से गुज़र जाऊँगा।

दरअसल, मैं टूटे काँच के टुकड़ों पर रेंगकर तुम तक पहुँचूँगा!
तुम्हारे लिये... और कोई नहीं सिर्फ़ तुम!

विजेता संबंधों का जादुई फ़ॉर्मूला

लगभग हर दिन मुझसे सफल और आनंददायक संबंध का रहस्य पूछा जाता है। मैं और मेरी पत्नी न सिर्फ़ इकट्ठे रहते हैं, बल्कि हम इकट्ठे काम करते और खेलते भी हैं। हम लगभग हमेशा इकट्ठे रहते हैं और कई लोग हैरान होते हैं कि हम एक-दूसरे के साथ कितने सुखी हैं। रहस्य क्या है? रहस्य प्रेम पर हर दिन मेहनत करना है।

मुझे एक दंपति से हुई चर्चा याद है, जो पचास साल से ज़्यादा समय से वैवाहिक जीवन बिता रहे थे, जिन्होंने मेरे विवाह से पहले मुझे एक सलाह दी थी। उन्होंने मुझसे यह याद रखने के लिये कहा कि, "प्रेम एक भाव से अधिक है, यह एक निर्णय है! जब आप कहते हैं, मैं करता हूँ! तो फिर इसके बाद आप करते हैं!" दूसरी बात, हम हर चीज़ के बारे में बात करते हैं, सिर्फ़ कुछ चीज़ों के बारे में नहीं, बल्कि हर चीज़ के बारे में! जब हमारे सामने कोई समस्या होती है, तो हम तत्काल उसके बारे में बात करते है। और हम इसका समाधान इस तरह निकालते हैं कि कोई नहीं हारता। हम जीत/जीत का लक्ष्य लेकर चलते हैं, जहाँ हम दोनों ही जीतें! देखिये, हमने सीखा है कि हमें बहस करने की ज़रूरत नहीं है; हम इस बारे में बात कर सकते हैं! हम एक-दूसरे के "ख़िलाफ" नहीं, बल्कि एक-दूसरे के "साथ" बातें करते हैं। और जब हम एक-दूसरे के साथ बातें करते हैं, तो बहस की संभावना कम है। बहस करने के लिये दो लोगों की ज़रूरत होती है। इसलिये अगर एक इसमें भाग नहीं ले रहा है, तो आप बहस कर ही नहीं सकते! आपके पास चुनाव का विकल्प होता है। आप एक-दूसरे के साथ बात कर सकते हैं, जो संप्रेषण होता है या आप एक-दूसरे के ख़िलाफ़ बात कर सकते हैं, जिससे संघर्ष शुरू होता है। अगर विचार-विमर्श से संघर्ष समाप्त नहीं होता, तो इसका परिणाम बहस, रूठना या झगड़ा हो सकता है, जो युद्ध में बदल जाता है। इसके बाद दोनों पक्ष इतनी बुरी तरह जीतना चाहते हैं कि वे इस मामले को ठंडा नहीं होने देना चाहते। हर पक्ष अपनी जीत चाहता है, जिसका परिणाम

सतत प्रतिशोध होता है! फिर गर्मागर्म बहस में ऐसी बातें कह दी जाती हैं, जिससे समझौता असंभव हो जाता है, संबंध टूट जाता है और संवाद ख़त्म हो जाता है। इन सबमें क्यों पड़ें? थोड़ा धीरज रखें और एक-दूसरे के साथ बात करें। एक-दूसरे के ख़िलाफ़ नहीं, बल्कि एक-दूसरे के साथ बात करना सीखें। इससे जीवन अधिक मधुर हो जायेगा।

कौन किससे ज़्यादा प्रेम करता है?

हमने पहले इस बारे में बात की थी कि अपने जीवनसाथी से अधिक अच्छे ढंग से संवाद कैसे किया जाये। अब मैं एक और रहस्य बताना चाहता हूँ, जिसे मैंने बहुत मददगार पाया है। मैं हर दिन अपनी पत्नी को बताता हूँ कि मैं उससे प्रेम करता हूँ। और यह इतना ही आसान है। यह हमारे सफल प्रेम का एक रहस्य है। मैंने पाया है कि कुछ ऐसे दिन होते हैं, जब वह मुझे जितना प्यार करती है, मैं उसे उससे अधिक प्यार करता हूँ। और कुछ ऐसे दिन भी होते हैं जब मैं उसे जितना प्यार करता हूँ, वह मुझे उससे अधिक प्यार करती है। इस कारण, हमारा संबंध ऐसा है, जहाँ प्यार की शक्ति लगातार स्थानांतरित रहती है। हमने पाया है कि जो व्यक्ति किसी रिश्ते में कम प्रेम करता है, उसके पास उस व्यक्ति से अधिक शक्ति होती है जो ज़्यादा प्रेम करता है! इसलिये, सर्वश्रेष्ठ रिश्ते वे होते हैं, जहाँ शक्ति लगातार एक व्यक्ति से दूसरे व्यक्ति के पास स्थानांतरित होती रहती है। हर दिन, चाहे मैं उससे ज़्यादा प्रेम करूँ या वह मुझसे, मैंने उसे यह बताने का निर्णय लिया है कि मैं उसे प्रेम करता हूँ। न सिर्फ़ इससे वह अधिक सुरक्षित महसूस करती है, बल्कि इससे मुझे यह भी याद रहता है कि मैंने प्रेम करने का निर्णय लिया है। याद रखें, प्रेम सिर्फ़ एक भाव नहीं है, यह एक निर्णय है!

फ़िलियॉस प्रेम

प्रेम का अगला रूप फ़िलियॉस है, जो मित्रों के बीच का प्रेम है। हम सबके मित्र और रिश्तेदार होते हैं, जिन्हें हम प्रेम करते हैं तथा जिनकी हम परवाह करते हैं, परंतु यह भाव रोमांटिक प्रेम से बहुत अलग है। फ़िलियॉस प्रेम मित्रों के बीच का

प्रेम है, जो हमें एक सूत्र से बाँधता है और हमें प्रेरित करता है कि हम अपनी चीज़ें दूसरों के साथ बाँटें।

मुझे आवाज़ दो!

विली जॉली और ब्रैडली थॉमस

मित्रता आरामदेह होने के बारे में नहीं है;
यह निष्ठावान और निरंतर होने के बारे में है।
मुझे आवाज़ दो (तुम मुझे बुला सकते हो) - जब तुम्हें मेरी ज़रूरत हो!
मुझे आवाज़ दो (तुम मुझे बुला सकते हो) - फ़ोन उठाओ और मुझे बुलाओ!
मित्र होने का क्या लाभ है,
अगर आप उन पर निर्भर न रह सकें?
जब आप ज़रूरत में हों,
तब आपको दोस्त की ज़रूरत है,
जो आपके साथ बुरी परिस्थिति में रहे,
और आप जान जायेंगे कि वह सचमुच आपका मित्र है।

आप मुझे आवाज़ दे सकते हैं, दे सकते हैं, क्या आप आवाज़ नहीं देंगे!
अगर आपको मेरी ज़रूरत हो, तो मुझे आवाज़ दें!

आप कहते हैं आपको एक मित्र की ज़रूरत है,
जो वहाँ रहे जब आप जीतें।
परंतु अगर आप हारें, तो आपके साथ खड़ा रहे।
कोई ऐसा जिसे आप आधी रात को भी बुला सकें,
और आप जानते हों कि जब आप बुलायेंगे, तो वह इंकार नहीं करेगा।

मुझे सुबह-सुबह आवाज़ दें,
मुझे देर रात को आवाज़ दें,
क्योंकि आप मुझे किसी भी समय आवाज़ दें,
आप जानते हैं कि सब कुछ ठीक होगा!
मैं आपको एक बार बता दूँ और बार-बार बता दूँ,

मैं आपकी सचमुच परवाह करता हूँ और मैं बाँटने का इच्छुक हूँ,
और मैं त्याग करने का भी इच्छुक हूँ।

मुझे आवाज़ दें, आप मुझे आवाज़ दे सकते हैं; अरे हाँ!
अगर आपको मेरी ज़रूरत हो; तो देर न करें;
फ़ोन उठायें और मुझे तत्काल बुला लें!

मैं अच्छे मौसम का ही मित्र नहीं हूँ,
मैं अंत तक आपके साथ रहूँगा!
मित्र को सच्चा और ईमानदार रहना चाहिये,
अपना प्रेम दिखाना चाहिये, सिर्फ़ शब्दों से नहीं, बल्कि कार्यों से भी!

इतने लंबे समय तक मैं प्रेम के बारे में सोचता रहा,
और अपने मित्रों को दिखाया कि मैं उनसे प्रेम करता हूँ चुंबनों से और आलिंगन से।
परंतु फिर एक दिन यीशु मेरी राह में आये;
उन्होंने कहा कि आप किसी मित्र को इससे अधिक प्रेम नहीं कर सकते,
कि आप उसके लिये अपनी जान दे सकें!

मुझे सुबह-सुबह आवाज़ दें,
मुझे देर रात को आवाज़ दें,
क्योंकि आप मुझे किसी भी समय आवाज़ दें,
आप जानते हैं कि सब कुछ ठीक होगा!
मैं आपको एक बार बता दूँ और बार-बार बता दूँ,
मैं आपकी सचमुच परवाह करता हूँ और मैं बाँटने का इच्छुक हूँ,
और मैं त्याग करने का भी इच्छुक हूँ।

मुझे आवाज़ दें, आप मुझे आवाज़ दे सकते हैं; अरे हाँ!
अगर आपको ज़रूरत हो, तो मैं पास में ही खड़ा हूँ;
सिर्फ़ मेरा नाम पुकार लें और मैं वहाँ पर मिलूँगा;
इंतज़ार न करें, देर न करें,
सिर्फ़ फ़ोन उठायें और मुझे तत्काल बुला लें!
मेरे भाई, मेरी बहन
आप मुझे आवाज़ दे सकते हैं, आप मुझे आवाज़ दे सकते हैं!

विशुद्ध और जादुई प्रेम वह होता है, जो शारीरिक प्रेम से आगे निकलकर आध्यात्मिक प्रेम की ओर जाता है। क्या आपको कभी यह एहसास हुआ है कि आपके किसी परिचित को मदद की या आपकी ज़रूरत है और उसी समय फ़ोन की घंटी बजी है और यह फ़ोन उसी व्यक्ति का था! क्या यह रोचक नहीं है? संजीदा और समर्पित प्रेम हमेशा शारीरिक और भावनात्मक प्रेम से आगे जाकर आध्यात्मिकता की ओर बढ़ जाता है।

अगेप!

अगेप वह आत्मिक प्रेम है, जो रचयिता और उसकी रचनाओं के बीच होता है। यह ईश्वर और उसकी संतानों के बीच का प्रेम है। यह हमारे और ईश्वर के बीच का दैवी प्रेम संबंध है। अगेप प्रेम सच्चा प्रेम है!

एक मित्र ने मुझसे उसके विवाह पर एक विशेष प्रेमगीत गाने के लिये कहा, जिसमें यह बताया गया था कि वह किस तरह लगातार सच्चे प्रेम की तलाश में था। उसे हमेशा निराशा ही मिली। परंतु एक दिन उसे सच्चा प्रेम मिल गया, जो आश्चर्यजनक रूप से हमेशा उसकी पहुँच के भीतर था! मैंने उसके विवाह पर वह गीत गाया और मैंने देखा कि उस गीत से बहुत से लोग प्रभावित हुए। यह जनता के लिये ही नहीं, बल्कि मेरे लिये भी प्रेरणादायी था। मैं देश भर में लोगों को यह गीत सुनाता हूँ और मैं इसे आपको भी सुनाना चाहता हूँ। ***सच्चा प्रेम!***

सच्चा प्रेम!

डैनी मैकक्रिमॉन

हमारे हृदय इतनी दुविधा से भरे हैं;
शब्दों से और एक हलके स्पर्श से भी।
हम इतने अंधे हैं कि वास्तविकता को नहीं देख पाते;
प्रलोभन हमें हरा देते हैं।
अपनी ही इच्छाओं के जाल में क़ैद करके।

उस सच्चे मित्र की तलाश का सामना करते हुए,

कई बार हम यही नहीं जानते कि कहाँ से शुरू करें।
हम व्यर्थ में तलाश करते हैं;
दूसरों को दोष देने की कोशिश करते हुए,
जबकि दोष हमारे भीतर होता है।

मैंने सोचा कि मुझे विशेष प्रेम मिल गया;
उस तरह का, जिसके बारे में कुछ लोग सिर्फ़ सपने देखते हैं।
परंतु क्रॉस पर जाकर ही मैं रोशनी देख पाया;
***सच्चा प्रेम** त्याग के रूप में आता है!*

इससे महान प्रेम आपको नहीं मिल सकता,
अगर आप सिर्फ़ यह विश्वास कर सकें!
यह हर एक के लिये पर्याप्त है और इससे दिल नहीं टूटता;
ईशकृपा से यह संभव होता है!
मैंने आख़िरकार विशेष प्रेम पा लिया है,
उस तरह का, जिसके कुछ लोग सिर्फ़ सपने देखते हैं।
क्योंकि क्रॉस पर जाकर ही मैं रोशनी देख पाया;
***सच्चा प्रेम** त्याग के रूप में आता है!*

*अहा, **सच्चा प्रेम** त्याग के रूप में आता है!*
***सच्चा प्रेम** मैंने अपना स्वर्ग पा लिया है!*
***सच्चा प्रेम** त्याग के रूप में आता है!*
***सच्चा प्रेम**, वह जिसने अपना जीवन त्याग दिया!*
और क्रॉस पर जाकर ही मैं रोशनी देख पाया;
***सच्चा प्रेम** त्याग के रूप में आता है!*

सच्चा प्रेम यह पहचानना है कि प्रेम एक उपहार है, जो आदर्श तभी बनता है, जब इसे बिना शर्त के दिया और लिया जाये। प्रेम यह आस्था, विश्वास तथा अनुभूति है कि हमसे प्रेम किया जा रहा है और इसे मुक्तता से दिया जा रहा है तथा दिया जाता रहेगा। परंतु इसे स्वीकार करना हम पर निर्भर करता है। चाहे हम प्रेम को स्वीकार करें या अस्वीकार, सब कुछ आस्था पर निर्भर करता है। आख़िरकार, यह बताना महत्त्वपूर्ण है कि प्रेम एक भाव ही नहीं है। प्रेम एक चुनाव है। प्रेम एक निर्णय है!

इसे कर दें

लोग अतार्किक और आत्मकेंद्रित होते हैं
इसके बावजूद उनसे प्रेम करें!
अगर आप अच्छा करेंगे, फिर भी कुछ लोग आप पर स्वार्थी होने और छुपे हुए इरादों का आरोप लगायेंगे;
इसके बावजूद ऐसा करें!
अगर आप सफल हैं, तो आपके झूठे दोस्त और सच्चे दुश्मन बन जायेंगे;
इसके बावजूद सफल हों!
आप आज जो भलाई करते हैं, वह कल भुला दी जायेगी;
इसके बावजूद भलाई करें!
ईमानदारी और स्पष्टवादिता की वजह से आपकी आलोचना होगी;
इसके बावजूद ईमानदार और स्पष्टवादी रहें!
महानतम विचार वाले महानतम लोगों को निकृष्टतम दिमाग़ वाले निकृष्टतम लोग गोली मार सकते हैं;
इसके बावजूद बड़ा सोचें!
लोग हारने वालों का समर्थन करते हैं, परंतु जीतने वालों के पीछे चलते हैं;
इसके बावजूद हारने वालों के लिये संघर्ष करें!
बरसों मेहनत करके आपने जो बनाया है, उसे एक रात में मिटाया जा सकता है;
इसके बावजूद इसे बनायें!
लोगों को सचमुच मदद की ज़रूरत है, परंतु अगर आप मदद करते हैं तो वे आप पर हमला कर सकते हैं;
इसके बावजूद लोगों की मदद करें!
जब आप दुनिया को अपना सर्वश्रेष्ठ देंगे, तो और कई बार आपके मुँह पर लात पड़ेगी;
इसके बावजूद अपना सर्वश्रेष्ठ दें!
भलाई करें, प्रेम करें और लोग आप पर हँसेंगे और कई नाम रखेंगे;
इसके बावजूद भलाई और प्रेम करें... क्योंकि प्रेम कभी नहीं हारता!

- अज्ञात

विजेता का नज़रिया

हमने पहले सी.डी.आई. (कैन डू इट) और विजेता के नज़रिये के बारे में बात की है। इसका अर्थ यह है कि आप सचमुच विश्वास करते हैं कि आप वह काम कर सकते हैं; और आपको सचमुच विश्वास होता है कि आप जीतने वाले हैं! आप प्रेम कर सकते हैं, सिर्फ़ उन लोगों से ही नहीं जिन्हें आप जानते हों, बल्कि उन लोगों से भी, जिन्हें आप नहीं जानते। स्वर्णिम नियम कहता है, "दूसरों के साथ वही करो, जो आप चाहते हैं कि वे आपके साथ करें!" जॉन वेस्ले ने इसे बहुत अच्छी तरह कहा है :

जितनी भलाई कर सकते हों, करें
जितने साधनों से कर सकते हों, करें,
जितने तरीक़ों से कर सकते हों, करें,
जितनी बार कर सकते हों, करें,
जितने लोगों के साथ कर सकते हों, करें,
जब तक आप कर सकते हों...

हाँ, आप कर सकते हैं! हालाँकि लोग आपकी हँसी उड़ा सकते हैं और आपका उपहास कर सकते हैं। अगर आप प्रेम को आज़माकर देखें, तो आप अद्‌भुत काम कर सकते हैं। **आप ऐसा कर सकते हैं!** प्रेम को आज़माकर देखें!

प्रेम एक जोखिम है!

हार मानना, हारना है।
हारना कोशिश करना छोड़ना है।
कोशिश करना छोड़ना कुछ न करना है!
और हम सब जानते हैं कि जब कोई कोशिश नहीं की जाती,
तो कुछ हासिल नहीं होता और वहाँ बुराई फैलती है,
जहाँ अच्छे लोग कुछ नहीं करते।
कई बार आपको जोखिम लेना होगा!

यह चुनौतीपूर्ण हो सकता है, कठिन हो सकता है
परंतु पुरस्कार इतने बड़े हैं कि जोखिम लिया जाना चाहिये!

हँसना यह जोखिम लेना है कि आपको मूर्ख समझा जायेगा।
रोना यह जोखिम लेना है कि आपको भावुक समझा जायेगा।
दूसरे की मदद करना यह जोखिम लेना है कि आप उलझ जायेंगे!
अपनी भावनायें बताना अपने सच्चे स्वरूप को सामने लाने का
जोखिम लेना है।
अपने विचारों और सपनों को भीड़ के सामने रखना
उन्हें खोने का जोखिम लेना है।
प्रेम करना यह जोखिम लेना है कि बदले में प्रेम नहीं किया जायेगा!
जीना मरने का जोखिम लेना है।
आशा करना निराशा का जोखिम लेना है।
कोशिश करना असफलता का जोखिम लेना है।
परंतु जोखिम लिया ही जाना चाहिये क्योंकि
जीवन में सबसे बड़ा ख़तरा यह है कि कोई जोखिम न लिया जाये!
वह व्यक्ति जो जोखिम नहीं लेता, कुछ नहीं करता और उसके पास
कुछ नहीं होता!
वह दुख और विपत्ति से बच सकता है
परंतु वह कभी नहीं सीख सकता, कभी महसूस नहीं कर सकता,
कभी विकास नहीं कर सकता, कभी प्रेम नहीं कर सकता।
वह सचमुच कभी जीवित नहीं रह सकता!
जो व्यक्ति जोखिम लेता है, वही सचमुच स्वतंत्र है!

- अज्ञात

प्रेम कभी नहीं हारता!

प्रेम धैर्यवान और दयालु है
वह ईर्ष्यालु या बड़बोला नहीं है,
वह अहंकारी या अशिष्ट नहीं है।
प्रेम अपनी मनमानी पर ज़ोर नहीं देता,
वह चिड़चिड़ा या द्वेषपूर्ण नहीं है
वह ग़लत बात पर ख़ुश नहीं होता, बल्कि सही बात पर आनंदित होता है।
प्रेम हर चीज़ सहन करता है, हर चीज़ में विश्वास करता है
हर चीज़ की आशा करता है, हर चीज़ को झेलता है। प्रेम कभी नहीं हारता!

(1 कोरिनथियन्स 13 के प्रेम अध्याय से लिया गया)

सवाल यह है... प्रेम का इससे क्या लेना-देना है? ***जवाब है सब कुछ!***

मैं सिर्फ़ प्रेम छोड़ सकता हूँ!

जब मैं मरूँ... तो मेरा जो भी बचा है, वह सब दे दो
बच्चों को और बूढ़ों को, जो मरने का इंतज़ार कर रहे हैं।
और अगर आपको रोने की ज़रूरत है, तो उस भाई के लिये रोओ,
जो सड़क पर तुम्हारे पास चल रहा है।
और जब तुम मेरे बारे में सोचो, तो अपनी बाँहें किसी के गले में डाल दो
और उन्हें वह दो, जो तुम मुझे देना चाहते हो।
मैं तुम्हारे लिये कुछ छोड़कर जाऊँगा...
शब्दों या ध्वनियों से कुछ बेहतर।
प्रेम कभी नहीं मरता, लोग मरते हैं।
इसलिये जब मेरा सब कुछ ख़त्म हो जाये, तब भी प्रेम बचता है
मेरा सब कुछ दे दो! मैं तुमसे स्वर्ग में मिलूँगा!

- अज्ञात

❋❋❋

अध्याय आठ

सौभाग्यशाली विश्वास!

"आस्था आशा का मूल तत्व है,
उन वस्तुओं का प्रमाण (विश्वास) है जिन्हें देखा नहीं गया!"

- हिब्रूज 11:1

आस्था! इसका सफलता से क्या लेना-देना है? देश में सफल लोगों के साथ साक्षात्कार के दौरान जब मैंने उनसे उनकी सफलता का रहस्य पूछा, तो लगभग सभी ने एक बात कही : आपको खुद में, अपने सपनों में और सबसे महत्वपूर्ण बात, ईश्वर में आस्था होनी चाहिये!

अफ्रीकी संस्कृति इसे *इमानी* कहती है; यहूदी संस्कृति इसे *ऐमुना* कहती है; मुसलमान इसे *इमाम* कहते हैं। चाहे आप किसी भी नाम का प्रयोग करें, इसका मतलब एक ही होता है- आस्था! वेबस्टर *आस्था (पिजी)* को परिभाषित करते हुए कहते हैं, "ईश्वर के प्रेम और वफ़ादारी में पूर्ण विश्वास, दृढ़ विश्वास, बिना शंका के विश्वास...!" आस्था विश्वास है, सौभाग्यशाली विश्वास कि ईश्वर है और हमें विश्वास है कि वह है! और हम इस विश्वास में विश्वास करते हैं! कुछ लोग कहेंगे कि आस्था बिना प्रमाण का विश्वास है, परंतु मैं एल्टन टूब्लड से सहमत हूँ जो कहते हैं, "आस्था बिना प्रमाण का विश्वास नहीं है, बल्कि बिना शर्त का विश्वास है!"

आस्था खुद से अधिक विराट हस्ती में विश्वास है और फिर उस विश्वास पर आगे क़दम बढ़ाने का कर्म है। यह एक विचार को विश्वास में रूपांतरित होते

देखना है। यह विश्वास फिर एक ठोस समझ या ज्ञान में रूपांतरित होता है। यह ज्ञान बढ़ता रहता है और रूपांतरित होता रहता है, जब तक कि वह समय नहीं आ जाता जब आप जान जाते हैं और आपका ज्ञान भी जान जाता है!

आस्था यह समझ है कि कहीं एक रचयिता विद्यमान है, जो शक्ति देता है, ज्ञान देता है, प्रोत्साहित करता है और हमारा पोषण करता है, सुख में भी तथा दुख में भी। हर चीज़ की तरह आस्था भी... एक निर्णय है!

आस्था एक ऐसी अवधारणा है, जिसे कई लोग नहीं समझ पाते और इसलिये इसका लाभ नहीं उठा पाते। हम सबमें आस्था होती है। ...कुंजी यह है कि हमारी आस्था किसमें है। हर दिन हम आस्था का प्रदर्शन करते हैं। कमरे में जाने पर जब हमसे किसी कुर्सी पर बैठने को कहा जाता है, तो हम कुर्सी की जाँच करके यह नहीं देखते कि वह मज़बूत है या नहीं, वह हमारा वज़न सह पायेगी या नहीं। हम बस बैठ जाते हैं। हम बैठ जाते हैं, बिना यह जाने कि वह हमारा वज़न उठा पायेगी। इसे आस्था कहते हैं। या हम कोई नौकरी करते हैं और बॉस कहता है कि मैं आपको यहाँ पर काम करने के लिये "इतने" पैसे दूँगा। कल से शुरू कर दो और मैं दो सप्ताह बाद आपको वेतन दूँगा। हम दो सप्ताह तक काम करते हैं और हम सचमुच यह नहीं जानते कि बॉस हमें वेतन दे सकता है या नहीं। फिर हमें आम तौर पर एक चेक दिया जाता है, जिसे हम ख़र्च करना शुरू कर देते हैं, बिना यह जाने कि यह चेक असली है या बाउंस हो जायेगा! मित्रो, यह आस्था का एक रूप है। आस्था उस चीज़ में या उस चीज़ पर विश्वास है, जिसे हम अपने हाथों में सचमुच नहीं जकड़ सकते, परंतु फिर भी हम उसमें भरोसा करते हैं। यह विराट आध्यात्मिक आस्था का एक छोटा हिस्सा है। बहरहाल, आस्था हमेशा एक निर्णय है!

आस्था है...

आस्था उन चीज़ों का सार है जिनकी आशा की जाती है, उन चीज़ों का प्रमाण है जिन्हें देखा नहीं गया। जिनकी आशा की जाती है, उन चीज़ों के सार का अर्थ यह है कि आप जिन वस्तुओं के सपने देखते हैं, जिनकी आपको चाहत है, उसका प्रमाण, उसका विश्वास। जिन वस्तुओं को देखा नहीं गया, उनका प्रमाण। दूसरे शब्दों में, आस्था उन चीज़ों में

विश्वास है, जिन्हें आप देख नहीं सकते, परंतु आप इसके परिणाम देख सकते हैं। कई लोग आस्था के अस्तित्व पर संदेह करते हैं क्योंकि वे इसे देख नहीं सकते। वे बिजली के अस्तित्व पर शक नहीं करते, जिसे वे अपने घर में आते नहीं देख सकते, परंतु जब वे बिजली का स्विच चालू करते हैं, तो वे इसके परिणाम देखते हैं! वे हवा को नहीं देख सकते, परंतु वे तूफ़ान के परिणाम को देख सकते हैं। वे रेडियो और टेलीविज़न की तरंगों को नहीं देख सकते, परंतु जब वे अपना रेडियो या टेलीविज़न चलाते हैं, तो वे परिणामों को देख सकते हैं। आस्था उन वस्तुओं का सार है, जिनकी आशा की गई है; यह अनदेखी वस्तुओं का प्रमाण है। आस्था रखें!

दस-हज़ार-डॉलर की आस्था

जब हम अभिप्रेरण (motivation) को देखते हैं, तो हमें यह एहसास होगा कि यह प्रेरणा (inspiration) से बहुत अलग है। अभिप्रेरण का संबंध मस्तिष्क से है, जबकि प्रेरणा हृदय से आती है। प्रेरणा तर्क और परिस्थितियों को नज़रअंदाज़ करती है। यह आस्था पर निर्भर करती है। अगर आपमें आस्था नहीं है, तो आपको इसे हासिल करने की ज़रूरत है! अगर आपमें आस्था है, तो आपको इसे बढ़ाना चाहिये, इसे प्रबल करना चाहिये और इसे अधिक दृढ़ करना चाहिये। पहाड़ हिलाने वाली आस्था विकसित करें। अक्सर हम दस सेंट की आस्था से दस-हज़ार-डॉलर के परिणाम हासिल करने की कोशिश करते हैं। अगर आप महान परिणाम चाहते हैं, तो आपके पास महान सपने और महान आस्था होनी चाहिये - ईश्वर में महान आस्था और यह विश्वास कि चाहे जीवन आपकी तरफ़ कुछ भी उछाले, वह आपको कभी नहीं छोड़ेगा या आपका साथ कभी नहीं छोड़ेगा। फिर आपको ख़ुद में विश्वास रखना होगा! आपको यह विश्वास करने की आस्था रखनी होगी कि अगर आप किसी काम का सपना देख सकते हैं, तो आप उसे कर सकते हैं। अगर आपको ख़ुद पर विश्वास नहीं है, तो यह आशा न करें कि दूसरे आपमें विश्वास करेंगे! अगर आप जीवन में कुछ पाना चाहते हैं, तो आपको इसकी कल्पना करनी होगी, इसके बारे में सोचना होगा, इसके सपने देखने होंगे, इसका

विश्वास करना होगा और इसके लिये कर्म करना पड़ेगा! और इसे सच करने के लिये आपको आस्थावान रहना होगा! याद रखें कि अगर आपमें आस्था है, तो सब कुछ संभव है!

कमज़ोर न हों

हम सबने ऐसे दौर झेले होंगे, जब जीवन की चुनौतियों ने हमारी आस्था का इम्तहान लिया हो। ऐसे दौर आते हैं, जब हमारे पास सहारे के लिये आस्था के सिवाय कुछ नहीं होता। मैं अपनी मित्र से बात कर रहा था, जो मुझसे मिलने आई थी। वह एक चिकित्सकीय चुनौती से गुज़र रही थी। उसका एक बड़ा ऑपरेशन होने वाला था। अपनी स्थिति के बारे में पता चलने के कुछ दिनों बाद उसे एक और ज़बर्दस्त आघात लगा। उसके दस साल के बेटे को एक घातक बीमारी हो गई, जिसमें उसके स्थायी रूप से हृदय रोगी होने का ख़तरा था! ख़ुद के बारे में उसके विचार तथा डर तत्काल ग़ायब हो गये और वह सिर्फ़ अपने बेटे के बारे में चिंता करने लगी। उसने पूछा, "मैं ही क्यों?" इस पर मैंने उसे बताया कि जीवन हमेशा न्याय नहीं करता और कठिन होना इसकी प्रकृति है। और यह सबसे ज़्यादा कठिन तब होता है, जब समस्या ऐसी हो जिसे आप नियंत्रित नहीं कर सकते, चाहे आपके पास कितना ही धन, प्रभाव या शक्ति हो। ऐसे समय आपको आस्था की ज़रूरत होती है। और आपको उस आस्था के प्रति समर्पित रहना होगा। मैं इस उपमा का प्रयोग करना चाहूँगा कि आस्था किसी नाव में बैठने और उस नाव में बने रहने का संकल्प लेने की तरह है, चाहे जो हो जाये। अगर नाव तूफ़ानों में घिर जाये, तो भी आपको नाव में बने रहना होगा। अगर नाव बुरी तरह हिलने-डुलने लगे, तो भी आपको उसी में बने रहना होगा। अगर नाव उलट जाये, तब भी नाव में बने रहें, अगर नाव डूब जाये... तब भी नाव में बने रहें! क्यों? क्योंकि आप देखेंगे कि हालाँकि नाव में पानी भर आया है, इसके बावजूद आप तूफ़ान में सुरक्षित रहेंगे। धर्मग्रंथ बताते हैं, "जो ईश्वर की सेवा करते हैं, वे अपनी शक्ति को पुनः नवीन कर लेंगे। वे बाज की तरह पंखों से उड़ेंगे; वे दौड़ेंगे, परंतु थकेंगे नहीं; वे चलेंगे, परंतु कमज़ोर नहीं होंगे!" मित्रो, जीवन में कठिन क्षण आयेंगे और तूफ़ान भी

आयेंगे, परंतु अगर आप इंतज़ार कर सकें, अगर आपमें आस्था हो, तो आप सुरक्षित रहेंगे।

सब चीज़ें अच्छे के लिये होती हैं...

एक बार की बात है, चीन के एक छोटे गाँव में एक बुद्धिमान पिता रहता था। इस बुद्धिमान पिता का बहुत सम्मान किया जाता था, उसकी बुद्धि की वजह से नहीं, बल्कि उसकी दो संपत्तियों की वजह से : एक शक्तिशाली पुत्र और एक घोड़ा। एक दिन घोड़ा बागड़ तोड़कर भाग गया। सारे पड़ोसी आये और बोले, "क़िस्मत ख़राब थी!" इस पर बुद्धिमान पिता ने जवाब दिया, "आप इसे ख़राब क़िस्मत क्यों कहते हैं?" कुछ दिन बाद घोड़ा लौट आया, उसके साथ दस और घोड़े थे। सभी पड़ोसियों ने कहा, "क़िस्मत अच्छी है!" इस पर समझदार पिता ने जवाब दिया, "आप इसे अच्छी क़िस्मत क्यों कहते हैं?" कुछ दिनों के बाद उसके शक्तिशाली पुत्र ने घुड़साल में एक नये घोड़े पर सवारी करने की कोशिश की और उसे घोड़े ने नीचे पटक दिया, जिससे उसकी कूल्हे की हड्डी टूट गई। सारे पड़ोसी आये और बोले, "कितनी ख़राब क़िस्मत थी!" इस पर समझदार पिता ने जवाब दिया, "आप इसे ख़राब क़िस्मत क्यों कहते हैं?" लगभग एक सप्ताह बाद दुष्ट सैनिक उस गाँव में आये और सभी सशक्त तथा मज़बूत देह वाले युवकों को इकट्ठा करके युद्ध में ले गये। सिर्फ़ वही युवक बच गया, जिसके कूल्हे की हड्डी टूटी थी। वे सभी युवक युद्ध में मर गये और जब यह ख़बर गाँव में पहुँची, तो सारे पड़ोसी उस पिता के पास आये और बोले, "कितनी अच्छी क़िस्मत है!" और पिता ने जवाब दिया, "क़िस्मत? नहीं! यह क़िस्मत नहीं है! सारी घटनायें अच्छे के लिये होती हैं, उनके लिये जो ईश्वर से प्रेम करते हैं!" ऐसे समय हो सकते हैं, जब परिस्थितियाँ सचमुच मुश्किल दिख रही हों, जब घटनायें आपकी योजना के हिसाब से न हों, परंतु अगर आप हौसला बनाये रखें और आपमें आस्था हो, तो आप देखेंगे कि हर वरदान में एक बोझ होता है और हर बोझ में एक वरदान होता है। हर काले बादल में एक सफ़ेद लकीर होती है, बशर्ते आप इसकी तलाश करना चाहते हों और इससे सीखना चाहते हों।

अपने लक्ष्य निर्धारित करने के बाद आपने बड़े सपने देख लिये हैं, आपने वह हर काम कर लिया है, जो सेल्फ़-हेल्प पुस्तकें आपको करने की सलाह देती हैं, तभी ज़िंदगी आपकी तरफ़ एक मुश्किल गेंद उछाल देती है! कोई ऐसी घटना हो जाती है, जो आपकी योजनाओं में नहीं है और यह ऐसी चीज़ है, जिस पर आपका कोई नियंत्रण नहीं है। कुछ लोग इसे मर्फ़ी का नियम कहते हैं और कई इसे जीवन का हिस्सा मानते हैं। ***द रोड लेस ट्रेवल्ड*** पुस्तक की पहली पंक्ति सचमुच दिल में तीर की तरह उतर जाती है : "जीवन कठिन है!" जीवन हमेशा न्यायपूर्ण खेल नहीं खेलता और कई बार जीवन परवाह करता नहीं दिखता। यह आपकी तरफ़ ऐसी चीज़ें उछाल देता है, जो विध्वंसक होती हैं और भटका देती हैं, जो आपको अपनी राह से परे कर देती हैं। चाहे आप कितने ही प्रयास कर लें, इसके बाद भी आपके सामने ऐसी स्थितियाँ आ जाती हैं जिन्हें आप न तो स्पष्ट कर सकते हैं, न ही नियंत्रित। ऐसे में आप क्या करें? **आप अपनी आस्था को जकड़े रहें और इसे सक्रिय करें!**

और यह गुज़र गया!

लेस ब्राउन कहते हैं कि ज़िंदगी अंधे मोड़ से आप पर चोट करती है और कई बार यह आपको गिरा देगी। परंतु आपको इस वार को सहन करने की आस्था रखनी होगी और यह जानने की कि भविष्य अतीत के बराबर नहीं होता। आपके लिये अधिक महान चीज़ें सुरक्षित हैं और आपको चुनौतीपूर्ण समय को हराने की आस्था रखनी होगी। अंत में वे कहते हैं, "अगर आपको गिरा दिया जाये, तो आपको अपनी पीठ के बल गिरने की कोशिश करनी चाहिये, क्योंकि अगर आप ऊपर देख सकते हैं, तो आप उठ सकते हैं!" मेरे एक और मार्गदर्शक डॉ. जॉन ए. मेरी टेंपल हिल्स, मैरीलैंड में फ़ुल गोस्पल ए.एम.ई. ज़ियॉन चर्च के पादरी हैं। यह अमेरिका के सबसे बड़े चर्चों में से एक है और दुनिया में दूसरा सबसे बड़ा मेथोडिस्ट चर्च है। इतना बड़ा समुदाय बनाने और उसका धार्मिक नेतृत्व करने में बहुत सी चुनौतियाँ आती हैं। उनके प्रवचन बताते हैं कि बाइबल सफलता के कई रहस्य और संकेत देती है, बशर्ते हम मेहनत से उनकी खोज करें। वे बताते हैं कि जब आप जीवन में आगे बढ़ते हैं और उस लक्ष्य का पीछा करते हैं, जो ईश्वर ने आपको सुझाया है, तो समस्यायें और

चुनौतियाँ आयेंगी। और उन चुनौतियों का सामना करने के लिये आपको आस्था की, बड़ी आस्था की ज़रूरत होगी। पूरी बाइबल में हम यह वाक्यांश पढ़ते हैं, "और यह गुज़र गया।" अधिकांश लोग सोचते हैं कि इसका सिर्फ़ यह मतलब होता है कि कोई चीज़ घटित हुई या घटित होने वाली है। इसका यह अर्थ तो है कि चीज़ें होंगी या घटित होंगी, परंतु इसका इतना सा ही मतलब नहीं है। देखिये, जब जीवन में चुनौतीपूर्ण या कठिन घटनायें होती हैं, तो हममें बाक़ी कहानी समझने की आस्था भी होनी चाहिये; कि जब वह "गुज़र गया," तो यह भी गुज़र जायेगा, यह हमेशा नहीं रहेगा।

हर एक के जीवन में चुनौतियाँ आयेंगी, जो आपकी आस्था और संकल्प का इम्तहान लेंगी। हालाँकि चुनौतियाँ आती हैं, परंतु वे हमेशा नहीं रहतीं; वे गुज़र जाती हैं। अगर आपमें सिर्फ़ यह विश्वास करने की आस्था हो, तो आप देख सकेंगे कि इन स्थितियों की वजह से हमारा विकास होगा और यही विकास विजेताओं को "बनना चाहने वालों" से अलग करेगा। हम सबके सामने कठिनाइयाँ होती हैं; सिर्फ़ इतना याद रखें कि वे "गुज़र जायेंगी," वे स्थायी रूप से नहीं रहेंगी! आस्था रखें और बनाये रखें, क्योंकि यह दौर सिर्फ़ गुज़रने के लिये आया है!

ऐसे समय में आपको अपनी आंतरिक शक्ति जुटाने की ज़रूरत है, जो उन बाधाओं को जीतने में आपकी मदद करे। उस आंतरिक शक्ति को, जो आपकी आस्था का सीधा परिणाम है। जब बाक़ी सब लोग और घटनायें आपको गिराती हैं, जब बाक़ी सब कुछ अपर्याप्त होता है, तो ईश्वर में आपकी आस्था आपको संबल और सहारा देती है। आस्था ही आपको विश्वास दिलाती है कि इस सबके बावजूद आप न सिर्फ़ बचे रहेंगे, बल्कि प्रगति भी करेंगे। मैं सिर्फ़ कामचलाऊ आस्था की बात नहीं कर रहा हूँ, जो सिर्फ़ आपको शांत करती है। मैं उस गहरी आस्था की बात कर रहा हूँ, जो आपमें संघर्ष करने की इच्छा जगाती है, जो आपको आगे बढ़ने की हिम्मत देती है, जो आपको अपनी परिस्थितियों से ऊपर उठने और मुश्किलों के बावजूद आगे बढ़ने की प्रेरणा देती है।

जीवन में हर चीज़ की तरह आस्था भी एक निर्णय है। और हर निर्णय की तरह, इस निर्णय को लेने में भी सिर्फ़ एक मिनट लगता है। आपकी ज़िंदगी सिर्फ़

एक मिनट में बदल सकती है! बाइबल दो चोरों की कहानी बताती है, जो सूली पर लटकाये जा रहे थे। उन्होंने पास में नज़ारेथ के यीशु को देखा, जिन्हें इज़राइल की जनता को एक नया संदेश देने के अपराध में सलीब पर लटकाया जा रहा था। एक चोर ने चिल्लाकर कहा, "तो तुम कहते हो कि तुम मसीहा हो। अगर तुम मसीहा हो, तो तुम उस सलीब से नीचे आकर ख़ुद को बचाते क्यों नहीं हो? और जब तुम ऐसा करो तो हमें भी बचा लेना।" परंतु दूसरा चोर बोला, "चुप रहो, मूर्ख! क्या तुम्हें यह एहसास नहीं है कि तुम किससे बात कर रहे हो?" फिर वह यीशु की ओर मुड़ा और बोला, "यीशु, जब आप अपने राज्य में पहुँचें, तो कृपया मुझे याद रखें" और यीशु जवाब में कहते हैं, "आज तुम मेरे साथ स्वर्ग में रहोगे, यह मेरा पक्का वादा है।" (ल्यूक 23:39-43) ***द लिविंग बाइबल।***

यह एक महत्वपूर्ण क्षण था, क्योंकि सिर्फ़ एक मिनट में चोर ने ज़िंदगी बदलने वाला आग्रह कर दिया। इस मिनट में उसका जीवन अनंतकाल के लिये बदल गया। उसकी ज़िंदगी बदलने में सिर्फ़ एक मिनट का समय लगा, क्योंकि उसे विश्वास था कि उससे बड़ी एक शक्ति थी, जो उसका जीवन बदल सकती थी। अपनी आस्था के कारण उसने अपना मुँह खोला और एक ऐसी बात कही, जिसने उसका जीवन बदल दिया।

कहें

अपने सपनों को सच करने के लिये कई बार आपको सहयोग की ज़रूरत होगी। आपको किसी दूसरे की मदद की ज़रूरत होगी। जो व्यक्ति आपकी मदद कर सकता है, वह कई बार ज़्यादा दूर नहीं होगा, दरअसल वह आपके आसपास ही होगा। परंतु कई लोग मदद माँगते ही नहीं हैं। वे नकारे जाने से डरते हैं और झूठे अहंकार की वजह से ऐसा नहीं करते; वे मदद माँगने से इंकार कर देते हैं। ऐसे बहुत से लोग हैं, जो मदद करने को तैयार और इच्छुक हैं, परंतु कोई उनसे मदद माँगता ही नहीं है! यह उस हाई स्कूल की ब्यूटी क्वीन की तरह है, जो घूमने जाने को तैयार थी, परंतु कोई उसे अपने साथ डेटिंग पर नहीं ले जा रहा था। आख़िरकार, उसकी कक्षा के किताबी कीड़े ने उससे डेटिंग के लिये पूछ लिया और वह उसके साथ घूमने चली गई। बाक़ी युवक पूछने में डर रहे

थे, क्योंकि वे सोच रहे थे कि उसके पास ऐसे कई निमंत्रण होंगे और वह उनके आग्रह को ठुकरा देगी। किताबी कीड़े ने महसूस किया कि उसके पास खोने के लिये कुछ नहीं है, इसलिये उसने पूछ लिया। उसने पूछा और युवती ने हाँ कर दी, क्योंकि किसी और ने नहीं पूछा था। वह कैंपस में बड़ा आदमी बन गया, सिर्फ़ इसलिये नहीं क्योंकि वह ब्यूटी क्वीन के साथ गया था, बल्कि इसलिये क्योंकि उसमें पूछने की हिम्मत थी। अंत में वह उस ब्यूटी क्वीन के साथ नियमित रूप से डेटिंग पर जाने लगा और उसका पति बन गया! अगर आप जीवन में कुछ चाहते हैं, तो आपको उसे माँगने के लिये तैयार रहना चाहिये। आस्था रखें, ख़ुद में भरोसा रखें, और फिर उस विश्वास पर काम करने के इच्छुक रहें। जब आप माँगेंगे, तभी आपको मिलेगा! जब आप खोजेंगे, तभी आप पायेंगे! अगर आप पाना चाहते हैं, तो आपको माँगना होगा! और याद रखें, अगर आप में आस्था है, तो सब कुछ संभव है!

मैथ्यू 7:7 में कहा गया है, "माँगिये और आपको दिया जायेगा; **खोजिये** और आप पा जायेंगे; **दस्तक** दीजिये और यह आपके लिये खोल दिया जायेगा। हर वह व्यक्ति जो माँगता है, पाता है; जो खोजता है, उसे मिलता है और जो दस्तक देता है, उसके लिये द्वार खुलता है।" जैसा आपका विश्वास होगा, वैसा ही आपके लिये किया जायेगा! अगर आप एक पल का समय निकालकर इन धार्मिक बातों पर ग़ौर करें, तो आप इनमें हमेशा कर्म का आग्रह पायेंगे, जो आपको प्राप्त होने वाले लाभ के साथ जुड़ा हुआ है।

माँगिये और आपको मिलेगा। माँगने का मतलब है आप जानते हैं कि आपको क्या चाहिये और आप इस बारे में पूछने तथा अपनी इच्छा ज़ाहिर करने के भी इच्छुक रहते हैं। खोजिये और आप पायेंगे। खोजने का मतलब है कि आप कर्म करने, इसकी तलाश करने और इसकी खोज करने के इच्छुक हैं। अंत में दस्तक दीजिये और यह आपके लिये खोल दिया जायेगा। दस्तक देने का मतलब है कि आपको लगन और धैर्य से दस्तक देने के लिये, बार-बार दस्तक देने के लिये तैयार रहना होगा।

इन सभी वाक्यों में कर्म का आग्रह है, यानी वाक्य के दूसरे हिस्से को हक़ीक़त में बदलने के लिये हमें पहले कर्म करना पड़ेगा। हमें कार्य करना होगा,

आस्था प्रदर्शित करनी होगी, विश्वास प्रकट करना होगा कि यह संभव है, तभी हम उन समृद्ध वरदानों को पूरी तरह प्राप्त कर पायेंगे, जिन्हें प्राप्त करने में हम सक्षम हैं।

"माँगिये और आपको दिया जायेगा, खोजिये और आप पा जायेंगे, दस्तक दीजिये और यह आपके लिये खोल दिया जायेगा।" इसके विपरीत, अगर आप माँगेंगे नहीं, तो शायद आपको मिलेगा भी नहीं। अगर आप खोजेंगे नहीं, तो शायद आप पायेंगे भी नहीं। अगर आप दस्तक नहीं देंगे, तो शायद आपके लिये दरवाज़ा भी नहीं खुलेगा। अगर आप जीवन में कुछ चाहते हैं, अगर आप **परिणाम** चाहते हैं, तो आपको, और मेरा मतलब है **आपको** कुछ **कर्म** करना होगा। धर्मग्रंथ बताते हैं कि आस्था में भी हमें कुछ व्यक्तिगत ज़िम्मेदारी लेनी होगी और व्यक्तिगत कर्म करना होगा, ताकि हमारी आस्था मुक्त और सक्रिय हो सके। कुकी किंग वैली एमॉस कहते हैं कि आपके पास आस्था, फ़ोकस और फ़ॉलो थ्रू होना चाहिये। वे कहते हैं कि ईश्वर एक-विचार का ईश्वर नहीं है और इसलिये हम उन सपनों में आस्था रख सकते हैं, जो हमें दिये गये हैं। इसके बाद हम अपनी शक्तियों को उस सपने पर केंद्रित करते हैं और सपने को साकार करने के लिये आवश्यक क़दम उठाने का कार्य करते हैं। एक मित्र ने मुझसे कहा था, "आस्था सिर्फ़ एक तथ्य नहीं है, यह एक कार्य भी है!" आस्था को प्रभावी बनाने के लिये आपको कर्म करना होगा, क्योंकि "कर्म के बिना आस्था बेजान है!" अपनी आस्था पर कर्म करें, इसकी ओर हाथ बढ़ायें!

इसकी ओर हाथ बढ़ायें!

डैनी मैकक्रिमॉन का गीत

अगर आपको आध्यात्मिक वरदान चाहिये,
तो आपमें आशा होनी चाहिये, जब आप हाथ बढ़ायेंगे,
इसकी ओर हाथ बढ़ायेंगे,
तो अपनी आस्था से प्राप्त करेंगे।
अगर आपकी आत्मा को पुनर्जीवित करने की ज़रूरत हो,
तो आप प्रयास से शक्ति हासिल करेंगे,
जब आप इसकी ओर हाथ बढ़ायेंगे, तो आस्था द्वारा इसे प्राप्त करेंगे।

इसकी ओर हाथ बढ़ायें, सिर्फ़ हाथ बढ़ायें।
ईश्वर के पास आपके लिये एक वरदान है,
और जब वह आपको इसे देने के लिये अपना हाथ बढ़ाता है,
तब आपको सिर्फ़ इसके लिये अपना हाथ बढ़ाना है।

हम सबने यह वाक्य सुना है, "ईश्वर उन लोगों की मदद करता है, जो अपनी मदद खुद करते हैं।" अक्सर ग़लती से इसे बाइबल का वाक्य समझ लिया जाता है, परंतु वास्तव में यह बेंजामिन फ्रैंकलिन ने कहा था। हालाँकि यह बाइबल का नहीं है, परंतु इसका महत्व बाइबल के वाक्यों जैसा ही है। अगर आपमें विश्वास करने की आस्था है, तो आपको अपने जीवन में कर्म करने के लिये ईश्वर की शक्ति का सहारा मिल सकता है। यह एक और पुरानी कहावत की तरह है, जो बाइबल में नहीं है, परंतु जिसमें आस्था का महत्व बताया गया है, "अगर आप एक क़दम बढ़ायेंगे, तो ईश्वर दो क़दम बढ़ायेगा।" हमें आस्था रखनी होगी और उस आस्था पर काम करना होगा, ताकि हम वह सब पूरी तरह प्राप्त कर सकें, जो प्राप्त करने में हम समर्थ हैं। आस्था एक तथ्य है और यह एक कार्य भी है! अपनी आस्था पर कार्य करें!

कड़ी मेहनत करें, बुद्धिमानी से मेहनत करें, ईश्वर पर भरोसा करें

हमने कड़ी मेहनत के बारे में बात की है, परिश्रम की आवश्यकता पर और अपने लक्ष्यों के प्रति समर्पण पर ज़ोर दिया है, क़िस्मत पर भरोसा न करने की बात कही है, जिसकी परिभाषा के अनुसार यह अवसर का तैयारी से संयोग है। सफलता कड़ी मेहनत से आती है। परंतु बुद्धिमानी से मेहनत करना भी बहुत महत्वपूर्ण है। इस बारे में सोचना अत्यंत आवश्यक है कि आप क्या कर रहे हैं, फिर योजना बनाना और व्यवस्थित होना भी ज़रूरी है, ताकि आप अपने प्रयासों से अधिकतम लाभ प्राप्त कर सकें। याद रखें, सबसे महत्वपूर्ण तत्व ईश्वर पर विश्वास करना है। जब आपको यह महसूस हो कि आप सफलता के लिये तैयार हैं, तब भी जीवन आपकी ओर कुछ समस्यायें उछाल देगा, आपको गिरा देगा, विचलित कर देगा, भटका देगा, आपको राह से परे कर देगा। परंतु

सिर्फ़ इतना दिमाग़ में रखें कि अगर ईश्वर आपके साथ है, तो वह आपके ख़िलाफ़ खड़ी पूरी दुनिया से अधिक विराट है! आस्था हो, गहरी आस्था हो, तो असफल होना असंभव हो जाता है। जैसा एक दार्शनिक ने कहा था, "*प्रार्थना करें*, जैसे सब कुछ ईश्वर पर निर्भर करता है और कर्म करें, जैसे सब कुछ आप पर निर्भर करता हो!" कड़ी मेहनत करें, बुद्धिमानी से मेहनत करें और ईश्वर पर भरोसा करें!

कड़ी मेहनत काम करती है

मेरी एक मित्र का फ़ोन आया, जिसने कहा कि उसे मैग्निफ़िसेन्ट मोटिवेशनल मिनट कार्यक्रम पसंद है। वह मुझे एक कहावत बताना चाहती थी, जो उसे उसकी माँ ने दी थी और इसने उसे अपने लक्ष्यों तक पहुँचने में मदद की थी। यह संदेश था, "कड़ी मेहनत काम करती है।" कड़ी मेहनत का कोई विकल्प नहीं है। कड़ी मेहनत का सफलता के साथ उसी तरह का संबंध है, जैसा गीलेपन का पानी के साथ, जैसे गर्मी का आग के साथ। वे अभिन्न रूप से जुड़े हुए हैं। सफलता क़िस्मत या ख़ुशक़िस्मती का नहीं, बल्कि कड़ी मेहनत का परिणाम है। किसी ने एक बार कहा था, "मुझे क़िस्मत में बहुत भरोसा है, मैं जितनी कड़ी मेहनत करता हूँ, मेरी क़िस्मत उतनी ही अच्छी होती है।" प्रोवर्ब्स में कहा गया है, "कड़ी मेहनत समृद्धि लाती है; मस्ती करने से ग़रीबी आती है।" विलियम पेन ने लिखा था, "बिना दर्द के विजय नहीं; बिना प्रयास के सिंहासन नहीं, बिना कड़वाहट के शोहरत नहीं; बिना सलीब के मुकुट नहीं!" कड़ी मेहनत करें और याद रखें, कि अगर आपमें आस्था है, तो हर चीज संभव है।

व्यक्तिगत समृद्धि के लिये आस्था का प्रयोग कोई नई अवधारणा नहीं है, परंतु बरसों तक बहुत कम लोगों को यह एहसास था कि आस्था का सफलता से संबंध जोड़ा जा सकता है। अधिकांश लोगों ने आस्था को सिर्फ़ आध्यात्मिक विकास से जोड़ने तक ही सीमित कर दिया था। यह नहीं माना गया था कि यह सफल बिज़नेस को चलाने का तरीक़ा भी हो सकता है। आस्था को ऐसे तरीक़े के रूप में नहीं सोचा गया था, जो सिर्फ़ प्रयास करने व बचे रहने से आगे जाकर समृद्ध भी बनाता हो। इस सदी में चिंतन का एक नया रूप उभरा, जिसने आस्था को

सिर्फ़ आध्यात्मिक संपन्नता बढ़ाने के तरीक़े के रूप में ही नहीं देखा, बल्कि भौतिक समृद्धि और संपन्नता बढ़ाने के तरीक़े के रूप में भी देखा। इसे डॉ. नॉर्मन विन्सेंट पील जैसे धर्मगुरुओं ने लोकप्रिय किया और फिर इसका विस्तार डॉ. रॉबर्ट शुलर जैसे व्यक्तियों ने किया। आस्था की समृद्धि वाली अवधारणा का विस्तार बाद में केनेथ कोपलैंड और डॉ. फ्रेडरिक के.सी. प्राइस जैसे पादरियों ने किया।

द पॉवर ऑफ पॉज़िटिव थिंकिंग (सकारात्मक सोच की शक्ति) में डॉ. नॉर्मन विन्सेंट पील ने हमें बताया है कि सकारात्मक मानसिक नज़रिये तथा आसान प्रार्थना द्वारा प्राप्त सही मानसिक अवस्था के उपयोग से कोई भी व्यक्ति इस संसार में आध्यात्मिक और भौतिक सफलता प्राप्त कर सकता है। डॉ. पील ने एक आसान परंतु अर्थपूर्ण संदेश पर ज़ोर दिया कि यह "पाई इन द स्काई" जैसी अविश्वसनीय विचारधारा नहीं है, बल्कि धर्म का ज्ञान है। इसके केंद्र में यह अवधारणा है कि प्रार्थना और गहरी जड़ों वाली सच्ची आस्था द्वारा उपलब्धि तथा सफलता पाई जा सकती है।

बाइबल के स्वप्नदर्शी

आपको किस तरह का सपना देखना चाहिये? यह कितना बड़ा होना चाहिये? देखिये, आपका सपना आपसे बड़ा होना चाहिये, कुछ ऐसा जो आप पर हावी हो सके और आपको अपने में विलीन कर सके। अगर आप बाइबल पढ़ेंगे, तो आप देखेंगे कि जिन लोगों ने अपने सपने को स्वीकार कर लिया, वे ऐसे लोग थे जो असंभव काम कर पाये। जेकब, जोसेफ़, डेनियल और जॉन उन लोगों के कुछ उदाहरण हैं, जिन्हें ईश्वर ने एक सपना दिया और वे लोग इन सपनों पर काम करने के इच्छुक थे, जिसकी वजह से उन्हें सफलता मिली। जोएल 3:28 में कहा गया है, "मैं सभी जीवित लोगों में अपनी आत्मा प्रवाहित करूँगा और तुम्हारी बेटियाँ भविष्यवाणी करेंगी, तुम्हारे बूढ़े लोग सपने देखेंगे तथा तुम्हारे युवकों को भविष्य की तस्वीर दिखेगी।" सपना देखने और सफल होने का साहस करें।

अगर आप महान परिणाम और उपलब्धियाँ चाहते हैं, तो महान आस्था होना

आवश्यक है। जीवन की प्रकृति कठिन है। ऐसे दौर आयेंगे, जब आपको सहारा देने वाली इकलौती चीज़ आपकी आस्था की होगी। यह इकलौती चीज़ होगी, जो आपको खाई में गिरने से रोकेगी। हालाँकि यह दुष्कर है, परंतु यदि आपके पास आस्था और एक बड़ा सपना है, तो जीवन बहुत अद्‌भुत और अकल्पनीय रोमांचकारी अनुभव बन सकता है। परंतु यह सब आप पर है। एक बड़े सपने के साथ अगर विश्वास, संकल्प, लगन और प्रचुर आस्था हो, तो जीवन सबसे अद्‌भुत रोमांचकारी यात्रा बन सकता है। परंतु आपको सारे तत्वों का प्रयोग करना होगा और यह विश्वास करना होगा कि यह संभव है।

बाधाओं से न घबरायें

जब आप लक्ष्य निर्धारित कर लें और इसे हासिल करने का सफ़र शुरू कर दें, तो आपको निश्चित रूप से कठिनाइयों का सामना करना पड़ेगा। कुछ बाधायें आयेंगी, परंतु आप उन्हें स्वयं को विचलित करने की अनुमति न दें। जब मोज़ेस हिब्रू बच्चों को मिस्र से बाहर निकालकर लाये, तो उन्होंने इस नई भूमि का हाल जानने के लिये बारह गुप्तचर भेजे। दस गुप्तचरों ने लौटकर बताया कि वहाँ पर दूध और शहद प्रचुरता से उपलब्ध है, परंतु वहाँ राक्षस भी हैं। ये दस गुप्तचर हार मानना चाहते थे, क्योंकि उन्होंने महसूस किया कि वे इन राक्षसों के सामने टिड्डों की तरह हैं। सिर्फ़ दो ने ईश्वर में आस्था रखी। वे इन राक्षसों से नहीं घबराये, क्योंकि उनकी ईश्वर में ज़्यादा बड़ी आस्था थी। वे ईश्वर पर विश्वास करने के इच्छुक थे, इसलिये उन्होंने कहा कि वे इस भूमि के स्वामी बन सकते थे। बाधाओं से न घबरायें। अगर ईश्वर आपके साथ है, तो वह आपके ख़िलाफ़ खड़ी पूरी दुनिया से अधिक विराट है!

बाइबल की मेरी एक प्रिय पंक्ति है, जिसे ड्यूटरोनॉमी, अध्याय 30 से लिया गया है, "मैं धरती और आसमान के समक्ष तुमसे यह कहता हूँ कि मैंने आज तुम्हारे सामने जीवन और मृत्यु, वरदान या शाप रख दिये हैं। काश तुम जीवन चुनो, ताकि तुम और तुम्हारे बच्चे जी सकें!" हमें सुखी रहने का चुनाव करना होगा, हमें स्वस्थ रहने का चुनाव करना होगा, सुरक्षित रहने का चुनाव करना होगा और अमीर रहने का चुनाव करना होगा। मैं 'चुनाव करना' क्यों कहता हूँ? क्योंकि सफलता संयोग नहीं, एक चुनाव है।

अपने वरदान गिनें

जीवन में आपके सामने समस्यायें रहेंगी! किसी ने एक बार कहा था, जीवन में या तो आपके पास कोई समस्या है या आप अभी किसी समस्या से जूझकर आ रहे हैं या आप किसी समस्या की तरफ़ बढ़ रहे हैं। परंतु आपको यह फ़ैसला करना होगा कि आप अपनी समस्याओं पर ध्यान केंद्रित करते हैं या फिर अपने वरदानों पर? मैं सुझाव दूँगा कि आप अपनी समस्याओं को गिनने के बजाय अपने वरदान गिनने का संकल्प लें। दुर्भाग्य से, अधिकांश लोग अपनी समस्याओं को ही गिनते रहते हैं और अपने वरदानों को अनदेखा कर देते हैं, जो हमेशा समस्याओं से अधिक होते हैं। मैं इस बारे में इतने विश्वास से कैसे कह सकता हूँ? क्योंकि आप यह पुस्तक इस समय पढ़ रहे हैं, जिसका यह मतलब है कि आप अब भी ज़िंदा हैं और पढ़ सकते हैं। मैं आपको गारंटी देता हूँ कि ऐसे करोड़ों लोग क़ब्र में होंगे, जो आपकी जगह पर होने के लिये कुछ भी देने को तैयार होते, चाहे आपके सामने कितनी ही समस्यायें हों। चूँकि आप ज़िंदा हैं, इसलिये आप पर ईश्वर की कृपा है! और आपके पास पढ़ने की, देखने की, सुनने की या विचारों को व्यक्त करने की क्षमता है। हो सकता है आपके पास बहुत दौलत न हो या बहुत भौतिक वस्तुएँ न हों, परंतु आप ज़िंदा हैं और इसलिये आप ऐसे निर्णय लेने में समर्थ हैं, जो भविष्य में स्थिति को बेहतर बना सकते हैं। जब तक आप ज़िंदा हैं, तब तक आपके पास संभावना है! अपनी समस्याओं के बजाय अपने वरदान गिनें। एक मित्र ने मुझे पत्र में लिखा था, "जब आपके पास कुछ नहीं हो, तो ईश्वर के पास कुछ न कुछ होता है। याद रखें, जब मुसीबतें आपके सिर से ऊपर हो जाती हैं, तब भी वे ईश्वर के पैरों के नीचे ही रहती हैं!" अपने वरदान गिनें!

ईश्वर में आस्था रखने के बाद हमें खुद में प्रबल आस्था रखनी चाहिये। आपको विश्वास करना होगा कि उस लक्ष्य को हासिल करना संभव है, जिसे दूसरे लोग न सिर्फ़ मुश्किल बल्कि असंभव मानते हैं। तूफ़ानों के बीच में भी खुद पर विश्वास होना चाहिये, बशर्ते यह विश्वास आपको अहंकारी न बनाये। आस्था उस चीज़ में विश्वास है, जो इस समय नहीं है, परंतु भविष्य में संभव है।

न सिर्फ़ आस्था के अलग-अलग नाम होते हैं, बल्कि आस्था के स्तर या आकार भी अलग-अलग होते हैं। कुछ लोगों की आस्था छोटी होती है और कुछ लोगों की आस्था बड़ी होती है। आपकी मच्छर जैसी आस्था और मच्छर जैसे सपने हो सकते हैं। या फिर आपकी आस्था और सपने हाथी जैसे हो सकते हैं। एक मादा मच्छर कुछ ही दिनों में शिशु मच्छर को जन्म दे सकती है, जबकि हाथी को बच्चे देने में तेईस महीने लगते हैं। आपको किस तरह की आस्था और सपने चाहिये? मच्छर जैसे छोटे सपने या **विशालकाय हाथी के आकार वाले बड़े सपने?**

पूरी बाइबल में उन लोगों के असंख्य उदाहरण हैं, जिन्होंने अपनी आस्था का प्रयोग करके अपने जीवन में ईश्वर की शक्ति का सहारा लिया। उन्होंने सिर्फ़ अपनी आस्था पर काम करके चमत्कारों और ईश्वर की शक्ति के पराभौतिक प्रमाणों का अनुभव किया। ये चमत्कार इन लोगों के साथ बाइबल में ही घटित नहीं हुए, बल्कि वे लगातार घटते रहे हैं और आज भी घटित हो रहे हैं!

मैगी जॉनसन

मैं हाल में टैक्सास में भाषण देने जा रहा था। यात्रा के दौरान मुझे मैगी जॉनसन नामक आकर्षक युवती से मिलने का अवसर मिला। मैगी संयोग से हवाई जहाज़ में मेरे पास बैठी थीं (मैंने आपको बताया था कि मैं क़िस्मत में विश्वास नहीं करता)। हममें भोजन के बारे में चर्चा शुरू हुई और हमने कहा कि यह आश्चर्यजनक रूप से अच्छा था। इसके बाद हम बात करने लगे कि हमें अपने काम के सिलसिले में कितनी यात्रायें करनी पड़ती हैं। चर्चा के दौरान मुझे यह एहसास हुआ कि उसके पास मुझसे बहुत ज़्यादा काम था। मैंने उससे पूछा कि वह इतनी अधिक गति से कैसे काम कर लेती है। उसने कहा कि उसे इसका कोई अफ़सोस नहीं है क्योंकि वह तो इसी बात से ख़ुश है कि वह ज़िंदा है।

फिर उसने मुझे बताया कि वह जीवन के बारे में इतनी ज़्यादा रोमांचित इसलिये है, क्योंकि पाँच साल पहले उसे कैंसर हो गया था, तीसरे स्टेज का स्तन कैंसर। वह पैंतीस के क़रीब थी और उसे यक़ीन नहीं हो रहा था कि उसके साथ ऐसा हो सकता है। उसके परिवार में

स्तन कैंसर का इतिहास नहीं था। वह अच्छा भोजन करती थी और सबसे बड़ी बात यह कि उसे लगता था कि वह अभी बहुत युवा है, इसलिये उसे कैंसर कैसे हो गया। उसके परीक्षण के परिणामों ने दिखाया कि कैंसर स्तन से लिम्फ़ नोड्स तक पहुँच गया था और भविष्य की संभावनायें क्षीण थीं। उसे जीने के लिये दो साल की अधिकतम अवधि दी गई। मैगी ने इस भविष्यवाणी को सुना, परंतु उसके पास कुछ और भी था, जिस पर उसे भरोसा था। उसे ईश्वर में अपनी आस्था पर भरोसा था। उसे बताया गया कि उसे कम से कम दस कीमोथैरेपी उपचारों की आवश्यकता पड़ेगी और फिर विकिरण उपचार की। मैग्नी सकारात्मक चिंतन में लगी रही और ईश्वर पर विश्वास करती रही। पाँच उपचारों के बाद मैगी अपनी नियमित जाँच के लिये गई और तब कैंसर का कोई चिन्ह नहीं था! डॉक्टरों को इस पर यक़ीन नहीं हुआ। व्यापक टेस्ट किये गये, बायोप्सी करवाई गई, परंतु अब भी कैंसर का कोई चिन्ह नहीं था। पाँच साल हो जाने के बाद भी कैंसर का कोई चिन्ह नहीं था। कैंसर पूरी तरह ग़ायब हो गया!

मैगी तीसरी स्टेज के स्तन कैंसर से बच चुकी है। उसके सामने एक निराशाजनक स्थिति थी। इसके बावजूद उसने आशा और आस्था का दामन नहीं छोड़ा। उसने हार नहीं मानी। उसने मौत की आँखों में आँखें डालकर देखा और जीत गई। याद रखें कि जो लोग विश्वास करते हैं, उनके लिये सब कुछ संभव होता है।

पारिवारिक आस्था

डोरिस डेबो ने भी कैंसर को हराया है, परंतु उनकी आस्था की कहानी बहुत अलग है। वे कुछ समय से मेरी मित्र हैं। पिछले कुछ सालों में उन्होंने बहुत सी बीमारियों पर विजय पाई है, जिनमें हर्निया, पार्किन्सन्स डिसीज़ और कैंसर शामिल हैं। 1983 में उन्हें अंडाशय का कैंसर हो गया। ऑपरेशन हुआ और उसके बाद विकिरण उपचार। छह साल बाद यह उनके फेफड़ों में उभरा और फिर ग़ायब हो गया। पाँच साल बाद उन्होंने स्तन कैंसर का ऑपरेशन करवाया इस सब के दौरान वे निराश नहीं थीं। श्रीमती डेबो ने कहा कि उनमें आस्था थी कि ईश्वर उनके जीवन को

नियंत्रित कर रहा है और हालाँकि उन्हें कैंसर था, परंतु कैंसर ने उन्हें हराया नहीं था। उन्होंने जीवन का आनंद लेने और हर दिन को पूरी तरह से जीने का फ़ैसला कर लिया।

वे विश्वास करती हैं कि उपचार में हमेशा "ठीक होना" या समस्या का हटना शामिल नहीं होता। उनका कहना है कि वे इसलिये पूरी तरह ठीक हो गईं, क्योंकि उन्हें अपनी स्थिति से निबटने की शक्ति दी गई थी, बिना डर या चिंता के। वे विश्वास करती हैं कि ईश्वर ने समस्या नहीं भेजी, परंतु उसने इससे निबटने की शक्ति और अपना आशीर्वाद भेजा। और अपनी आस्था के कारण वे पूर्ण शांति का जीवन जीने में समर्थ हैं!

उनकी आस्था ने न सिर्फ़ उनके जीवन को, बल्कि उनके मित्रों और पारिवारिक सदस्यों के जीवन को भी प्रभावित किया। कुछ साल पहले उनके भाई को पेट का एन्यूरिज़्म (धमनी फटना) हो गया था और उसके बचने की संभावना सिर्फ़ 5 प्रतिशत थी। दरअसल, गहन चिकित्सा इकाई में डॉक्टरों ने परिवार को बता दिया था कि वे उसके लिये अब और कुछ नहीं कर सकते। उसने अपने भाई के लिये प्रार्थना करना शुरू की और इस तरह की आस्था विकसित करने में अपने भाई की मदद की कि वह यह विश्वास करे कि वह ठीक हो सकता है। इस युवती की आस्था इतनी प्रबल थी कि दूसरों को उससे शक्ति मिली। आज उसका भाई घर लौट आया है, पूर्ण जीवन जी रहा है और अपने बच्चों तथा नाती-पोतों का आनंद ले रहा है! उसके ठीक होने की ख़ुशी में दी गई पार्टी में मैं गया था और उसने बताया कि उसे अपनी बहन की आस्था से किस तरह शक्ति मिली तथा किस तरह उसकी बहन की आस्था ने पूरे परिवार को शक्ति दी। इस युवती ने कहा कि चमत्कार करने के लिये आपको चमत्कार की आशा करनी होगी। डोरिस डेबो आस्था की शक्ति का आदर्श उदाहरण हैं। वे विश्वास करती हैं कि जहाँ डॉक्टरों का काम ख़त्म होता है, वहाँ से ईश्वर का काम शुरू होता है। वे न सिर्फ़ आस्था में विश्वास करती हैं, बल्कि वे आस्था के हिसाब से जीती भी हैं!

आस्था का स्पर्श

एक बार की बात है कबाड़ समझा जाने वाला सामान नीलाम हो रहा था। नीलामी करने वाला बाक़ी सामान के बाद एक वायलिन पर आया। वह वायलिन काफ़ी पुराना और भद्दा दिख रहा था। नीलामी करने वाले ने वायलिन उठाया और तार खींचे, जो दर्दनाक रूप से बेसुरे थे। उसने पुराने गंदे वायलिन की तरफ़ देखा, भौंहें सिकोड़ीं और उत्साहहीन अंदाज़ में इसकी क़ीमत 10 डॉलर लगाई, परंतु कोई लेने को तैयार नहीं था। फिर उसने क़ीमत घटाकर 5 डॉलर कर दी, परंतु फिर भी कोई आगे नहीं आया। वह क़ीमत कम करता गया, जब तक कि यह पचास सेंट का हो गया। नीलामी करने वाला बोला, "पचास सेंट, सिर्फ़ पचास सेंट! मैं जानता हूँ कि इसकी इतनी भी क़ीमत नहीं है, परंतु आप इसे सिर्फ़ पचास सेंट में ले सकते हैं।" इसी समय सफ़ेद बालों और दाढ़ी वाला एक बूढ़ा आगे आया और उसने वायलिन अपने हाथ में लिया। बूढ़े आदमी ने रूमाल निकालकर वायलिन की धूल साफ़ की। उसने धीरे-धीरे तारों को खींचा और हर तार को सही किया। फिर उसने पुराने वायलिन को अपनी ठुड्डी के नीचे रखा और उसे बजाने लगा। उस पुराने वायलिन से इतना मधुर संगीत निकला, जितना वहाँ मौजूद कई लोगों ने तो कभी सुना ही नहीं था। फिर नीलामी करने वाले ने पूछा कि शुरुआती बोली क्या है। एक व्यक्ति ने कहा 100 डॉलर, दूसरे ने कहा 200 डॉलर और फिर क़ीमत बढ़ती चली गई और अंत में वह वायलिन 1,000 डॉलर में बिका। एक पुराने, बदसूरत वायलिन के लिये एक हज़ार डॉलर, जिसे पहले कोई पचास सेंट में भी ख़रीदने को तैयार नहीं था। यह कहानी बताती है कि जब किसी चीज़ को विशेषज्ञ के हाथ में रख दिया जाता है, तो छोटी सी चीज़ भी कितनी बड़ी बन सकती है!

जब आप अपने सपनों और आकांक्षाओं को महान ईश्वर के हाथ में रख देते हैं, तो आप आस्था से जी रहे होते हैं। आस्था वह अनुभूति है, जब आप जानते हैं कि ईश्वर है और आप यह स्वीकार करने के इच्छुक होते हैं कि वह है तथा इस तरह से जीते हैं जैसे वह है! और इस विश्वास से आप उन सपनों की ओर क़दम बढ़ाते हैं, जो उसने आपको दिये हैं। जैसा लेस ब्राउन कहते हैं, "आस्था वह है, जब आप इस विश्वास के साथ कूद सकें कि जाल प्रकट हो जायेगा!" या

रोज़िटा पेरेज़, जिन्होंने कहा था, "कूदने की आस्था रखें और नीचे आते समय पंखों का विकास करें!"

कई लोगों को यह विश्वास नहीं होता कि आस्था उनके जीवन में मदद करेगी। परंतु मैं बिना संदेह के कह सकता हूँ कि मेरी आस्था मेरा स्रोत, मार्गदर्शक और शक्ति रही है। लंबे समय तक मैंने खुद चीज़ें करने की कोशिश की, परंतु मैं बुरी तरह असफल हुआ। जब मैंने ईश्वर पर भरोसा करना सीखा और आस्था से क़दम बढ़ाया, तभी जाकर मुझे यह एहसास हुआ कि मेरे जीवन में अद्‌भुत चीज़ें हो सकती हैं। मेरी सतत प्रार्थना है कि मैं स्वस्थ, विनम्र और भूखा बना रहूँ! मैं प्रार्थना करता हूँ कि मैं स्वस्थ रहूँ, क्योंकि स्वास्थ्य से अधिक महत्वपूर्ण या मूल्यवान कुछ नहीं है। अगर मैं स्वस्थ हूँ, तो में वे काम कर सकता हूँ जिनसे दौलत मिले, परंतु अगर मैं स्वस्थ नहीं हूँ तो अच्छी सेहत हासिल करने के लिये कोई क़ीमत ज़्यादा नहीं होगी।

अगली प्रार्थना यह है कि मैं विनम्र रहूँ। मैं विनम्रता के लिये हर दिन प्रार्थना करता हूँ, क्योंकि मुझे वह समय याद है, जब मैं सोचता था कि मेरी सफलता मेरे ही प्रयास का फल है और मैं अहंकारी हो गया था। मैंने अपने जीवन का सबसे शर्मनाक प्रदर्शन किया था और मैं वह महत्वपूर्ण सबक़ नहीं भूलूँगा, जो मैंने सीखा था। मैंने सीखा कि मैं यहाँ पर प्रभावित करने के लिये नहीं हूँ, बल्कि प्रेरित करने के लिये हूँ। और जिस तरह यह उपहार मुक्तता से दिये जाते हैं, उसी तरह इन्हें मुक्तता से स्वीकार किया जाता है। मैं लगातार प्रार्थना करता हूँ कि ईश्वर मेरा उपयोग टेलीफ़ोन की तरह करेगा, वह मुझसे बात करेगा, मेरे द्वारा बात करेगा और जब वह बात पूरी कर लेगा, तो वह मेरा रिसीवर रख देगा, जब तक कि उसे दुबारा मेरी ज़रूरत न पड़े।

अंत में, मैं भूखा बने रहने की प्रार्थना करता हूँ कि मैं कभी खुद से संतुष्ट न होऊँ और मैं हमेशा अपने सर्वश्रेष्ठ प्रदर्शन से बेहतर काम करने का प्रयास करूँ। जो मैं कल करूँ वह उससे बेहतर होना चाहिये, जो मैंने आज किया था। मैं आत्मसंतुष्ट नहीं होना चाहता, बल्कि मैं हमेशा अगले पहाड़ पर चढ़ने का इच्छुक होना चाहता हूँ और यह नहीं भूलना चाहता कि मैं कौन हूँ और मेरे साथ कौन है!

जैसा मेरे मित्र लैरी विंजेट कहते हैं, "आस्था आपको सिखाती है कि

सर्वश्रेष्ठ की आशा कैसे की जाये, निकृष्टतम के लिये तैयारी कैसे की जाये और इन सबका जश्न कैसे मनाया जाये!" जीवन का जश्न मनायें और आस्था पर विश्वास करके क़दम उठाने के इच्छुक हों! यह सौभाग्यशाली आश्वासन कि ईश्वर आपको कभी नहीं छोड़ेगा, न ही आपका साथ छोड़ेगा!

पैरों के निशान

एक रात एक आदमी ने सपना देखा। उसने सपने में देखा कि वह समुद्र किनारे ईश्वर के साथ चल रहा था। आसमान पर उसके जीवन के दृश्य उभरे। हर दृश्य में उसने देखा कि रेत में दो व्यक्तियों के पैरों के निशान दिख रहे थे : एक तो उसके ख़ुद के पैरों के निशान थे और दूसरे ईश्वर के। जब उसके जीवन का अंतिम दृश्य उसके सामने आया, तो उसने पलटकर रेत में पैरों के निशान देखे। उसने देखा कि कई बार उसके जीवन की राह में सिर्फ़ एक ही व्यक्ति के पैरों के निशान दिख रहे थे। उसने यह देखा कि ऐसा तब हुआ था, जब उसके जीवन के सबसे दुखद या बुरे दिन चल रहे थे। इससे वह परेशान हो गया और उसने ईश्वर से पूछा, "ईश्वर, आपने कहा था कि अगर मैं आपका अनुसरण करने का फ़ैसला करूँगा, तो आप मुझे कभी अकेला नहीं छोड़ेंगे, न ही मेरा साथ छोड़ेंगे। आपने कहा था कि आप पूरे रास्ते मेरे साथ चलेंगें। परंतु मैंने देखा है कि मेरे जीवन के सबसे मुश्किल समय में सिर्फ़ एक ही व्यक्ति के पैरों के निशान दिख रहे हैं। मैं यह नहीं समझ पाया कि जब मुझे आपकी सबसे ज़्यादा ज़रूरत थी, तब आपने मेरा साथ क्यों छोड़ दिया!" ईश्वर ने जवाब दिया, "मेरे प्यारे बच्चे। मैं तुमसे प्रेम करता हूँ और तुम्हारा साथ कभी नहीं छोडूँगा। तुम्हारी मुश्किल और दुख के समय में, जब तुम्हें रेत में सिर्फ़ एक ही व्यक्ति के पैरों के निशान दिख रहे हैं... यह वह समय था जब मैं तुम्हें गोद में उठाकर ले गया था।"

❋ ❋ ❋

अध्याय नौ

आसमान ही सीमा है!

आसमान ही सीमा है

अल जॉनसन का गीत

खुद से पूछें कि भविष्य में आपके लिये क्या है।
अख़बारों की सुर्खियों ने आपको डरा दिया।
हर एक की तरह आप भी चाहते हैं सुख और शांति,
परंतु क्या ये चीज़ें यहाँ पर मिलने की संभावना है?
आप कैसे भूल सकते हैं?
इस सारी दुविधा के बीच एक ही चीज़ का विश्वास किया जा सकता है!
जो आप चाहते हैं उसकी गारंटी पहले से ही दी गई है
हमारे रचयिता द्वारा हमसे वादा किया गया है,
उन सबसे जो विश्वास करते हैं!

आसमान ही सीमा है
आस्था आपको उतनी दूर ले जा सकती है,
जितनी दूर आप जाना चाहते हैं!
इसमें अपना मन लगायें
शक्ति आपके पास है और यह समय है इसे प्रदर्शित करने का!

आपने यह पहले सुना है परंतु यह असंभव लगता है
क्योंकि दुनिया पूरी तरह पगला चुकी है!
परंतु जब मालिक घर में हैं, तो आप अकेले नहीं चलते हैं,
वे हर बुरी चीज़ से आपकी रक्षा करते हैं।
कुछ ऐसे शंकालु लोग भी होंगे,
जो आपसे कहेंगे कि आप छलावे का पीछा कर रहे हैं,
परंतु आप सच जानते हैं और यह सच आपको मुक्त कर देगा,
किसी सितारे जितना चमकदार बनायेगा,
ताकि पूरी दुनिया देख ले!

आसमान सीमा है
आस्था आपको उतनी दूर ले जा सकती है,
जितनी दूर आप जाना चाहते हैं!
इसमें अपना मन लगायें
शक्ति आपके पास है और यह समय है इसे प्रदर्शित करने का!

सचमुच आसमान ही सीमा है और आपकी आस्था आपको उतनी दूर तक ले जा सकती है, जितनी दूर आप जाना चाहते हैं। चुनौतियाँ, बाधायें और मुश्किलें आयेंगी, जो आपके संकल्प का इम्तहान लेंगी। परंतु अगर आपमें आस्था है, विश्वास भरा संकल्प है और अपने सपने का पीछा करने का इरादा है, तो आप देखेंगे कि यह बात सच है, आसमान सचमुच सीमा है! परंतु यह फ़ैसला आपको करना होगा कि क्या आप ऊँचे उठना चाहते हैं और अगर ऐसा है तो आप कितनी ऊँचाई पर पहुँचना चाहते हैं।

चाहे आप, इसे किसी तरह से कहें, चाहे आप इसे किसी तरह से देखें, जीवन में एक बहुत महत्वपूर्ण बात तय होती है। वह महत्वपूर्ण बात यह है कि चाहे आप सफल हों या असफल, अंततः यह आप पर निर्भर करता है। सफलता संयोग का नहीं, बल्कि चुनाव का मामला है। विलियम जेनिंग्स ब्रायेन्ट ने कहा है, "क़िस्मत संयोग का मामला नहीं है, बल्कि चुनाव का मामला है। यह ऐसी चीज़ नहीं है जिसका इंतज़ार किया जाये, बल्कि ऐसी चीज़ है जिसे हासिल किया जाये!"

क्या आप अब भी अपनी नाव आने का इंतज़ार कर रहे हैं?

कई लोग कहते हैं कि वे अपनी नाव आने का इंतज़ार कर रहे हैं। वे धैर्य से बैठते हैं और अवसर के उन तक पहुँचने का इंतज़ार करते हैं। मुझे नाइटक्लब में गायन के अपने दिन याद हैं, जब मैं अपने "बड़े अवसर" का हमेशा इंतज़ार किया करता था। मुझे अपनी प्रतिभा के पहचाने जाने का इंतज़ार था। मैंने हमेशा लोगों को यह कहते सुना, "गाते रहो, पूरी मेहनत से गाते रहो और एक दिन कोई न कोई तुम्हें अवसर देगा!" मैं अपने अवसर का इंतज़ार करता रहा, परंतु वह कभी नहीं आया। फिर मैंने यह सीखा कि सफलता संयोग नहीं, बल्कि चुनाव है। मैंने सीखा कि अपने भविष्य का विकास करने का सबसे अच्छा तरीक़ा पहले ख़ुद का विकास करना है। मैंने आत्मविकास का कार्यक्रम शुरू किया और फ़ैसला किया कि मैं अब अपने अवसरों का इंतज़ार नहीं करूँगा... मैं अपने अवसर ख़ुद बनाऊँगा। मेरे पास चुनाव के विकल्प थे, मैं या तो अपनी नाव के आने का इंतज़ार कर सकता था या फिर मैं तैरकर उसके पास तक जा सकता था। मैंने उसके पास तैरकर जाने का फ़ैसला किया। और मैं ख़ुश हूँ कि मैंने ऐसा किया, क्योंकि मेरे कुछ दोस्त अब भी किनारे पर खड़े होकर इंतज़ार कर रहे हैं। जोनाथन विन्टर्स ने कहा था, "मैं सफलता का इंतज़ार करता रहा, परंतु वह नहीं आई, इसलिये मैं उसके बिना ही आगे चल दिया।" मित्रो, सफलता कोई ऐसी चीज़ नहीं है, जिसका इंतज़ार किया जाये... यह तो ऐसी चीज़ है, जिसे हासिल किया जाये! अपनी नाव के आने का इंतज़ार न करें... कूद पड़ें और इसकी तरफ़ तैरना शुरू कर दें। आप ख़ुश होंगे कि आपने ऐसा किया!

मैं एक हाई स्कूल में बोल रहा था। जब मैं ऑटोग्राफ़ दे रहा था और दूसरे विद्यार्थियों से बातें कर रहा था, तो एक युवती बहुत धैर्य से इंतज़ार करती रही। फिर उसने पूछा, "आप क्या करेंगे, अगर सफलता आपके पास तक आना पसंद न करे?" मैंने जवाब दिया, "तब तो आपको उसके पास ***तक जाना होगा!***" एक पल के लिये तो वह उलझन में पड़ गई, फिर उसकी आँखों में चमक आ गई और उसने कहा, "आपका मतलब है मुझे उसका इंतज़ार करने की कोई ज़रूरत नहीं है! वाह!"

उस पल मुझे यह एहसास हुआ कि अधिकांश लोगों को सफलता के बारे में एक ग़लतफ़हमी रहती है। उन्हें ग़लत शिक्षा दी गई है। अधिकांश लोगों को विश्वास होता है कि सफलता ऐसी चीज़ है, जो संयोग से मिलती है और आप या तो खुशक़िस्मत होते हैं या फिर बदक़िस्मत। बहरहाल, मैं यहाँ पर ज़ोर देकर कहता हूँ कि सफलता संयोग से नहीं मिलती, बल्कि इसलिये मिलती है क्योंकि हम एक निर्णय लेते हैं और उस निर्णय पर कर्म करते हैं। हमें फ़ैसला करना होगा और फिर इसे करके दिखाना होगा! एक प्राचीन कहावत है, "जीवन के साथ यह बड़ी अजीब बात है, अगर आप सर्वश्रेष्ठ के अलावा किसी अन्य चीज़ को स्वीकार करने से इंकार कर देते हैं, तो अक्सर आपको वह चीज़ मिल जाती है!" वह युवती उस दिन स्कूल से एक नई मानसिकता लेकर लौटी। अब वह सफलता का इंतज़ार नहीं कर रही थी, वह पानी में छलाँग लगाकर सफलता तक खुद पहुँचने वाली थी।

सफलता संयोग नहीं, एक चुनाव है!

आप कहते हैं कि आप अपने साथ होने वाली घटनाओं को नहीं चुन सकते, फिर आप सफल होने का चुनाव कैसे कर सकते हैं? पहले तो हम सफलता को परिभाषित कर लें। सफलता के पितामह और थिंक एंड ग्रो रिच के लेखक नेपोलियन हिल सफलता को परिभाषित करते हुए कहते हैं, महत्वपूर्ण लक्ष्य या आदर्श की क्रमशः प्राप्ति। क्रमशः का अर्थ है आप अपने सपने की दिशा में जो प्रगति कर रहे हैं, उसे नापा जा सकता है। महत्वपूर्ण का अर्थ है कि आपका सपना अच्छा है, सकारात्मक है और समाज के हित में है। हिटलर सफल नहीं था, क्योंकि उसका सपना बुरा और क्रूर था। वह समाज का निर्माता नहीं, विनाशक था। सफलता किसी महत्वपूर्ण लक्ष्य या आदर्श की क्रमशः प्राप्ति है। जैसा आप देखते हैं, मैंने धन के बारे में कुछ नहीं कहा है, क्योंकि हम पहले ही बात कर चुके हैं कि सफलता धन से नहीं नापी जाती। ऐसे बहुत से सफल माता-पिता हुए हैं, जिन्होंने अपने बच्चों को ईमानदार व मेहनती बनाने का सपना देखा और उसे साकार किया। हो सकता है सफल शिक्षक अमीर न हों, परंतु उन्होंने युवाओं की ज़िंदगी सँवार दी।

सफलता किस तरह चुनाव हो सकती है? यह सच है कि जीवन में ऐसी कई घटनायें होती हैं, जिन्हें आप नियंत्रित नहीं कर सकते। बहरहाल, आप उस तरीक़े को तो नियंत्रित कर सकते हैं, जिस तरीक़े से आप उन पर प्रतिक्रिया करते हैं। आप मौसम या प्राकृतिक आपदाओं को नियंत्रित नहीं कर सकते, परंतु आप उन पर कैसी प्रतिक्रिया करेंगे, यह तो आपके नियंत्रण में है। आप अर्थव्यवस्था को नियंत्रित नहीं कर सकते, परंतु आप इस पर कैसी प्रतिक्रिया करेंगे, यह आपके नियंत्रण में होता है। सफलता संयोग नहीं, एक चुनाव है। रीनहोल्ड नीबर ने कहा था, "हे प्रभु, मुझे शांति दो, ताकि मैं उन चीज़ों को स्वीकार कर लूँ, जिन्हें मैं बदल नहीं सकता; जिन चीज़ों को मैं बदल सकता हूँ, उन्हें बदलने का साहस दो; और दोनों के अंतर को पहचानने की बुद्धि दो।" सुखी, स्वस्थ और अमीर बनने का चुनाव करें। और याद रखें कि अगर आपमें आस्था हो, तो सब कुछ संभव है!

यह सच है कि हम यह निर्धारित नहीं कर सकते कि हमारे साथ क्या होता है - समस्यायें और परिस्थितियाँ लगातार हमें चुनौतियाँ देती हैं। परंतु हम यह अवश्य निर्धारित कर सकते हैं कि हम इन पर कैसी प्रतिक्रिया करेंगे। हमें जो परिणाम मिलते हैं, वे हमारे ही चुनावों की वजह से मिलते हैं। और जो चुनाव हम करते हैं, वे हम पर निर्भर करते हैं और हमें अंततः उनकी ज़िम्मेदारी लेना चाहिये। हम जो हैं और जहाँ हैं, अपने चुने गये विकल्पों की वजह से ही हैं।

ग़लती सितारों की नहीं है

"प्रिय ब्रूटस, दोष हमारे सितारों में नहीं, बल्कि हममें है कि हम छोटे हैं!" यह शेक्सपियर का कथन है। इसमें एक शाश्वत सच्चाई बताई गई है : हमारे पास अपनी क़िस्मत की चाबी है! अंतिम विश्लेषण में सितारे या कुंडली जीवन में आपकी ऊँचाई निर्धारित नहीं करते। आप और जीवन के प्रति आपका नज़रिया ही अंततः जीवन में आपकी ऊँचाई निर्धारित करते हैं। मेरी मेज़ पर एक तख़्ती रखी है, जिसे मैं रोज़ाना पढ़ता हूँ। इस पर लिखा है : "एक स्तर तक हर एक का जीवन वातावरण, आनुवंशिकता, आसपास की दुनिया में हो रहे परिवर्तनों या गतिविधियों से आकार लेता है। परंतु फिर एक समय ऐसा आता है जब यह आपके

हाथ में होता है कि आप अपने जीवन की मिट्टी को आकार दें और अपनी मनचाही चीज़ बना लें। सिर्फ़ कमज़ोर लोग अपने माता-पिता, अपनी जाति, अपने समय, बदक़िस्मती या भाग्य के खेल को दोष देते हैं हर एक के भीतर ऐसी शक्ति है जो कह सके : आज मैं यह हूँ और कल मैं यह बनूँगा! बहरहाल, सपने को कर्म द्वारा साकार करना होगा!" अगर यह होना है, तो यह आप पर और मुझ पर है कि हम अपने सपनों को हक़ीक़त में बदलें।

हम्प्टी डम्प्टी

हम्प्टी डम्प्टी एक दीवार पर बैठा था,
हम्प्टी डम्प्टी बुरी तरह दीवार से गिरा।
राजा के सारे घोड़े
और राजा के सारे सैनिक
हम्प्टी को दुबारा नहीं जोड़ पाये।
(या उन्होंने जान-बूझकर हम्प्टी को दुबारा नहीं जोड़ा।)

चाहे मामला जो हो, असली महत्व की बात यह है कि हम्प्टी डम्प्टी अंत में धरती पर टूटा, बिखरा और पूरी तरह निष्क्रिय पड़ा था और उस मोड़ पर हम्प्टी डम्प्टी को एक महत्वपूर्ण निर्णय लेना था : टूटे हुए अंडे की तरह पड़े रहकर अपना अंत कर लेना या फिर आशावाद का परिचय देकर ऊपर उठना! इससे फ़र्क़ नहीं पड़ता कि जीवन में आपके साथ क्या होता है; फ़र्क़ सिर्फ़ इससे पड़ता है कि आप इसके बारे में क्या करते हैं! कई बार जीवन में हमारे पास ऐसी समस्यायें होती हैं, जो हमें गले तक डुबो देती हें। ये समस्यायें पीड़ादायी तथा कठिन होती हैं और हमें धराशायी कर देती हैं। हम नीचे गिर सकते हैं, परंतु इसका मतलब यह नहीं है कि हम ख़ुद को दौड़ से बाहर मान लें। हो सकता है हमारे सिवाय कोई दूसरा हमारी मदद करने में समर्थ या इच्छुक न हो। यही समय है जब हमें अपनी पूरी ज़िम्मेदारी लेनी चाहिये। मैंने एक बार एक धर्मप्रवचनकर्ता को यह कहते सुना था, "हो सकता है आप गिरने के लिये ज़िम्मेदार न हों, परंतु आप दुबारा उठने के लिये ज़िम्मेदार हैं!" मैं इससे पूरी तरह सहमत हूँ। इससे फ़र्क़ नहीं पड़ता कि आपके साथ क्या

होता है; फ़र्क़ सिर्फ़ इससे पड़ता है कि आप इसके बारे में क्या करते हैं। उठें और व्यस्त हो जायें! याद रखें, चुनाव आपके हाथ में है!

वक्ता के रूप में अपने करियर की शुरुआत में मैंने ज़िम्मेदारी के बारे में एक महान सबक़ सीखा, जब मैंने अपनी बुकिंग करने के लिये एक एजेंट रखा। मैंने बुकिंग की सारी ज़िम्मेदारी उस एजेंट को सौंप दी और इंतज़ार करता रहा। मैं इंतज़ार करता रहा, और करता रहा, परंतु फ़ोन की घंटी नहीं बजी। इसलिये मैंने उस एजेंट को हटा दिया और दूसरे एजेंट को रख लिया। एक बार फिर, मैं इंतज़ार करता रहा, करता रहा और एक बार फिर फ़ोन नहीं बजा। आख़िरकार बात मेरी समझ में आ गई। बुकिंग दिलवाना उसका **काम** था, परंतु यह मेरी **ज़िम्मेदारी** थी। अगर वह मुझे बुकिंग नहीं दिलवा पायेगा, तो उसकी नौकरी चली जायेगी। परंतु अगर मुझे बुकिंग नहीं मिली, तो मेरा तो घर बिक जायेगा! यह किसकी ज़िम्मेदारी है? मेरी! मेरी सफलता अंततः किसी दूसरे पर नहीं, बल्कि मुझ पर निर्भर करती है।

यह मेरी ज़िम्मेदारी है

हैन्निबाल ने कहा था, "अगर आपको रास्ता न मिले, तो आप रास्ता बना लें!" जीवन आसान नहीं है और आपकी राह में बाधायें हमेशा रहेंगी। हम चाहे जो भी हासिल करने की कोशिश करें, बाधायें हमेशा रहेंगी। बड़े पुरस्कारों की राह में हमेशा बड़ी बाधायें होती हैं। हमारे मन में इसे कर दिखाने का निरंतर संकल्प होना चाहिये। हमें अपने जीवन का निर्देशक, निर्माता, पटकथा लेखक और मुख्य अभिनेता बनने का निर्णय लेना होगा। हमें यह निर्णय लेना होगा कि हम सबसे हटकर बनना चाहते हैं या मुख्यधारा में ख़ुद को विलीन कर देना चाहते हैं। जॉर्ज बर्नार्ड शॉ ने कहा था, "लोग अपनी वर्तमान दशा के लिये हमेशा अपनी परिस्थितियों को दोष देते हैं। मैं परिस्थितियों में विश्वास नहीं करता। जो लोग इस दुनिया में आगे निकलते हैं, वे ऐसे लोग होते हैं जो उठ खड़े होते हैं तथा अपनी मनचाही परिस्थितियों की तलाश करते हैं, और अगर उन्हें वैसी परिस्थितियाँ नहीं मिलतीं, तो वे उन्हें बना लेते हैं।" हमें अपनी सफलताओं या असफलताओं की ज़िम्मेदारी लेना होगी। हमें इस बात की ज़िम्मेदारी लेना होगी कि हम अपनी ज़िंदगी का क्या करते हैं। जैसा विलियम अर्नेस्ट

हेनले ने अपनी कविता "*इन्विक्टस*" में कहा है, "इससे कोई फ़र्क़ नहीं पड़ता कि द्वार कितना सँकरा है या नामावली में कितनी सारी सज़ायें हैं; मैं अपने भाग्य का मालिक हूँ; मैं अपनी आत्मा का कप्तान हूँ।" अंततः यह आप पर है कि आप अपने सपनों को साकार करें।

दोष देने का खेल

बहाने! बहाने! मैंने पाया है कि ऐसे लोग किसी काम के नहीं होते, जो बहाने बनाना पसंद करते हैं। बहाने अयोग्य व्यक्तियों के हथियार हैं। जो बहाने बनाने में निपुण होते हैं, वे शायद ही किसी दूसरी चीज़ में निपुण होते हैं! जब कोई चीज़ गड़बड़ हो जाती है, तो लोग अक्सर बहाने बनाते हैं और हर एक को दोष देते हैं। वे "दोष देने के खेल" में उलझ जाते हैं। "दोष देने का खेल" एक ऐसा खेल है, जिसमें कोई नहीं जीतता, बल्कि सब हारते हैं। समाधान पर केंद्रित होने के बजाय यह हमेशा समस्या पर केंद्रित होता है। हारने वाले "दोष देने का खेल" खेलना पसंद करते हैं। आम तौर पर वे यह खेल हर दिन खेलते हैं। व बहाने बनाने के नये तरीक़ों की तलाश में रहते हैं, ताकि वे दोष दिखाने वाली उँगली दिखा सकें, जिसकी एक उँगली दूसरों की तरफ़ रहती है और बाक़ी तीन ख़ुद की तरफ़। वे आम तौर पर लगभग उसी स्थान पर यात्रा समाप्त करते हैं, जहाँ से उन्होंने यह शुरू की थी। दूसरी ओर, विजेता समझते हैं कि काम करने के लिये किसी न किसी को तो ज़िम्मेदारी लेना होगी। वे "दोष देने का खेल" खेलने से इंकार कर देते हैं, क्योंकि वे जानते हैं कि दोष का संबंध अतीत से है, जबकि ज़िम्मेदारी का संबंध भविष्य से है। अगर आप आगे बढ़ने जा रहे हैं, तो आपको ज़िम्मेदारी लेना ही होगी, जो प्रतिक्रिया करने की क्षमता है। थोरो ने कहा था, "वस्तुएँ नहीं बदलतीं, हम बदलते हैं!" "दोष देने का खेल" खेलने में न उलझें। ज़िम्मेदारी लें और आगे बढ़ें!

नेतृत्व है...

नेतृत्व एक कार्य है, पद नहीं है! कई बरसों तक मैंने नेतृत्व पर कार्यक्रम आयोजित किये और मुझे इसकी सामग्री बहुत विश्वसनीय लगी। लीडरशिप

पर बोलना शुरू करने के दो साल बाद मैंने पाया कि इसके बारे में बोलना एक बात है, परंतु इसे करना बिलकुल दूसरी बात हे। मैं नेशनल केपिटल स्पीकर्स एसोसियेशन का अध्यक्ष बन गया था और मैंने पाया कि मुझे सचमुच उन सिद्धांतों को जीवन में उतारना होगा, जिनके बारे में मैं भाषण देता था। वर्ष की शुरुआत में मैंने एक समूह को लिया, जिसमें कई समस्यायें थीं, जैसे कम सदस्यता, कम उपस्थिति और कम मनोबल। मैंने सदस्यता, उपस्थिति और आमदनी को दुगना करने के लिये एक बारह-सूत्रीय कार्यक्रम तैयार किया, जो संगठन की छवि को भी सुधारे और कुछ नये कार्यक्रमों की भी पहल करे। यह एक महत्वाकांक्षी योजना थी और बोर्ड के कई सदस्यों ने मेरी बुद्धिमत्ता पर प्रश्नचिन्ह लगाये। सबसे पहले तो मैंने बोर्ड और सदस्यों के सामने अपना सपना बेचा। इसके बाद मैंने एक टीम बनाई, जिसमें हर व्यक्ति शामिल था और हर एक को लाभ हो रहा था। अंत में, मैंने अपने सपने का उत्साह सबमें भर दिया और बाधाओं को हमारी योजना ध्वस्त करने का मौक़ा नहीं दिया। मुझे यह कहते हुए ख़ुशी हो रही है कि उस साल के अंत तक हमने सदस्यता, उपस्थिति और आमदनी दुगनी कर ली। हमने कुछ आदर्श कार्यक्रम तैयार किये और संगठन में नई जान फूँकी! ध्यान दें, मैंने कहा है "हम।" लीडरशिप के पहले क़दमों में से एक यह समझना है कि जीतने के लिये टीम की ज़रूरत होती है और टीम के हर व्यक्ति को सफलता का लाभ मिलना चाहिये तथा असफलताओं से सबक़ सीखना चाहिये। मैंने सबसे बड़ी बात यह सीखी कि नेतृत्व पद नहीं है... यह एक कार्य है।

प्रभावी नेतृत्व के लिये क़दम!

जैसे-जैसे मैं नेशनल केपिटल स्पीकर्स एसोसियेशन के अध्यक्ष के रूप में उस वर्ष आगे काम करता गया, वैसे-वैसे मैंने सीखा कि नेतृत्व का पद से कोई संबंध नहीं है। नेतृत्व एक कार्य है। प्रभावी टीम तैयार करने के लिये बहुत से क़दम ज़रूरी हैं। पहले तो आपके पास सपना यानी भविष्य-दृष्टि होना चाहिये। फिर आपको उस सपने को अपने टीम के साथियों को "बेचना" होगा। आपको यह देखने में अपनी टीम की मदद करना होगी कि जो टीम एक साथ काम करती है, वह एक साथ जीत

सकती है। टीम की तरह सोचने में, टीम की तरह काम करने में और टीम की तरह जीतने में आपको उनकी मदद करनी होगी। जो नैमैथ ने कहा था, "प्रभावी लीडर बनने के लिये आपको ऐसे काम करने होंगे, जिनसे लोग आपके पीछे आना चाहें और कोई ऐसे आदमी के पीछे नहीं आना चाहता, जो यह नहीं जानता कि वह कहाँ जा रहा है!" दूसरी बात, आपको अपने सपने पर काम करना होगा। अंत में, आपको पूरी ज़िम्मेदारी लेना होगी। अगर चीज़ें गड़बड़ हो रही हैं, तो लीडर को ज़िम्मेदारी लेने का इच्छुक होना चाहिये। बहरहाल, जब चीज़ें बहुत अच्छी हो रही हों, तो लीडर को इसका श्रेय भी बाँटना चाहिये। लीडर्स संगठन के हर स्तर पर पाये जा सकते हैं और पाये जाते हैं, उच्चतम स्तर से लेकर निम्नतम स्तर तक। प्रभावी लीडर्स अन्य लीडर्स के विकास में सहयोग करते हैं। कुंजी यह याद रखना है कि नेतृत्व एक कार्य है... पद नहीं है!

जब आप ज़िम्मेदारी स्वीकार कर लें और अपने सपनों का पीछा करने की प्रक्रिया शुरू कर दें, तो अनियोजित समस्यायें और चुनौतियाँ अचानक आयेंगी और आपकी प्रगति में बाधा डालेंगी तब आप क्या करेंगे? ऐसे भी समय आयेंगे, जब आपको "प्रहारों के साथ समन्वय करना" सीखना होगा और बाधाओं को स्वीकार करना होगा, परंतु इसके बावजूद जीतने के लिये संकल्पवान रहना होगा।

कुछ साल पहले मुझे केंटुकी में एक कॉलेज के समारोह में बोलने के लिये आमंत्रित किया गया। मुझे कॉलेज में लगभग अठारह घंटे रहना था, रविवार रात 9 बजे से सोमवार दोपहर 3 बजे तक। भाषण सुबह 10 बजे होना था इसलिये मैं जल्दी उठ गया, क्योंकि मुझे उम्मीद थी कि भाषण से एक घंटे पहले कोई गाड़ी मुझे लेने आयेगी। जब मुझे गाड़ी द्वारा ले जाये जाने की उम्मीद थी, उसके पंद्रह मिनट पहले कार्यक्रम के समन्वयक का फ़ोन आया और उसने मुझसे पूछा कि क्या मैंने अपनी खिड़की से बाहर का दृश्य देखा था। मैंने कहा, नहीं। और जब मैंने ऐसा किया तो मैंने देखा कि सड़क पर बारह इंच बर्फ़ जमा थी। रात में वहाँ पर बर्फ़ीला तूफ़ान आया था और शहर पूरी तरह बंद था, जिसमें कॉलेज भी शामिल था! सारे कार्यक्रम निरस्त हो गये थे, जिनमें मेरा भाषण भी शामिल था। शहर के बाहर जाने वाली सारी सड़कें बंद कर दी गई थीं

और गवर्नर ने आपातकालीन स्थिति की घोषणा कर दी थी! हवाई अड्डा बंद था और वहाँ तक जाने वाली सड़कें भी कम से कम अगले तीन दिन तक बंद रहने वाली थीं, मैं फँस गया था!

मैंने अपना कार्यक्रम देखा तथा पाया कि मेरा पूरा सप्ताह भाषणों से भरा था और मैं वहाँ तक पहुँचने में असमर्थ था। समन्वयक ने क्षमा माँगी और पूछा कि क्या मैं ठीक-ठाक हूँ। मैंने उन्हें बताया कि मैं ठीक था और माफ़ी माँगने की कोई ज़रूरत नहीं थी। उन चीज़ों पर चिंता करने या विचलित होने की कोई ज़रूरत नहीं थी, जिन्हें मैं नियंत्रित नहीं कर सकता था। यह समय और ऊर्जा की बर्बादी है। मैं जानता था कि हो सकता है, मैं वह न चुन सकूँ, जो मेरे साथ होता है, परंतु मैं यह चुन सकता हूँ कि मैं इस बारे में क्या करूँ और इस पर कैसी प्रतिक्रिया दूँ। और मैं ख़ुश रहने का चुनाव करता हूँ, मैं शांत और संयमी रहने का चुनाव करता हूँ तथा मैं बुरी स्थिति को बेहतर बनाने के लिये जितना भी कर सकता हूँ, उतना करने का चुनाव करता हूँ।

यह महसूस करने के बाद कि मैं फँस गया था, मैंने कुछ फ़ोन किये और अपने शेड्यूल को दुबारा निर्धारित किया। मैंने कार्यक्रम के समन्वयक से पूछा कि क्या कोई मुझे कैम्पस तक ले जा सकता है, क्योंकि मुझे एक पुस्तक पूरी करना है। वे चार दिन ईश्वर का दिया वरदान थे, क्योंकि मुझे इस पुस्तक को देने के लिये आख़िरकार कुछ समय मिल ही गया। मैंने उन चार दिनों में जितना काम किया, उतना मैं महीनों में नहीं कर पाया था।

आँकड़े बताते हैं कि चिंता बीमारियों की सबसे प्रमुख जड़ है। चिंता और तनाव न सिर्फ़ हृदय रोग व उच्च्व रक्तचाप में योगदान देते हैं, बल्कि आर्थ्राइटिस, र्‌यूमेटिज़्म और कई अन्य बीमारियों में भी सक्रिय भूमिका निभाते हैं। आँकड़े यह भी बताते हैं कि शादी-शुदा लोग अकेले व्यक्तियों की तुलना में अधिक लंबे समय तक जीते हैं, शायद इसलिये क्योंकि उनके साथ उनकी चिंता या तनाव बाँटने वाला कोई होता है, जबकि अकेले व्यक्ति को अपनी सारी चिंतायें खुद झेलना पड़ती हैं। चिंता न सिर्फ़ आपके जीवन को कम करती है, बल्कि यह उत्कृष्टता की खोज में भी आपकी कोई मदद नहीं करती। आप चिंता करके कुछ ख़ास हासिल नहीं कर पाते, सिवाय बीमारी, दर्द और आत्मशंका के। चिंता न करें, ख़ुश रहें... क्योंकि चुनाव आप करते हैं।

अगर आप सफल होना चाहते हैं, तो आपको चिंता और शंका को दूर हटाकर जीवन में आगे बढ़ना चाहिये। हर दिन उत्साह से जियें और अपनी क्षमता के हिसाब से सर्वश्रेष्ठ प्रदर्शन करने की कोशिश करें। ख़ुश रहने का चुनाव करें और अपने हर काम में हमेशा उत्कृष्टता लाने का प्रयास करें। पूर्णता नहीं, बल्कि उत्कृष्टता। क्यों? क्योंकि पूर्णता आपको कुंठित कर देगी और कमज़ोर बना देगी, जबकि उत्कृष्टता इस बात पर लगातार ज़ोर देगी कि आप अपना सर्वश्रेष्ठ प्रदर्शन करें। उत्कृष्टता का पीछा करते समय आप लगातार अपने सर्वश्रेष्ठ को बेहतर बनाना जारी रखते हैं और अपने व्यक्तिगत रिकॉर्ड तोड़ते हैं। और आप पूर्णता की कुंठा को झेले बिना यह करते हैं। हमें यह प्रयास करना चाहिये कि हमने कल जो किया था, आज उससे बेहतर करें, अतीत में जो हासिल किया था उसे सुधारें और उपलब्धि के हर स्तर को अधिक सुदृढ़ करें।

उत्कृष्टता की क़ीमत होती है

मैंने हाल में एक वाक्य पढ़ा, "उत्कृष्टता की क़ीमत होती है, आपको पूरी क़ीमत चुकानी होगी, हालाँकि आपको अपने निवेश पर अविश्वसनीय रूप से ज़बर्दस्त ब्याज मिलेगा।" उत्कृष्टता की क़ीमत होती है। यह सस्ती नहीं है, परंतु ब्याज ज़बर्दस्त है, क्योंकि उससे आपको लगातार लाभ मिलता है। उत्कृष्टता सच्चाई की तरह है! चाहे आप इसे कितना ही नीचे धकायें और छुपाने की कोशिश करें, परंतु यह हमेशा सतह तक उठकर आ जायेगी। इसे नकारा नहीं जा सकता। यह फ़ीनिक्स की तरह है, जो अपनी राख में से फिर से उठेगा। चाहे आप इसे नष्ट करने के कितने ही प्रयास कर लें, उत्कृष्टता हमेशा राख में से उठेगी। जीवन हर एक के लिये कठिन है। बारिश अच्छे और बुरे दोनों ही तरह के व्यक्तियों पर गिरती है, परंतु जो उत्कृष्टता में विश्वास करते हैं और उत्साह से इसका प्रयास करते हें, वे जीवन के उतार-चढ़ाव से परास्त नहीं होते। सिर्फ़ समस्याओं और चुनौतियों से *गुज़रने* के बजाय उनके माध्यम से अपना *विकास* करें। उत्कृष्टता की क़ीमत होती है... परंतु इसके ज़बर्दस्त लाभ होते हैं!

आपको सपना देखना होगा, फिर एक सचेतन संकल्प लेना होगा और कर्म करना होगा। और अंत में, अपने कार्य में उत्कृष्टता का प्रयास करना होगा। बहरहाल वास्तविक इच्छा की कमी कई लोगों को हार मानने पर मजबूर कर देती है और वे अपनी क्षमता तक कभी नहीं पहुँच पाते। इच्छा वह तत्व है, जो सफल लोगों को सिर्फ़ दिवास्वप्न देखने वालों से अलग करती है। इच्छा वह तत्व है, जिसे कई लोग "बड़ा अंतर पैदा करने वाला अतिरिक्त तत्व कहते हैं।" आपको सफल होने, उत्कृष्ट बनने, अपने सपनों को सच करने और महानता हासिल करने की इच्छा रखनी होगी। आपको इसकी न सिर्फ़ इच्छा रखनी होगी, बल्कि प्रबल इच्छा रखनी होगी!

मैं कुछ साल पहले एक हाई स्कूल में भाषण दे रहा था। वहाँ मैं एक युवक से मिला, जो साढ़े छह फ़ुट का था और उसका वज़न दो सौ पचास पाउंड था। वह चार्ल्स एटलस की तरह दिख रहा था और उसका हुलिया आदर्श था। कार्यक्रम के बाद मैंने उससे पूछा कि वह क्या बनना चाहता था। उसने मुझे बताया कि वह प्रोफ़ेशनल फ़ुटबॉल खेलना चाहता था। मैंने उससे कहा कि उसके पास इसकी शारीरिक क्षमता निश्चित रूप से थी, परंतु मैं सोच रहा था कि क्या उसके मन में इसकी प्रबल इच्छा थी, क्योंकि प्रोफ़ेशनल फ़ुटबॉल के क्षेत्र में बहुत प्रतियोगिता है। उसने कहा कि वह इसे प्रबलता से चाहता था। मैंने कहा, "कितनी प्रबलता से?" उसने जवाब दिया, "बहुत प्रबलता से।" फिर मैंने उससे यह आख़िरी सवाल पूछा : "क्या तुम इसे इतनी प्रबलता से चाहते हो कि ईंट की दीवार तोड़कर इस तक पहुँच जाओ?" उसका जवाब था, "नहीं, मैं इसे *इतनी* प्रबलता से नहीं चाहता।" मैंने कहा, "मेरे दोस्त, जब तक तुम इसे इतनी प्रबलता से नहीं चाहोगे कि ईंट की दीवार तोड़कर इस तक पहुँच जाओ, तब तक तुम्हारे लिये सफलता हासिल करना और प्रोफ़ेशनल स्तर तक पहुँचना बहुत कठिन होगा। सिर्फ़ योग्यता ही पर्याप्त नहीं होती, आपमें प्रबल इच्छा भी होनी चाहिये!" ऐसे करोड़ों लोग हैं, जिनमें बहुत योग्यता है, परंतु वे अपनी योग्यता का उपयोग नहीं कर रहे हैं और ऐसी नौकरियाँ कर रहे हैं, जो उनकी योग्यता से कम हैं, सिर्फ़ इसलिये क्योंकि प्रतिस्पर्धा बहुत कठिन थी और वे अपने सपनों को प्रबलता से हासिल नहीं करना चाहते थे। उनमें वह थोड़ा सा अतिरिक्त "दम" नहीं था, जो उन्हें भीड़ से ऊपर उठा सके। उनमें इच्छा नहीं थी।

आपको इतनी प्रबलता से इच्छा करनी चाहिये कि आप ईंट की दीवार तोड़ने के इच्छुक हों। हो सकता है आपको ईंट की दीवार तोड़ने की ज़रूरत न पड़े, परंतु अगर ज़रूरत पड़े, तो आपको इसके लिये तैयार रहना चाहिये। किसी भी स्तर पर सफल होने के लिये आपको प्रबलता से सफलता पाने का इच्छुक होना चाहिये! महान फ़ुटबॉल कोच विंस लॉम्बार्डी ने कहा था, "सफल व्यक्ति और बाक़ी लोगों के बीच अंतर शक्ति या ज्ञान की कमी नहीं, बल्कि इच्छा की कमी है।" **इच्छा!**

आप इसे कितनी शिद्दत से चाहते हैं?

"तो आप रॉक स्टार बनना चाहते हैं?" यह सवाल मुझसे एक रिकॉर्डिंग कंपनी के एक्ज़ीक्यूटिव ने पूछा, जब मैं उसके ऑफ़िस में कई साल पहले गया। और फिर उसने मुझसे पूछा कि क्या मैं वह सब करने का इच्छुक हूँ, जिसकी रॉक स्टार बनने के लिये ज़रूरत थी। क्या मैं घर का आराम छोड़ने का इच्छुक था? क्या मैं दूसरे शहर जाने का इच्छुक था? क्या मैं सड़कों पर रहने का इच्छुक था, जब तक कि मैं सफल न हो जाऊँ? क्या मैं सुबह जल्दी उठने और देर रात तक जागने के लिये तैयार था? क्या मैं वह सब करने के लिये तैयार था, जिसकी ज़रूरत होगी? उसने कहा कि हो सकता है मुझे यह क़ीमत चुकाने की ज़रूरत न पड़े, परंतु मुझे तैयार रहना चाहिये। अधिकांश लोग रॉक स्टार बनने, डॉक्टर स्टार बनने, नर्स स्टार बनने, कम्प्यूटर स्टार बनने, सेल्स स्टार बनने, आर्किटेक्ट स्टार बनने, बिज़नेस स्टार बनने या किसी भी अन्य तरह का स्टार बनने के लिये अपना सब कुछ दाँव पर लगाने के इच्छुक नहीं होते। बहरहाल अगर आप अपने सपनों को सच करना चाहते हैं, तो आपको अपना सब कुछ दाँव पर लगाने के लिये तैयार रहना चाहिये।

क्या आप इसे इतनी शिद्दत से चाहते हैं? क्या आप गंभीर हैं? मेरा मतलब है सचमुच गंभीर? जैसी कहावत है, "क्या आप हार्ट अटैक जितने गंभीर हैं?" क्योंकि हार्ट अटैक खेल नहीं खेलता, यह आपको सचमुच मैदान के बाहर पहुँचा देगा! क्या आप अपनी सफलता के मामले में सचमुच गंभीर हैं? क्या आप एक और मील चलने के इच्छुक हैं? थोड़ा सा ज़्यादा काम करने के इच्छुक हैं, जिससे बहुत फ़र्क़ पड़ता है? क्या आप देर तक जागने और जल्दी उठने के इच्छुक हैं?

क्या आप टी.वी. बंद करके पुस्तकें पढ़ने के इच्छुक हैं, जो आपको बेहतर बनाने में मदद करेंगी? क्या आप अपने सपने का पीछा करने में कुछ पीड़ा और अस्वीकृति झेलने के इच्छुक हैं? क्या आप तकलीफ़देह काम करने के इच्छुक हैं? क्या आप अपने सपने के लिये संघर्ष करने के इच्छुक हैं? क्या आप गंभीर हैं? क्या आप इस बारे में गंभीर हैं कि आप सचमुच कुछ कर रहे हैं या फिर आप सिर्फ़ अनमने ढंग से कोशिश कर रहे हैं?

कई लोग सचमुच यह सोचते हैं कि वे गंभीर हैं, जबकि दरअसल वे सिर्फ़ इसकी प्रक्रिया से गुज़रते हैं। वे सोचते हैं कि वे गंभीर हैं, परंतु दरअसल वे खुद को सिर्फ़ मूर्ख बना रहे हैं। वे सक्रिय और व्यस्त हैं, परंतु वे कहीं नहीं जा रहे हैं। यह तो ऐसा है कि आप ट्रेडमिल पर तेज़ी से दौड़ते रहें और कहीं न पहुँच पायें। बहुत से लोग खुद को मूर्ख बनाते हैं और उन्हें गतिविधि तथा परिणामों के बीच के फ़र्क़ का एहसास ही नहीं होता। मैं यह बात कैसे जानता हूँ? क्योंकि मैं भी उन्हीं लोगों में से एक था, जो व्यस्त तो होते हैं, परंतु प्रगति नहीं करते। कई वर्षों तक मैं तूफ़ानी अंदाज़ में काम करता रहा, परंतु जब मैंने ग़ौर से देखा तो मुझे एहसास हुआ कि मैं कुछ हासिल नहीं कर पाया था। मैं प्रक्रिया से तो गुज़र रहा था, परंतु मैं सचमुच गंभीर नहीं था। मैं इसे पर्याप्त प्रबलता से नहीं चाहता था।

जब आप गंभीर होते हैं, तो आप अतिरिक्त मील चलने के इच्छुक रहते हैं और अतिरिक्त प्रयास करते हैं। आप वह काम करने के इच्छुक होते हैं, जो कष्टकारी है। आपके संकल्प का स्तर ऊँचा उठ जाता है। आप अपने सर्वश्रेष्ठ प्रयास को लगातार सुधारने के तरीक़े खोजते हैं। आप गहराई में जाते हैं और लगनशील, अविचलित तथा अदमनीय बनने का निर्णय लेते हैं, चाहे परिस्थितियाँ कितनी ही विपरीत क्यों न हो जायें!

खुद से यह सवाल पूछें, "अगर मैं गंभीर होता, तो मैं क्या करता?" मैं किन लक्ष्यों का पीछा करता? मैं कौन से काम करता और कौन से काम करना बंद कर देता? मैं कौन सी समय बर्बाद करने वाली या अनुत्पादक गतिविधियाँ छोड़ देता? अगर मैं सचमुच गंभीर होता, तो मैं क्या करता? खुद से यह सवाल पूछें और आपका मस्तिष्क आपको जवाब दे देगा। एक बार आपको जवाब मिल जाये, तो एक काग़ज़ पर उसे लिख लें। इसे पढ़ें और सूची पर काम करना शुरू कर दें। चाहे आप वर्तमान में कुछ भी कर रहे हों, आप उससे अधिक कर सकते

हैं। आप हमेशा ज़्यादा हासिल कर सकते हैं, बशर्ते आप गंभीर हों।

मित्रो, अपने हर काम में उत्कृष्टता का पीछा करें। अपने लक्ष्यों तक पहुँचने की प्रबल इच्छा व संकल्प विकसित करें और फिर अपनी सफलता की पूरी ज़िम्मेदारी लें। गंभीर बनें और बहुत कम समय में आप देखेंगे कि आपके सपनों में अंकुर फूट गये हैं, वे बढ़ने लगे हैं और लहलहाने लगे हैं।

बड़े जोखिम लें

थियोडोर रूज़वेल्ट का विश्वास था कि जीवन ज़िंदादिल लोगों के लिये है और अगर आप जीने का माद्दा रखते हैं तो आप या तो बड़े बनें या फिर कुछ न बनें। आप या तो राह पर हैं या फिर राह में हैं; आप या तो जीवन के दर्शक हैं या फिर जीवन के मैदान में वीर योद्धा हैं। नीचे दिया गया उद्धरण बताता है कि टेडी रूज़वेल्ट अपने समय की किंवदंती बनने में क्यों सफल हुए। इसमें जीवन को संपूर्णता से जीने का उनका संकल्प नज़र आता है। इसे "बड़े जोखिम लें" कहा जाता है और वे हमें यही करने के लिये प्रोत्साहित करते हैं... बड़े जोखिम लें! "आलोचक महत्वपूर्ण नहीं होता; न ही वह आदमी, जो बताता है कि शक्तिशाली लोग किस तरह लड़खड़ाये थे, या काम करने वाला कहाँ बेहतर काम कर सकता था। श्रेय उस आदमी को जाता है जो सचमुच मैदान में है, जिसका चेहरा धूल, पसीने और ख़ून से लथपथ है, जो वीरता से पीछा करता है, जो ग़लती करता है और बार-बार संघर्ष करता है। जो महान उद्देश्य में महान उत्साह और महान निष्ठा का परिचय देता है, जो सर्वश्रेष्ठ अंदाज़ में अंत में महान उपलब्धि की विजय हासिल करता है और सबसे बुरी स्थिति में अगर वह असफल होता है, तो कम से कम वह महान जोखिम लेने के बाद असफल होता है, इसलिये उसकी जगह उन ठंडी और क़ायर आत्माओं के साथ कभी नहीं होगी, जिन्होंने न तो विजय को जाना, न ही पराजय को।" जीवन को पूरी तरह जियो!

मैं आपको यह पहचानने के लिये प्रोत्साहित करता हूँ कि जीवन एक उपहार है, जिसका पूरी तरह आनंद लिया जाना चाहिये और पहचाना जाना चाहिये। स्टेडियम में बैठे दर्शक न बनें। मैदान में उतरने और संघर्ष करने का निर्णय लें।

यह एक और उद्धरण है, जो मैं अपनी मेज़ पर रखता हूँ : "पचास गज़ की रेखा पर सीटें अच्छी हैं, परंतु मेरी उनमें कोई रुचि नहीं है, क्योंकि मैं यहाँ पर खेलने के लिये आया हूँ और मेरी **जीतने** की योजना है!"

जीवन के आसान नियम

सफल जीवन जटिल हो, यह आवश्यक नहीं है। किसी ने कहा था कि जीवन में सफलता आसान है; यह सरल नहीं है, परंतु यह आसान है। मैंने एक पुस्तक पढ़ी। इसमें लिखा था कि जो हमने किंडरगार्टन में सीखा था, उसमें वे सारी बातें थीं, जिन्हें हमें सचमुच जाने की ज़रूरत है, वे सब हमने वहाँ सीखी हैं, परंतु मुझे विश्वास है कि हमें जो महत्वपूर्ण बातें जानने की ज़रूरत है, उनमें से कई हमने किंडरगार्टन में सीखी थीं। सफलता आसान है। यह सरल नहीं है, परंतु आसान है। जीवन के लिये यह बहुत आसान नियम हैं :

1. सपने देखने का समय निकालें (याद रखें, अधिकांश महान उपलब्धियाँ कभी असंभव समझी जाती थीं)!
2. अक्सर सोचें और गहराई से सोचें।
3. दूसरों के साथ उसी तरह व्यवहार करें, जिस तरह का व्यवहार आप अपने साथ चाहते हैं।
4. धन्यवाद और कृपया का भरपूर प्रयोग करें!
5. हर दिन का स्वागत मुस्कान के साथ करें।
6. किसी मूर्ख के साथ बहस न करें। देखने वाले अंतर नहीं पहचान पायेंगे (कभी सुअर के साथ कुश्ती न लड़ें; आप दोनों ही धूल में लथपथ हो जायेंगे और सुअर को इसमें मज़ा आयेगा)।
7. ख़ुश रहने का चुनाव करें।
8. उत्कृष्टता का संकल्प लें (याद रखें, अगर आप आज ऐसे काम करते हैं, जो दूसरे नहीं करना चाहते, तो आपको कल ऐसी चीज़ें मिल जायेंगी, जो दूसरों के पास नहीं होंगी)।

9. कृतज्ञ रहें (याद रखें, अगर समस्यायें न हों, तो अवसर भी नहीं होंगे)।

10. जीवन से प्रेम करें! आनंद लें! मानवीय आत्मा की शक्ति, क्षमता और संभावनाओं को कम न आँकें। जीवन सचमुच विस्फोटक है!

दरअसल यह जटिल नहीं है, परंतु दुर्भाग्य से बहुत से लोग इसे जटिल बना देते हैं। स्कॉट स्काइल्स ने कहा था, "जीवन काफ़ी हद तक चर्च जाने की तरह है। बहुत से लोग वहाँ जाते हैं... परंतु बहुत कम लोग समझते हैं।" आस्था रखें, विश्वास करें और यह याद रखें कि आसमान ही आपकी सीमा है! हमेशा आसमान तक पहुँचने का प्रयास करें और अगर आप निशाना चूक भी गये, तो भी आपकी जगह सितारों में होगी!

❋ ❋ ❋

अध्याय दस

बेहद लंबी सड़क पर छोटे क़दम

मिडनाइट फ़ीनिक्स

डियान केनी का गीत

डेबोरा सिम्स-वुड के नाटक "स्केगी" से

आधी रात को फ़ीनिक्स उठता है
अतीत की राख से
अँधेरे में चमकता हुआ,
यह अंततः अपने पंख फैलाता है।

एक सुनहरा सूर्य चमकाता है
नीचे के घास भरे मैदानों को
और किरमिजी कलियाँ एक बार फिर वहाँ लहलहाने लगती हैं,
जहाँ कुछ नहीं उगता था।

बेहद लंबी सड़क पर चले गये छोटे क़दम
बेहद लंबी सड़क पर चले गये छोटे क़दम
बेहद लंबी सड़क पर चले गये छोटे क़दम
ब्रह्मांड का संगीत
अब भी गीत में गूँजता है

बुलबुल के और मर्मर-पक्षी के,
हम साथ में क्यों नहीं गा सकते?

बेसुरी धुन एक बार फिर निकलेगी
जब तक हम इसे समझेंगे नहीं
और एक बार आदिम स्मरणशक्ति जाग जायेगी,
जो अपनी माँग स्वयं रचती है।

बेहद लंबी सड़क पर चले गये छोटे क़दम
बेहद लंबी सड़क पर चले गये छोटे क़दम
बेहद लंबी सड़क पर चले गये छोटे क़दम

इसलिये आप अपनी आवाज़ ऊँची करें, मैं अपनी ऊँची करूँगा
सद्भाव विकसित होने दें, सपनों में हमारी आस्था,
भाईचारा और शांति अनंतकाल के लिये।

बेहद लंबी सड़क पर चले गये छोटे क़दम
बेहद लंबी सड़क पर चले गये छोटे क़दम
बेहद लंबी सड़क पर चले गये छोटे क़दम

यह एक बेहद लंबी सड़क है, परंतु हम इस पर चलने में कामयाब होंगे!

कई बार यह सड़क अनंत दिखती है, परंतु हर चीज़ का अंत होता है; कठिन समय और विपत्ति का भी। और हमारी त्रासदियों और विपत्तियों के अँधेरे के बीच से पूर्ण कायापलट और रूपांतरण के बीज आ सकते हैं। जिस तरह फ़ीनिक्स राख से उठता है, पहले क़दम बहुत छोटे लग सकते हैं, परंतु यही छोटे क़दम बड़े पुरस्कारों की ओर ले जाते हैं। मुश्किल के उन क्षणों में बहुत सी अद्भुत विजयों और कायापलटों का जन्म होता है। डेनिस किम्ब्रो यह कहना पसंद करते हैं कि असफलता सफलता की सीढ़ी है! विपत्तियों का सामना करने और दर्द तथा मुश्किलों के बाद भी चलते रहने के व्यक्तिगत निर्णय के छोटे पल हमें विजय और सफलता के घंटों की ओर ले जाते हैं।

मुर्गा और बाज!

एक बार की बात है। एक पहाड़ की चोटी पर एक बाज का घोंसला था। तेज़ हवा चली और उस वजह से एक अंडा घोंसले से नीचे गिर गया। यह अंडा पहाड़ से लुढ़कता हुआ एक घाटी में आ गिरा और अंत में एक मुर्गी के दड़बे में पहुँच गया। मुर्गी ने बाज के छोटे अंडे को देखा और कहा, "यह मुर्गी का अंडा कितना अजीब दिख रहा है, परंतु मैं इस पर बैठूँगी और इसे अपना छोटा मुर्गा बनाऊँगी!" मुर्गी उस अंडे पर बैठी, जब तक कि बाज के बच्चे ने जन्म नहीं ले लिया। जब चूज़ा अंडा फोडकर बाहर निकला, तो उसकी बड़ी चोंच, बड़े पैर और बड़े पंख थे। माँ ने छोटे पक्षी को देखा और कहा, "कैसा अजीब दिखने वाला चूजा है, परंतु तुम मेरे नन्हें मुर्गे बन सकते हो।" और हालाँकि वह पक्षी बाज के जीन और क्रोमोज़ोम लेकर पैदा हुआ था, परंतु वह मुर्गियों के दड़बे में पैदा हुआ था। इसलिये वह मुर्गे की तरह सोचता था। वह मुर्गे की तरह चलता और बोलता था। वह मुर्गे की तरह सोचता और सपने देखता था। उस मुर्गे का सबसे बड़ा सपना यह था कि वह एक दिन फ़ेंस के ऊपर तक पहुँच जाये, ताकि वह बड़े मुर्गे की तरह बाँग दे सके। इसने सोचा अगर वह ऐसा कर सके, तो दूसरे पक्षी उस पर नहीं हँसेंगे और इस बात पर उसका मज़ाक़ नहीं उड़ायेंगे कि वह अलग दिखता है। परंतु हर बार जब वह यह सपना देखता था, तो वह ख़ुद से कहता था, "तुम कभी उस फ़ेंस के ऊपर नहीं पहुँच सकते! सब हमेशा यही कहते हैं कि मुर्गियाँ नहीं उड़ सकतीं!" इसलिये उसने कोशिश भी नहीं की। उसने बस हार मान ली और चल दिया। एक दिन जब वह मुर्गियों के अहाते में बाहर खड़ा था, तो उसने ऊपर देखा और उसने अब तक का सबसे अद्भुत दृश्य देखा। उसने देखा कि एक बाज आसमान में शान से उड़ रहा था, आसमान के शहंशाह की तरह। छोटा पक्षी इतना आश्चर्यचकित हो गया कि वह अपनी पूरी शक्ति से चिल्लाया, "तुम कौन हो? तुम कौन हो?" विशाल बाज की सुनने और देखने की शक्ति बहुत तीव्र थी, इसलिये उसने छोटे पक्षी को देखा और सीधे नीचे आ गया। बाज बोला, "मैं कौन हूँ? पहले यह बताओ तुम कौन हो?" छोटे पक्षी ने जवाब दिया, "मैं एक मुर्गा हूँ।" विशाल बाज ने छोटे पक्षी की आँखों में देखा और कहा, "मेरे

चेहरे की तरफ़ देखो, तुम बिलकुल मेरी तरह दिखते हो! अपनी चोंच की तरफ़ देखो, तुम बिलकुल मेरी तरह दिखते हो! अपने पंखों की तरफ़ देखो, तुम बिलकुल मेरी तरह दिखते हो! मित्र, तुम मुर्गे नहीं हो, तुम तो बाज हो! अपने पंख फड़फड़ाओ और बाज की तरह उड़ो, क्योंकि तुम बाज बनकर पैदा हुए हो।" छोटे पक्षी ने अपने पंख फड़फड़ाये... और वह उड़ने लगा, और वह बादलों के ऊपर उड़ चला! मित्रो, आप मुर्गे बनकर पैदा नहीं हुए हैं, आप बाज बनकर पैदा हुए हैं। बाज की तरह उड़ें, क्योंकि आपका जन्म बाज के रूप में हुआ है!

व्हिटनी हाउस्टन ने एक अद्‌भुत गीत गाया था, "वन मोमेन्ट इन टाइम", जो एक पल के महत्व के बारे में है। यह बताता है कि किस तरह एक पल, एक महत्वपूर्ण पल, आपकी ज़िंदगी बदल सकता है। उस पल में आप पहचानते हैं कि हर दिन अपना सर्वश्रेष्ठ प्रदर्शन करने का एक बिलकुल नया अवसर है और आप भविष्य का सामना आशावाद तथा रोमांच के साथ कर सकते हैं। एक पल में, एक महत्वपूर्ण पल में आपको यह एहसास हो जाता है कि आप एक विजेता हैं, जिसे उस पल का लाभ उठाना चाहिये और जोश के साथ भविष्य की ओर बढ़ना चाहिये, क्योंकि आप जानते हैं कि यह वही पल है, जिसके लिये आप तैयार हैं। आगे बढ़ें और इस बात का ध्यान रखें कि चुनौतियाँ आयेंगी, यह जानें कि ऊपर उठने के साथ ही नीचे गिरने के अवसर भी आयेंगे, मीठे के साथ कुछ खट्‌टा भी होगा, ख़ुशी के साथ कुछ ग़म भी होगा, परंतु उन पलों में जब आप अपने साथ अकेले होंगे, आप जान जायेंगे कि आप कभी अकेले नहीं हैं।

समय का एक पल! हर एक के जीवन में ऐसे पल आते हैं, जो हमारे जीवन की दिशा और पृष्ठभूमि को रेखांकित करते हैं। इन पलों को "महत्वपूर्ण पल" कहा जाता है और ये ऐसे छोटे पल, छोटे मिनट होते हैं जो हमारी ज़िंदगी बदल देते हैं और उसके द्वारा दूसरों की ज़िंदगी भी बदल जाती है। रोज़ा पार्क्स के जीवन में ऐसा ही महत्वपूर्ण पल 1955 में मॉन्टेगोमेरी, अलाबामा में आया, जब उन्होंने बस में अपनी सीट पर से उठने से इंकार कर दिया, क्योंकि वे थकी हुई थीं। उन्होंने उस पल एक निर्णय लिया, जिसने एक ऐसा आंदोलन छेड़ दिया, जिसने अंततः इस देश का हुलिया ही बदल दिया। मॉन्टेगोमेरी की जनता बस का बहिष्कार करने के लिये तैयार थी, इसे बस एक नेता की तलाश थी। एक छब्बीस साल के धर्मोपदेशक ने कहा, "मैं यह काम करूँगा", और दुनिया कभी

पहले जैसी नहीं रही, क्योंकि मार्टिन लूथर किंग, जूनियर ने यह निर्णय लिया था कि वह अपनी क़िस्मत बदल देगा। वह एक महत्वपूर्ण पल था, जब धर्मप्रचारक पॉल को दमिश्क की सड़क पर एक अनपेक्षित दृश्य देखना पड़ा, जिसने उनका जीवन बदल दिया और दुनिया को भी बदल दिया। एक पल में वे ईसाइयों के आततायी से उनके सबसे प्रबल रक्षक बन गये। यह सिर्फ़ एक पल में हुआ। वह एक महत्वपूर्ण पल था, जब जिस चोर के बारे में हमने पहले बात की थी, वह ईसा मसीह के पास सूली पर चढ़ रहा था और उसे यह एहसास हुआ कि वह अपना जीवन बदल सकता है, अगर वह सिर्फ़ इतना कह दे, "जब आप अपने साम्राज्य में पहुँचें, तो मुझे याद रखना।"

हम सबके जीवन में ऐसे महत्वपूर्ण पल आते हैं, जो हमारे अस्तित्व के महत्व को बदल सकते हैं। कुछ लोग कहेंगे कि हमारी तक़दीर इन्हीं क्षणों में तय होती है। बहरहाल, हममें से कई इन पलों से कतराते हैं या पीछे हट जाते हैं क्योंकि ये पल असहज होते हैं। महत्वपूर्ण पल की प्रकृति ही असहज होती है, परंतु विकास भी तो असहज होता है। परिवर्तन असहज होता है, फिर भी यह जीवन का दैनिक हिस्सा है। ये महत्वपूर्ण पल ऐसे पल होते हैं, जो हमें विजेता बनाते हैं।

हम सबके जीवन में ऐसे महत्वपूर्ण पल होते हैं, जो हमारी दिशा बदल देते हैं, उसे प्रभावित करते हैं, परंतु यह पल सिर्फ़ तभी महत्वपूर्ण बनता है, जब यह सचमुच हमारे चरित्र और नज़रिये को परिभाषित करे और आकार दे। सच तो यह है कि पल इसे परिभाषित नहीं करता, बल्कि उस पल में हमारी प्रतिक्रिया फ़र्क़ पैदा करती है। हम सबके जीवन में ऐसे पल आते हैं, जो अनपेक्षित होते हैं और हमारे इतिहास को बदल देते हें, परंतु कई लोग इन पलों से दूर भाग जाते हैं और इन पलों की गर्मी में कुम्हला जाते हैं। वे पल की चुनौतियों के अनुरूप ऊपर उठने से इंकार कर देते हैं।

फ्रैंकलिन डेलेनो रूज़वेल्ट के जीवन में ऐसा ही महत्वपूर्ण पल तब आया, जब वे एक दिन उठे और उन्हें पता चला कि उनके पैरों में हलचल नहीं हो रही थी, क्योंकि उन्हें पोलियो हो गया था। बहरहाल, उन्होंने अपने सपने का पीछा करने का निर्णय लिया। वे इस देश के इतिहास में सबसे लोकप्रिय राष्ट्रपतियों में से एक बने और वे एकमात्र ऐसे राष्ट्रपति हैं, जिन्हें चार बार चुना गया!

विंस्टन चर्चिल के जीवन में महत्वपूर्ण पल वह था, जब बचपन में उनके सहपाठी उन्हें चिढ़ा रहे थे और उनका मज़ाक़ उड़ा रहे थे, क्योंकि वे बुरी तरह हकलाते थे। उन्होंने यह संकल्प कर लिया कि वे दुनिया के सामने यह साबित कर देंगे कि उनके पास कहने के लिये कुछ है और वे उसे कहकर दिखायेंगे! उन्होंने अपने हकलाने की बाधा को दूर कर लिया और वे एक ज़बर्दस्त वक्ता बन गये। अपनी योग्यताओं के कारण वे राष्ट्रीय नेता बने और अंततः इंग्लैंड के प्रधानमंत्री बन गये। उन्हें बाद में नोबल पुरस्कार मिला और उनके कथनों को बहुत ज़्यादा उद्धृत किया जाता है।

डेनिस बर्ड

1992 में डेनिस बर्ड न्यूयॉर्क जेट्स के बहुत लोकप्रिय रक्षात्मक लाइनमैन थे। एक रविवार वे अपनी टीम के एक साथी से अचानक टकरा गये और उसी पल उनका जीवन हमेशा के लिये बदल गया। वे टकराने के बाद ज़मीन पर पड़े रहे, क्योंकि उनके हाथ-पैर बेजान हो गये थे। डॉक्टर और प्रशिक्षक मैदान पर दौड़े आये। बर्ड ने उन्हें बताया कि उनकी गर्दन के नीचे किसी हिस्से में उन्हें कुछ महसूस नहीं हो रहा था। पहले तो उन्होंने सोचा कि यह "स्टिंगर" होगा, जो ऐसी स्थिति होती है, जिनमें नर्व्ज़ कुछ समय के लिये काम करना बंद कर देती हैं। परंतु कुछ दिनों बाद उन्हें यह एहसास हुआ कि यह अस्थायी स्थिति नहीं है, बल्कि डेनिस बर्ड दरअसल जीवन भर के लिये लक़वे के शिकार हो गये थे। डॉक्टरों ने बहुत से परीक्षण किये और वे इस नतीजे पर पहुँचे कि बर्ड दुबारा नहीं चल पायेंगे, परंतु बर्ड सामान्य मरीज़ नहीं थे और उन्होंने इस बात को स्वीकार नहीं किया। डेनिस बर्ड ने प्रोफ़ेशनल फ़ुटबॉल खेलने का अवसर हासिल करने के लिये बाधाओं को सफलतापूर्वक पार किया था, जब लोगों ने उन्हें बताया था कि वे कभी इतना अच्छा नहीं खेल पायेंगे। उनमें ऐसा कुछ था, जो उनके सामने आने वाली किसी भी बाधा से बढ़कर था - ईश्वर में और स्वयं में उनकी प्रबल आस्था।

अपने सभी साक्षात्कारों में, जब वे अस्पताल में थे तब भी, वे लगातार यही कहते रहे कि उनकी आस्था उन्हें बाहर निकालकर ले जायेगी। उन्होंने यह विश्वास कभी नहीं छोड़ा! आज वे डेनिस बर्ड

फ़ाउंडेशन के अध्यक्ष हैं। 1993 में डेनिस बर्ड को न्यूयॉर्क जेट्स ने उनके साहस और उत्कृष्टता के प्रति वचनबद्धता के लिये सम्मानित किया। उस दिन डेनिस बर्ड उसी मैदान में लौटे, जहाँ उन्होंने अपने महत्वपूर्ण पल का अनुभव किया था, जब वे लक़वे का शिकार हुए थे। उस दिन डेनिस बर्ड बगैर छड़ी या वॉकर की मदद के अपने दम पर मैदान पर उतरे। उन्हें उनकी महान आस्था और महान संकल्प ने शक्ति दी। आस्था ही कुंजी है। आपको जितना विश्वास होगा, आपको उतना ही मिलेगा।

डॉ. रॉबर्ट शुलर ने अपने एक महत्वपूर्ण पल के बारे में बताया, जिसने उनके जीवन और मिनिस्ट्री को बदल दिया था। उन्होंने बताया कि किस तरह वे 1953 में एक चर्च शुरू करने के लिये कैलिफ़ोर्निया गये थे। किस तरह उन्होंने इसके लिये जगह खोजी और उन्हें जो इकलौती जगह मिली, वह एक ड्राइव-इन थियेटर था। उन्होंने इस स्थान का उपयोग करने की योजना बनाई, जब तक कि वे चर्च बनाने के लिये धन न जुटा लें। उन्होंने चर्च शुरू किया और इस अनूठे चर्च के सदस्य भी अनूठे थे, जैसे मिस रोज़ी, जो बाक़ी चर्चों में नहीं जा सकती थीं, क्योंकि वहाँ पर अपंग लोगों के लिये जगह नहीं थी। मिस रोज़ी इस चर्च से जुड़ गईं और वे इसकी एक महत्वपूर्ण सदस्य बन गईं।

अंत में, शुलर अपने नये चर्च में जाने के लिये तैयार थे, परंतु वे मिस रोज़ी का क्या करेंगे। उन्हें एक कठिन निर्णय लेना था : नया चर्च शुरू करें या ड्राइव-इन थियेटर में ही रहें और अपनी उन्नति को सीमित कर लें। यही पल उनका महत्वपूर्ण पल था। उन्होंने यह महसूस किया कि उनका लक्ष्य सेवा था और वे अपने चर्च के लोगों को सीमित नहीं कर सकते थे, या उन्हें कम नहीं कर सकते थे। उन्होंने नये चर्च का विस्तार करने का चुनाव तो किया, परंतु ड्राइव-इन चर्च को भी जारी रखने का फ़ैसला किया। उन्होंने एक नया चर्च बनाने की योजना बनाई, जो सामान्य चर्च और ड्राइव-इन धार्मिक केंद्र का मिला-जुला रूप हो।

वे नये चर्च के लिये ज़मीन ख़रीदने गये और इस खोज में उन्हें अपना जीवन बीमा नक़द करवाना पड़ा, अपना घर गिरवी रखना पड़ा, अपनी कार बेचना पड़ी और बहुत सा क़र्ज़ लेना पड़ा। परिणाम क्रिस्टल कैथेड्रल और डॉ. शुलर का अवर ऑफ़ पॉवर है, जो विश्वव्यापी धर्मसंस्था है, जिसने असंख्य

लोगों के जीवन को बदल दिया। डॉ. शुलर को एक महत्वपूर्ण पल का अनुभव हुआ, जिसने उनका और दूसरों का जीवन बदल दिया : एक पल, जो एक नाटी अपंग महिला मिस रोज़ी की वजह से महत्वपूर्ण बन गया था।

नैथन हेल के महत्वपूर्ण पल ने एक आंदोलन को बदल दिया। क्रांतिकारी युद्ध के दौरान नैथन हेल ने दुश्मन के इलाके में एक बेहद ख़तरनाक अभियान के लिये स्वेच्छा से अपना नाम दिया। मिशन पूरा होने के बाद जब वे लौट रहे थे, तो उन्हें पकड़ लिया गया और चौबीस घंटे के भीतर मौत की सज़ा सुनाई गई। उन्हें दूसरों के माध्यम से किसी भी तरह का संदेश भेजने की अनुमति नहीं दी गई और उन्होंने अपने माता-पिता को जो चिट्ठी लिखी थी, वह उनकी आँखों के सामने फाड़ दी गई। परंतु तख़्ते पर चढ़ने के उस पल में उन्होंने एक ऐसा वाक्य बोला, जिसने पूरे युद्ध का माहौल ही बदल डाला, "मुझे अफ़सोस है कि मेरे पास अपने देश पर कुर्बान करने के लिये एक ही जीवन है।" वे सिर्फ़ इक्कीस वर्ष के थे, परंतु उनमें ऐसा साहस और मानसिक शांति थी, जो उनकी उम्र से बहुत अधिक थी। उस पल उन्होंने एक ऐसे अभियान को चिंगारी दी, जिसने क्रांतिकारी शक्तियों को प्रेरित किया, जिसने प्रबल विरोध के बावजूद जीतने के लिये प्रेरित किया। यह वाक्य तब से लगातार अमेरिकी जनता की असंख्य पीढ़ियों को प्रेरित करता आ रहा है।

मेरा एक महत्वपूर्ण पल तब था, जब मैं एक अच्छे, परंतु सीमित स्थानीय प्रदर्शक से आगे जाकर महानता की संभावना वाले प्रदर्शक बनने का बीज बो रहा था। मुझे नैशविले, टेनेसी में एक कार्यक्रम में प्रदर्शन के लिये आमंत्रित किया गया। मैं इस नज़रिये के साथ वहाँ गया कि मैं संगीत उद्योग में ईश्वर का उपहार था। मैं इस मानसिकता के साथ पहुँचा कि मैं अपनी शोमैनशिप से सबको चमत्कृत कर दूँगा और गाने को लेकर मुझे कोई चिंता नहीं थी। कुल मिलाकर, यह बुरी तरह असफल हुआ! मैं बुरी तरह फ़्लॉप हो गया, पूरी तरह असफल! उस मंच से लौटना मेरे जीवन की सबसे अकेली यात्रा थी। मुझे आदत थी भीड़ की तालियों की और यहाँ पर मुझे ख़ामोशी के सिवाय कुछ नहीं मिला था। मुझे उस पल यह एहसास हुआ कि समस्या मेरी प्रतिभा की नहीं थी, बल्कि यह थी कि मैं अपनी प्रतिभा का उपयोग किस तरह कर रहा था। मैंने सिर्फ़ प्रभावित करने की कोशिश की थी और अपने महत्वपूर्ण अनुभवों को नहीं बाँटा था, जबकि मुझे

प्रेरित करने और दूसरों को बेहतर अनुभव कराने के लिये गाना चाहिये था। मैं सिर्फ़ प्रक्रिया से गुज़र रहा था। मेरे प्रदर्शन में कोई जोश या उद्देश्य नहीं था। मैंने उस पल फ़ैसला किया कि मैं दुबारा कभी अपनी क्षमता या श्रोताओं को अनदेखा नहीं करूँगा। वह एक महत्वपूर्ण पल था, जिसने भविष्य में महान संभावनाओं के बीज बोये। नेपोलियन हिल ने कहा था कि हर मुश्किल में समान या अधिक अवसर के बीज होते हैं। मैं यक़ीन से जानता हूँ कि उनकी बात सच है!

जीवन बदलने वाला ऐसा ही एक और महत्वपूर्ण पल अक्टूबर 1970 में आया। मैं स्कूल से घर आया, ताकि शाम के बेसबॉल मैच के लिये कपड़े बदल लूँ। जब मैं घर के अंदर दौड़कर पहुँचा, तो मैंने अपने पिता को फ़र्श पर बेहोश पाया। उनकी साँस नहीं चल रही थी और वे मेरी आवाज़ों को नहीं सुन पा रहे थे। मैंने 911 नंबर डायल किया और ऑपरेटर को शांति से बताया कि मेरे पिता फ़र्श पर बेहोश पड़े हैं। फिर मैंने अपनी माँ के ऑफ़िस में फ़ोन किया और उन्हें बताया कि वे घर आ जायें, क्योंकि पिताजी की तबियत ठीक नहीं है। मैं उन्हें डराना नहीं चाहता था, हालाँकि मैं हक़ीक़त जानता था। जब माँ घर पहुँचीं, तो पैरामेडिकल कर्मचारी पिताजी को लेकर चले गये थे। मुझे अपनी माँ को सांत्वना देना पड़ी और फिर अपने भाई को बताना पड़ा कि पिताजी नहीं रहे। उस दिन मैं बच्चे से बड़ा बन गया।

महत्वपूर्ण पल! वे पल जो हमें या तो महत्वपूर्ण बनाते हैं या फिर पिचका देते हैं, जो हमें बनाते या बिगाड़ते हैं, जो हमारी मदद करते हैं या हमें चोट पहुँचाते हैं, जो हमें जिताते हैं या हमें हरा देते हैं। यह सब इस पर निर्भर करता है कि हम उस पल में कैसी प्रतिक्रिया करते हैं। और इसी से फ़र्क़ पैदा होता है और हमारी क़िस्मत को आकार मिलता है। अगर हम उस पल को पकड़ लें, अगर हम सिर्फ़ इससे होकर गुज़रने के बजाय इसके माध्यम से विकास करें, तो हम अधिक सशक्त बन जाते हैं। अगर हम दबाव के सामने टूट जाते हैं और उस पल हार मान लेते हैं, तो हम कमज़ोर हो जाते हैं। एक पुरानी कहावत कहती है कि वही हथौड़ा, जो लोहे को आकार देता है, काँच को तोड़ देता है। महत्वपूर्ण पल अनपेक्षित होते हैं, परंतु उनका हमारे भविष्य पर बहुत गहरा प्रभाव पड़ता है।

"अगर" (रुडयार्ड किपलिंग)

अगर आप अपनी बुद्धि क़ायम रख पायें,
जब आपके आसपास के सब लोग
अपनी बुद्धि खो रहे हों और आपको दोष दे रहे हों,
अगर आप ख़ुद पर भरोसा कर सकें,
जब सब आप पर शंका कर रहे हों,
उनकी शंका के लिये भी जगह छोड़ते हुए;
अगर आप इंतज़ार कर सकें और इंतज़ार करते-करते थकें नहीं,
या आपके बारे में झूठ बोला जाये, तो भी आप झूठ न बोलें,
या आपसे नफ़रत की जाये, तो भी आप नफ़रत न करें,
और न तो आप ख़ुद को बहुत भला दिखायें,
न ही बोलने में ज़्यादा समझदारी प्रदर्शित करें :

अगर आप सपना देख सकें, परंतु सपनों को अपना मालिक न बनायें;
अगर आप सोच सकें, परंतु विचारों को अपना लक्ष्य न बनायें;
अगर आप पराजय और विजय का सामना कर सकें,
और इन दोनों ढोंगियों के साथ एक सा व्यवहार कर सकें,
अगर आप यह सुनना सहन कर सकें कि आपने जो सच्चाई कही थी,
उसे धोखेबाज़ों ने किस तरह तोड़-मरोड़कर मूर्खों के लिये जाल बनाया है,
या यह देखना सहन कर सकें कि आपने जिस काम में अपना जीवन लगाया था, वह नष्ट हो गया है,
और फिर आप झुकें और उसे अपने घिसे हुए औज़ारों से दुबारा बनायें :
अगर आप अपनी सारी विजयों की एक गड्ढी बना सकें
और सिक्के को उछालकर टॉस करने का जोखिम ले सकें,
और हार जाने पर दुबारा शुरू कर सकें
और अपने नुक़सान के बारे में कभी एक शब्द भी न बोलें;
अगर आप अपने दिल, मांसपेशी और स्नायु को विवश कर सकें
कि उनके चले जाने के बाद भी आपको शक्ति मिलती रहे,
और तब तक डटे रहें, जब तक कि आपमें कुछ भी न बचे,
सिवाय "इच्छाशक्ति" के, जो उनसे कहे, "डटे रहो!"

अगर आप भीड़ से बात कर सकें
और अपने गुणों को बरकरार रख सकें,
या राजाओं के साथ चलें, परंतु सामान्य जन से संपर्क न तोड़ें,
अगर दुश्मन या प्रेम करने वाले मित्र आपको आहत न कर सकें,
अगर हर व्यक्ति आपके लिये महत्वपूर्ण हो, परंतु ज़रूरत से ज़्यादा महत्वपूर्ण नहीं;
अगर आप कभी क्षमा न करने वाले मिनट को
साठ सेकंड मूल्य की यात्रा से भर दें,
तो यह धरती और इस धरती की हर चीज़ आपकी है
और इससे भी बड़ी बात यह है मेरे बेटे,
कि तब तुम सच्चे मर्द बन जाओगे!

अपनी जगह पर डटे रहें

जब मैं बच्चा था, तो मुझे याद है मैं एक खेल खेल रहा था, जिसका नाम था "अंकल।" यह लुका-छिपी का खेल था और जब कोई आपको पकड़ लेता था, तो वह आपको नीचे गिराकर गुदगुदी करता था, जब तक कि आप "अंकल" कहकर हार नहीं मान लेते थे। हमारे कुछ साथी आसानी से हार मान लेते थे और "अंकल" कह देते थे, परंतु एक समूह था जो "अंकल" कहने से इंकार कर देता था। चाहे आप उनके साथ कुछ भी कर लें, वे "अंकल" नहीं कहते थे। समय के साथ मैंने देखा कि यही लोग बाद में लीडर बने और इन्हीं लोगों का दूसरे बच्चे सबसे ज़्यादा सम्मान करते थे।

मैंने सीखा कि जब आप डटे रहते हैं और दबाव के सामने झुकने से इंकार करते हैं, तो यह कठिन और असहज करने वाला होता है। बहरहाल जो डटे रहते हैं और अपनी जगह पर खड़े रहते हैं, उन्हीं का सबसे ज़्यादा सम्मान होता है। नेल्सन मंडेला ने समझौता करने और हार मानने से इंकार किया। जेल में बीस साल गुज़ारने के बाद दक्षिण अफ़्रीकी सरकार ने उन्हें स्वतंत्रता देने का प्रस्ताव रखा, बशर्ते वे समझौता करने और रंगभेद को स्वीकार करने के लिये तैयार हों। वे जानते थे कि उन्हें एक ऐसा निर्णय लेना था, जिसका उनके जीवन पर

गहरा प्रभाव पड़ेगा। वे बूढ़े हो रहे थे और अपने बच्चों को देखने तथा अपने परिवार के साथ समय गुज़ारने के लिये उनका समय ख़त्म हो रहा था। जेल का जीवन बहुत दुष्कर और क्रूर था। परंतु उन्होंने हार न मानने और जेल में ही बने रहने का चुनाव किया! वे डटे रहे और उनका क़द बढ़ा, सिर्फ़ दक्षिण अफ़्रीका में ही नहीं, बल्कि दूसरे देशों में भी।

जब आप अपना दैनिक कामकाज करेंगे, तो आपके सामने कई ऐसे दिन भी आयेंगे जब आप पायेंगे कि आपसे हार मानने, घुटने टेकने और "अंकल" कहने के लिये कहा जा रहा है। दबाव बहुत ज़्यादा होगा और राह बहुत कठिन होगी, परंतु याद रखें, कोई हमेशा आपकी तरफ़ देख रहा है और आपसे नेतृत्व की आशा कर रहा है। घुटने न टेकें। दबाव के सामने न बिखरें। अपनी जगह पर डटे रहें और उस अनुभव से आपका क़द बढ़ेगा। इससे न सिर्फ़ दूसरों के देखने में फ़र्क़ पड़ेगा, बल्कि ज़्यादा महत्वपूर्ण बात यह है कि इससे आपके ख़ुद को देखने के नज़रिये में फ़र्क़ पड़ेगा। याद रखें, अगर आपमें सिर्फ़ आस्था हो, तो हर चीज़ संभव है!

मुझे याद है कि चीज़ें जितनी अधिक बदलती हैं, उतनी ही अधिक वे पहले जैसी रहती हैं। जब मैं 14 साल का था और वॉशिंगटन डी.सी. में एस्बरी युनाइटेड मेथोडिस्ट चर्च के युवा गायन समूह में था, तो हम एक रचना प्रस्तुत करते थे, जिसका नाम था "डेसिडरेटा", जिससे मैं पूरी तरह चमत्कृत था। मैं विस्मित था कि लेखक कितना शांत और समझदार है और आज की दुनिया को कितनी अच्छी तरह समझता है। फिर मैंने पाया कि इसे इस सदी या पिछली सदी या उससे पिछली सदी में नहीं लिखा गया था। जब मुझे यह पता चला कि इसे पाँच सौ साल पहले लिखा गया था, तो मैं हैरान हो गया। मुझे एहसास हुआ कि यह सच है कि चीज़ें जितनी अधिक बदलती हैं, उतनी ही अधिक वे समान रहती हैं!

डेसिडरेटा

शोर-शराबे और भागमभाग के बीच शांत रहें। और याद रखें कि मौन में कितनी शांति है। और जहाँ तक संभव हो, बिना समर्पण किये सबके साथ अच्छे संबंध रखें। अपने सत्य को शांति और स्पष्टता के साथ बोलें

तथा दूसरों की बात सुनें, चाहे वे कितने ही उबाऊ या अज्ञानी क्यों न हों, क्योंकि उनके पास भी सुनाने के लिये अपनी बाते हैं। बड़बोले और आक्रामक लोगों से बचें, वे आत्मा के लिये परेशानी उत्पन्न करते हैं। अगर आप अपनी तुलना दूसरों के साथ करेंगे, तो आप घमंडी और कटु हो सकते हैं। क्योंकि हमेशा आपसे बड़े और छोटे लोग होंगे। अपनी सफलताओं तथा योजनाओं का आनंद लें। अपने ख़ुद के करियर में रुचि रखें, चाहे वह कितना ही छोटा क्यों न हो। बदलते समय के बीच यह एक वास्तविक धरोहर है। अपने व्यवसाय के मामलों में सावधानी का इस्तेमाल करें, क्योंकि दुनिया में चालबाज़ी बहुत है। परंतु इस बात को अनदेखा न करें कि वहाँ पर ईमानदारी भी है। कई लोग उच्च आदर्शों की खोज में रहते हैं और हर जगह जीवन बहादुरी से भरा है। अपने सच्चे स्वरूप में रहें, ख़ास तौर पर प्रेम नाटक न करें, न ही प्रेम के बारे में दोषदर्शी रहें। समस्त सूखेपन और मोहभंग के बावजूद यह घास की तरह स्थायी है। अपनी बढ़ती उम्र की सलाह को अच्छी तरह लें और सम्मान के साथ युवावस्था की चीज़ों को समर्पित कर दें। अकस्मात आने वाले दुर्भाग्य में ख़ुद को बचाने के लिये आत्मा की शक्ति विकसित करें। परंतु निरर्थक कल्पना करके ख़ुद को परेशान न करें। अधिकांश डर थकान, अकेलेपन तथा अनुशासन की कमी से उत्पन्न होते हैं। ख़ुद के प्रति नम्र रहें। आप ब्रह्मांड के शिशु हैं, उसी तरह जिस तरह वृक्ष और सितारे हैं। आपको यहाँ रहने का अधिकार है और चाहे यह आपके सामने स्पष्ट हो या न हो, ब्रह्मांड उसी तरह प्रकट हो रहा है, जिस तरह इसे होना चाहिये। इसलिये, ईश्वर के साथ शांति स्थापित करें। आपके श्रम और आकांक्षायें जो भी हों, जीवन की शोरशराबे की दुविधा कितनी ही हो, अपनी आत्मा के साथ शांति स्थापित कर लें। जीवन में धोखा है, हम्माली है और टूटे सपने हैं, परंतु ख़ुश रहने की कोशिश करें!

चमकीले पल

बरसों पहले मुझे एक घुमंतू संगीतकार से मिलने का अवसर मिला, जिसका मुझ पर प्रभाव पड़ा, हालाँकि मुझे उससे बात करने का बहुत कम अवसर मिला। मैं उसे अच्छी तरह नहीं जान पाया। दरअसल मैं

उसका असली नाम भी नहीं जानता, सिवाय इसके कि सब उसे "ब्राइट मोमेन्ट्स" कहकर पुकारते थे। इसका कारण यह था कि वह हमेशा हलो कहने के बजाय "ब्राइट मोमेन्ट्स" कहकर अभिवादन करता था और गुड बाइ कहने के बजाय यही कहकर विदा लेता था। उसकी उपस्थिति बहुत शांतिदायी और सशक्त थी। वह आपकी आँखों में देखता था और सच्ची रुचि से आपसे हाथ मिलाता था। मैं युवा था और मैं इस व्यक्ति से प्रभावित हुआ। मैंने सीखा कि हर व्यक्ति का अभिवादन कैसे किया जाये और उसकी सराहना कैसे की जाये, क्योंकि हर व्यक्ति ईश्वर की नज़र में ख़ास है। उसके साथ गुज़ारे गये कुछ ही पलों में मैं दूसरों के साथ सचमुच उस तरह का व्यवहार करना सीख पाया, जैसा व्यवहार मैं अपने लिये चाहता था। वह जितनी तेज़ी से आया था, उतनी ही तेज़ी से चला गया और मैंने उसे दुबारा नहीं देखा, परंतु मैंने उससे जो सबक़ सीखे थे, वे मुझे हमेशा याद रहेंगे। जीवन से प्रेम करो, उसी तरह जियो, जिस तरह का व्यवहार आप अपने लिये चाहते हों। हमेशा जीवन के बारे में कृतज्ञ, उत्साही और रोमांचित रहें। और हमेशा दूसरों का सकारात्मक अभिवादन करें, क्योंकि जब आप दूसरों के पौधों को पानी देते हैं, तो कुछ पानी आप पर भी गिर जाता है!

मैं आपको भेजता हूँ ताकि आप अपने सपने का पीछा करें, उसके पीछे अपनी पूरी शक्ति के साथ जायें। और मैं यही कहता हूँ कि आप पर "ईश्वर का आशीर्वाद और वरदहस्त" रहे और आपके जीवन में हमेशा "चमकीले पल" रहें।

देवियो और सज्जनो, यह पुस्तक समाप्त करते समय मैं आपको यह याद दिलाना चाहता हूँ कि आपके भीतर महानता और असीमित शक्ति है। हमेशा बड़े सपने देखें, बड़े विचार सोचें और दूसरों के साथ वैसा ही व्यवहार करें, जैसा आप अपने लिये चाहते हों, क्योंकि हम सब स्वतंत्र हैं, परंतु परस्पर निर्भर और आपस में जुड़े हुए भी हैं। हम फ़र्क़ पैदा कर सकते हैं! हम दुनिया बदल सकते हैं, परंतु पहले हमें ख़ुद को बदलना होगा!

"आपकी ज़िंदगी सिर्फ़ एक मिनट में बदल सकती है!" जिस मिनट में आप बदलने और काम करने का निर्णय लेते हैं, उसी मिनट आप अपनी ज़िंदगी बदल लेते हैं। छुटपुट मुक़ाबले बाद में भी होंगे, परंतु युद्ध जीत लिया जायेगा!

प्रेरित रहें! बेहद प्रेरित! और अपने सपनों को सचमुच जियें!

बेहद प्रेरित

(विली जॉली द्वारा)

मेरी एक नौकरी थी,
ऐसी नौकरी जिससे मैं सचमुच नफ़रत करता था
इससे मैं चिढ़ता था परंतु इसने मुझे प्रेरित किया।
मैं जानता था कि यह वह जगह नहीं थी,
जहाँ मुझे रहना था।
मैं यहाँ पर रुकना नहीं चाहता था,
परंतु मैं इसे छोड़ने से भी डरता था।

परंतु तभी एक दिन मुझे अपनी तनख़्वाह मिली
और मैंने देखा कि वहाँ पर लगभग कुछ नहीं था!
मैं बॉस से मिलने गया।
वह हँसा और उसने कहा कि उसे परवाह नहीं थी।
मेरे बच्चे घर पर भूखे थे,
मेरा घर नीलाम होने वाला था,
तब जाकर मैंने फ़ैसला किया कि मुझे अपने दम पर काम करना है।

मैं प्रेरित हूँ, बेहद प्रेरित, मैं प्रेरित हूँ,
शिखर पर पहुँचने की राह में हूँ!
मैं प्रेरित हूँ, बेहद प्रेरित, मैं प्रेरित हूँ,
मैं कभी नहीं रुकने वाला हूँ!

मेरे मित्रों ने कहा कि मैं पागल हो गया हूँ,

जब मैंने उनसे अलविदा कहा;
परंतु असली पागल तो वह है,
जो कोशिश करने से डरता है।
उन्होंने कहा कि मैं कभी सफल नहीं हो पाऊँगा,
कहा कि मैं बच नहीं पाऊँगा,
परंतु मैं जानता था कि मुझे यह करना ही था
यह करो या मरो वाली बात थी,

इसलिये मैंने अपने सपने को कसकर पकड़ा
और इसे अपने दिल में रखा।
मैंने अपनी आस्था से क़दम बढ़ाया
और ईश्वर में सचमुच विश्वास करना सीखा।
मैं जानता था कि मुझे संघर्ष करना था
अपनी पूरी शक्ति के साथ।
फिर चीज़ें होने लगीं,
आशीर्वाद आये, हर घंटे बाद।

इसलिये मैं प्रेरित हूँ, बेहद प्रेरित, मैं प्रेरित हूँ!
शिखर पर पहुँचने की राह में हूँ
मैं प्रेरित हूँ, बेहद प्रेरित, मैं प्रेरित हूँ!
मैं कभी नहीं रुकने वाला हूँ!

हैन्निबाल ने कहा था,
"अगर आपको राह न मिले, तो आप राह बना लें"
इससे उतना फ़र्क़ नहीं पड़ता कि आपके आसपास क्या होता है
या आपके साथ क्या होता है;
फ़र्क़ तो इससे पड़ता है कि आपके अंदर क्या होता है!
जब लोग आपके सपनों को चकनाचूर करने की कोशिश करें,
तो गुस्से से पागल न हों, बदला न लें... बल्कि आगे बढ़ जायें!

क्योंकि ज़बर्दस्त सफलता सबसे अच्छा प्रतिशोध है!
इसलिये जब लोग आप पर हँसें
और आपको नीचे घसीटने की कोशिश करें,
तो उस नकारात्मक बात को लें
और फिर उसे पलटकर दिखा दें।
अपने सपने को कसकर पकड़ें;
उसे अपनी आत्मा में जोश भरने दें,
अपनी आस्था को सक्रिय करने दें,
और इसे ऊँचे, और ऊँचे ले जायें।

अगर आपमें आस्था है, तो ईश्वर में शक्ति है
आपके जीवन में वरदान देने की, हर घंटे!
आस्था बनाये रखें,
इच्छा बनाये रखें, ऊपर उठने की,
जब तक कि आप आसमान न छू लें!

याद रखें अगर आपमें आस्था है, तो हर चीज़ संभव है!

मैं विली जॉली हूँ। आपका दिन अच्छा गुज़रे!

हमेशा असंभव सपना देखें!

❋ ❋ ❋

विली जॉली सशक्त भावनात्मक प्रेरणा देने वाले वक्ता हैं, जिन्हें बेल अटलांटिक, ब्लू क्रॉस एंड ब्लू शील्ड, आई.बी.एम., सी.आई.ए. स्प्रिंट और पेप्सी कोला जैसी प्रख्यात संस्थाओं के अलावा असंख्य स्कूलों, कॉलेजों तथा संगठनों द्वारा बोलने के लिये आमंत्रित किया जाता है। वे "द मैग्निफ़िसेंट मोटिवेशनल मिनट" रेडियो कार्यक्रम के रचयिता और होस्ट हैं, जो वॉशिंगटन, डी.सी. क्षेत्र तथा देश भर में बेहद लोकप्रिय है। मनोविज्ञान और समाजशास्त्र में स्नातक विली ने धर्मशास्त्र में स्नातकोत्तर उपाधि ली। विली जॉली प्रतिभाशाली पुरस्कार-विजेता जैज़ संगीतकार हैं और इंस्पिरटेनमेंट प्लस कंपनी के संस्थापक हैं, जो प्रेरणा, मनोरंजन तथा सूचना के माध्यम से लोगों को प्रेरित करने के लिये समर्पित है।